패턴의 이해

여성 맞춤복 패턴

이원식 지음

여성 맞춤복 패턴

패턴의 이해

초판 1쇄 인쇄일 2024년 2월 01일
초판 1쇄 발행일 2024년 2월 20일

지은이 이원식
편집 및 기획 양승태
표　지 김민주
마케팅 송용호
펴낸이 양옥매

펴낸곳 도서출판 책과나무
출판등록 제2012-000376
주소 서울특별시 마포구 방울내로 79 이노빌딩 302호
대표전화 02.372.1537　**팩스** 02.372.1538
이메일 booknamu2007@naver.com
홈페이지 www.booknamu.com
ISBN 979-11-6752-408-9 (13630)

저자 이원식

Better Matter 대표
72년 샤름의상실 입문
대한민국 대한 명인 선정 17-492호 (Modeliste 분과)
전국 기능경기대회 심사위원
사단법인 한국패션모델리스트협회 고문

작업, 교습 문의 010 3724 2504
tel 02 2278 1404
fax 02 2278 1406
이메일 aass2504@gmail.com
인스타그램 bettermatter_house_lab

4. 스커트

5. 바지

추천서

패션을 대중에게 선보이는 데 있어서 패션모델리스트는 실루엣을 창조하고 인체의 골격과 움직임을 관찰하여 아름다운 핏을 만드는 최고의 예술가임에 틀림없습니다. 어떤 분야에서 기술과 재주가 뛰어나고 기예를 깊이 닦은 사람을 명인(名人)이라 칭합니다. 이원식 명인의 맞춤 여성복 패턴 설계법은 오랜 세월 동안 연구 개발하여 다양한 체형에도 응용될 수 있도록 고안하였습니다.

실무자들에게 바로 적용할 수 있도록 알기 쉽게 설명되어 있으며 의상디자인을 꿈꾸는 학생들에게는 옷과 인체를 이해하는 데 많은 도움이 될 것이라 생각합니다. 특히 맞춤복 패턴은 고객의 취향과 스타일을 알아차려 체형에 적합한 디자인을 스케치하고 아이템에 맞는 원단과 컬러를 선택하여 이상적인 옷을 만들어야 하기 때문에 감각과 기술의 완성도가 요구되고 있습니다.

이번 출판을 통해 고유의 패턴기술을 선보이기 위해 실전에 근거한 내용을 엮어내고 결과를 이루어내는 노력의 과정들이 책 속에 고스란히 녹아있음 을 알 수 있습니다. 이 한 권의 책으로 모든 것을 설명할 수 없지만 한 자리를 오랫동안 지켜온 거목처럼 패션에 종사하는 독자들에게 훌륭한 패션모델리스트로 기억되시길 기원합니다.

한국패션모델리스트협회장 **조극영**

머리말

옷은 사람이 살아가는데 필요한 3대 요소 중 하나이다. 우리의 몸을 보호하는 수단에서부터 현대사회에서는 나를 돋보이게 해주는 수단이기도 하다. 그래서 본인에게 잘 맞는 옷을 착용했을 때 자존감이 높아지는 경험을 누구나 겪었을 것이다.

맞춤복이라는 옷은 나를 가장 잘 아는 옷이라고 말할 수 있다. 저자는 10대부터 90대 노인에 이르기까지 기성복에서는 처리가 힘든 특이 체형을 패턴으로 전하고자 한다. 일을 하면서 내 만족과 혼을 다해 때로는 상식이 부족하고 실패를 해오면서 터득한 패턴이므로 이를 참고하여 맞춤복으로의 성장을 원하는 이들에게 도움이 되었으면 한다.

더불어 맞춤복 패턴과 봉제분야는 기능인력이 급감하였고 기상이변 등에 의해 다양한 문제가 발생되고 있다. 그러므로 슬로우패션, 오띄꾸띠르, 환경 쓰레기, 오래 입는 옷, 소중한 격을 갖춘 옷 등 다양한 주제로 젊은이들이 고민하고 노력해 주었으면 하는 바람이다.

이원식

0

패 턴 의 이 해

체촌

0.체촌

체촌 자세는 몸에 힘을 뺀 채 바로 서 있는 자세입니다.

1. 앞목점

복장뼈의 위 가장자리 부근과 인체의 앞중심선이 만나는 지
점
실무에서 복장뼈는 체내에 위치하여 보이지 않음으로 양쪽
쇄골 끝의 중간 지점과 앞중심선이 만나는 지점을 앞목점으
로 지정해 준다.

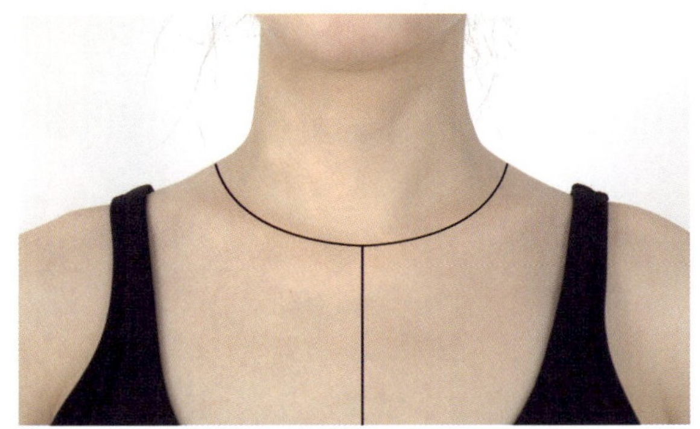

(그림1) 앞목점

2. 옆목점

목의 밑 둘레선과 등세모근이 만나는 지점
옆목점은 등세모근을 육안으로 식별할 수 없고 골격적으로
기준이 될 만한 지점이 없기 때문에 위치 선정에 어려움이
있다. 그래서 주로 사용하는 방법으로 임의로 자연스러운 목
밑둘레선을 선정하고 옆목점의 위치를 판단한다. 옆목점의
위치는 목의 경사와 어깨의 경사가 교차되는 부근중 목의 경
사선에 위치하지 않고 어깨의 경사선에서 위치한다. 또한 승
모근을 타지 않는 지점에 어깨점을 잡아주는 것이 바람직하
다. 승모근의 튀어나온 부근에 어깨점을 잡게 될 경우 어깨
솔기선이 안정적으로 안착되기 어렵다.

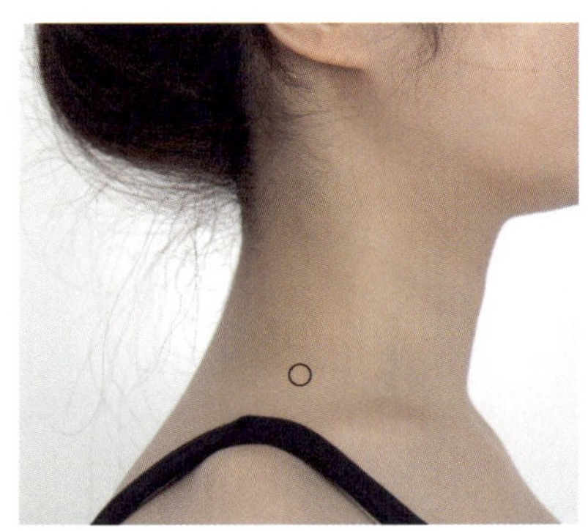

(그림2) 옆목점

3. 뒷목점

제7목뼈 가시돌기의 끝점
목뼈는 경추라고도 불리며 제7목뼈 가시돌기 지점은 고개를
숙였을 때 목 뒤에서 만져지는 튀어나온 뼈이다. 튀어나온
뼈의 하단 부분을 뒷목점으로 정해준다.

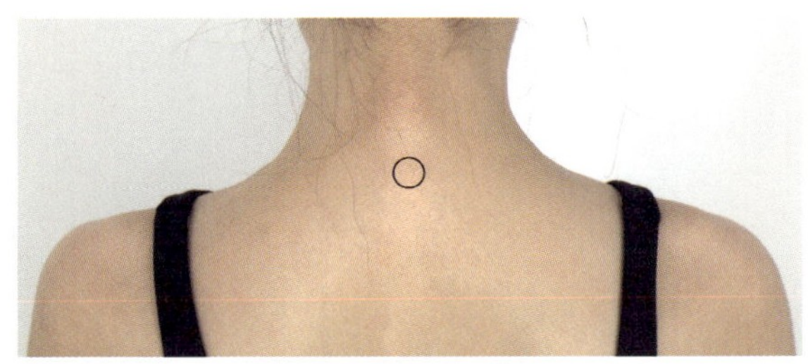

(그림3) 뒷목점

4. 어깨점

어깨 기울기 선상 끝점

어깨의 기울기 선상 바깥 끝점을 어깨점으로 지정한다.

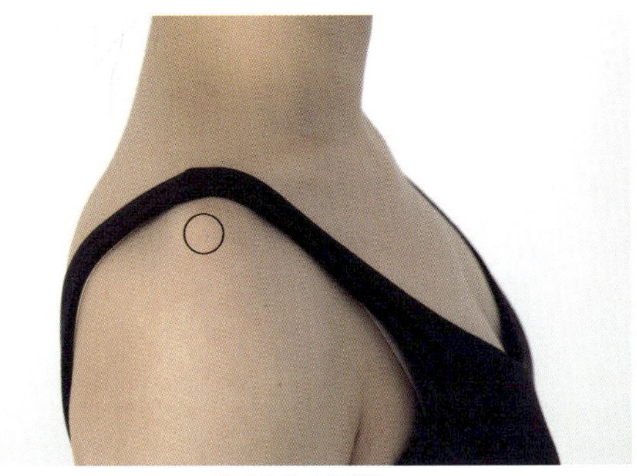

(그림4) 어깨점

5. 겨드랑이 앞 접힘점

신체의 앞쪽에서 겨드랑 접힘의 가장 위쪽

앞품을 측정하기 위해 필요한 지점이다. 신체의 앞면에서 겨
드랑이가 갈라지기 시작하는 지점이다.

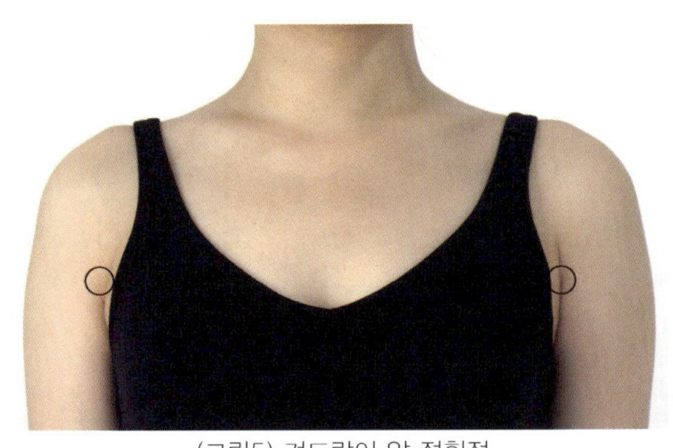

(그림5) 겨드랑이 앞 접힘점

6. 겨드랑이 뒤 접힘점

신체의 뒤쪽에서 겨드랑 접힘의 가장 위쪽

뒤품을 측정하기 위해 필요한 지점이다. 신체의 뒷면에서 겨
드랑이가 갈라지기 시작하는 지점이다.

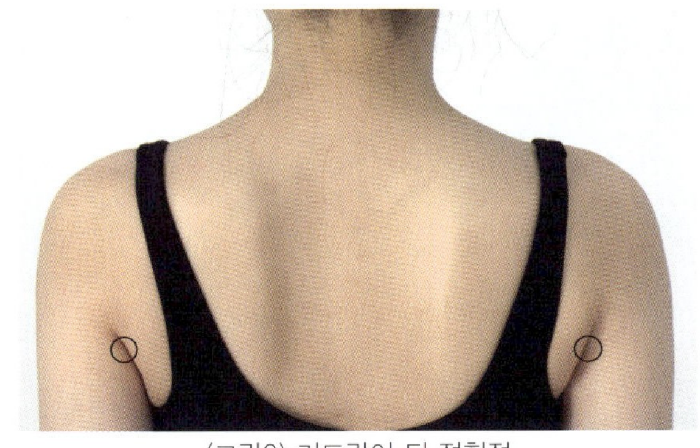

(그림6) 겨드랑이 뒤 접힘점

7. 겨드랑점

팔을 편하게 내렸을 때 겨드랑이 접힘선의 가장 아래 점
겨드랑 둘레를 측정할 때 통과하는 지점이다.

(그림7) 겨드랑점

1. 앞길이 (박스핏)

옆목점에서 젖꼭짓점을 지나 젖꼭지점에서 수직 밑으로 허리
선까지의 길이

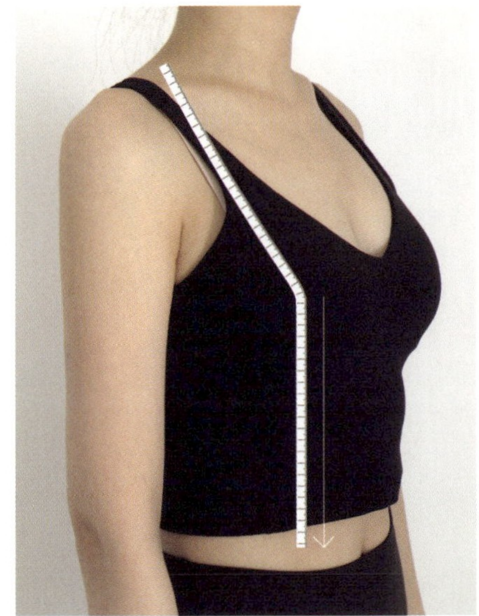

(그림8) 박스핏 앞길이

2. 앞길이 (타이트핏)

옆목점에서 젖꼭짓점을 지나 허리 선상 높이의 체표면과 마
주 닿는 길이

(그림9) 타이트핏 앞길이

앞길이 체촌 방법의 분류

앞길이 체촌 방법을 나누는 이유는 박스핏과 타이트핏의 앞
길이 차이가 있기 때문이다. 이 차이는 가슴 사이즈가 커질
수록 심해진다. (그림 10)을 보면 빨간 선은 타이트핏의 앞
길이이고 하얀 선은 박스핏의 앞길이이다. 두 선분의 길이를
측정해 보면 빨간 선의 앞길이가 하얀 선의 앞길이 보다 더
길다. 만약 박스핏 의상의 기장을 허리선까지 맞추고 싶을
때 타이트핏의 앞길이 체촌 방식을 사용하면 기장이 허리선
높이보다 더 길어져 정확한 기장을 맞출 수 없게 된다.

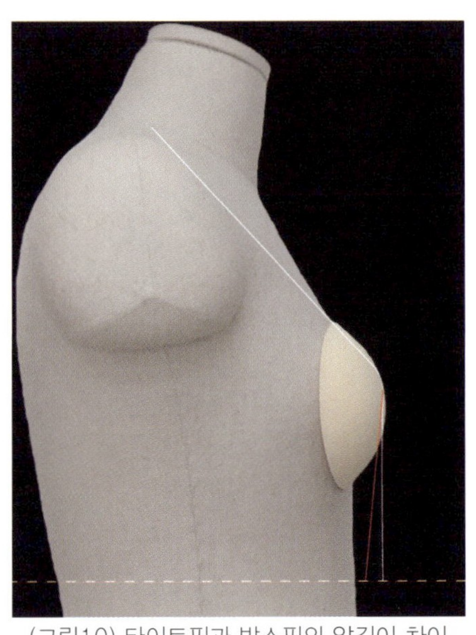

(그림10) 타이트핏과 박스핏의 앞길이 차이

3. 키

바닥 면에서 머리 마루점까지의 수직거리

머리 마루점 : 머리 수평면을 유지할 때 머리 부위 정중선상

에서 가장 위쪽

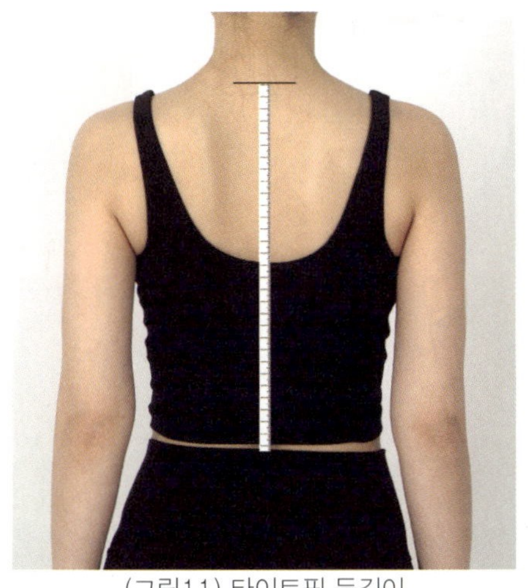

(그림11) 타이트핏 등길이

4. 타이트 핏 등길이

뒷목점에서 허리 선상 체표면을 따라 허리 선상 높이의 체표

면과 마주 닿는 길이

5. 박스핏 등길이

뒷목점에서 견갑골 위치까지의 굽은 등 면을 따라 견갑골 위

치에서 허리선까지 내린 길이

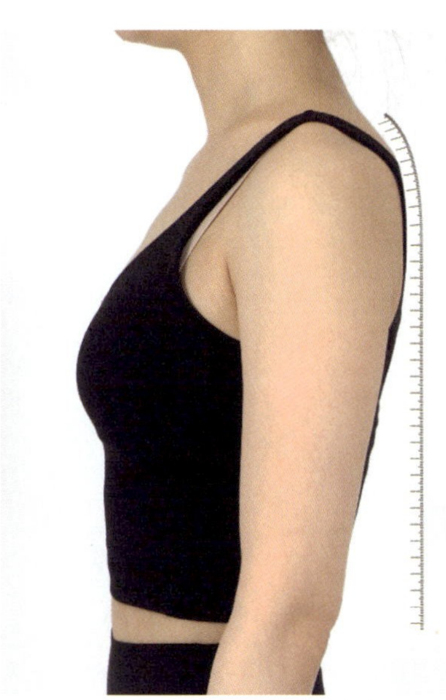

(그림12) 박스핏 등길이

6. 유장과 유폭

유장 : 옆목점에서 젖꼭짓점까지의 길이

유폭 : 좌우 젖꼭짓점 사이의 수평 길이

(그림13) 유장과 유폭

7. 앞품

좌우 겨드랑이 앞 접힘점 사이의 수평거리

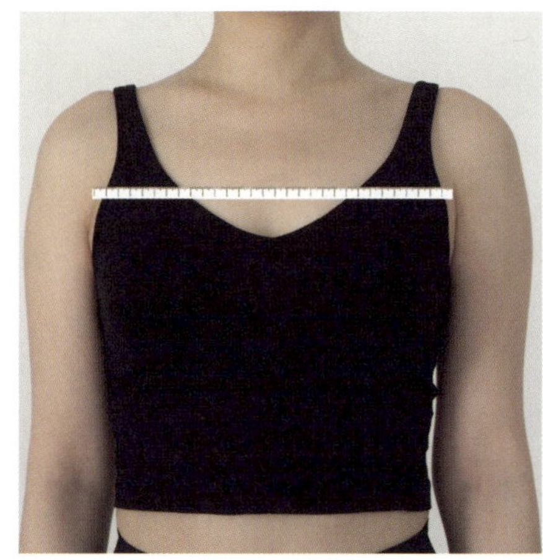

(그림14) 앞품

8. 뒤품

좌우 겨드랑이 뒤 접힘점 사이의 수평거리

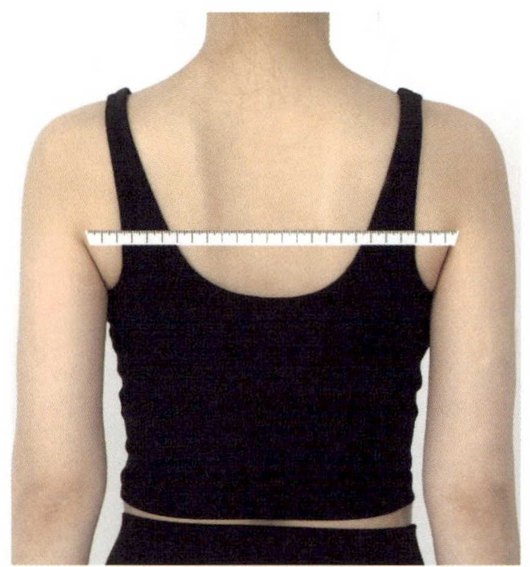

(그림15) 뒤품

9. 어깨너비

양쪽 어깨점 사이의 거리

등의 굽은 면적을 지나면서 측정한다.

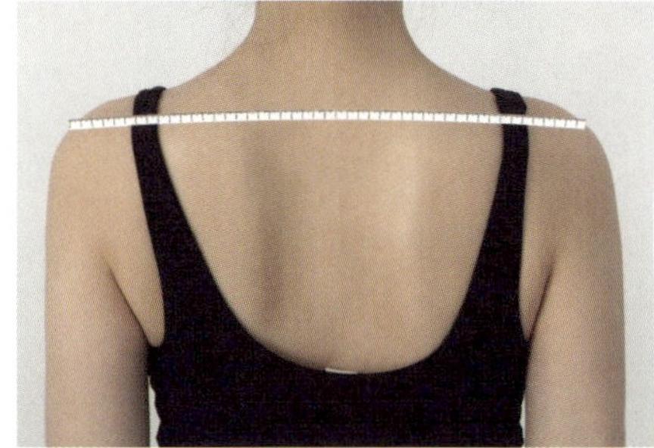

(그림16) 어깨너비

10. 팔길이

어깨점에서 손목까지의 길이

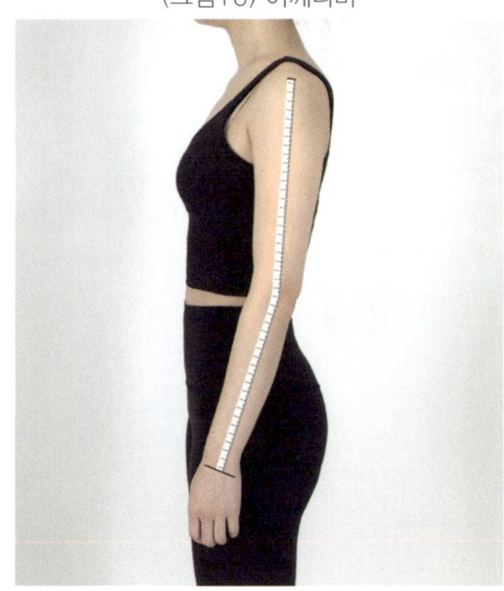

(그림17) 팔길이

11. 팔꿈치 길이
어깨점에서 팔꿈치점까지의 길이

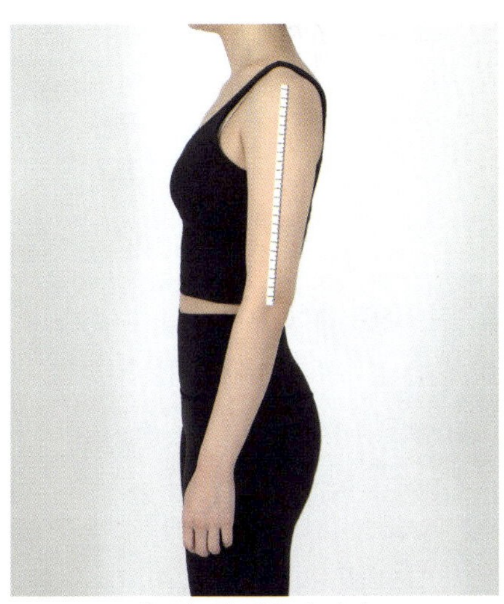

(그림18) 팔꿈치 길이

12. 엉덩이 길이
옆모습의 허리 선상 위치에서 엉덩이선까지의 수직 길이

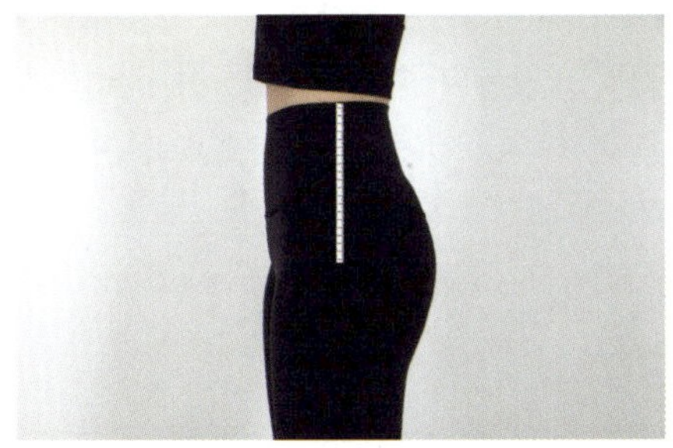

(그림19) 엉덩이 길이

13. 무릎길이
바닥 면에서 정강뼈 위 점까지의 수직거리

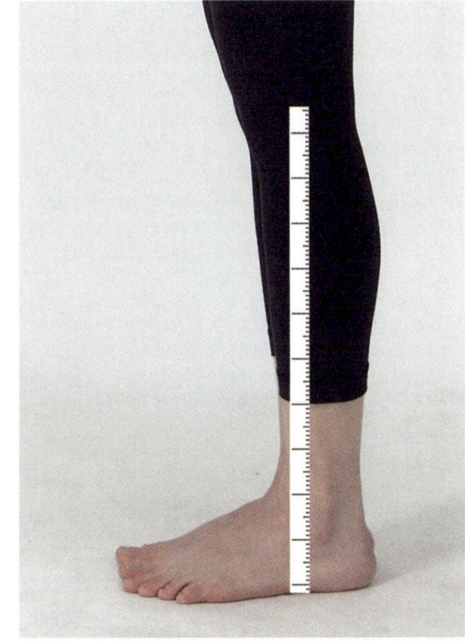

(그림20) 무릎 길이

14. 견갑골 다트 길이
어깨선상 옆목점에서 3.8cm(1 1/2") 어깨 쪽으로 이동한
지점에서 견갑골의 가장 튀어나온 부위까지의 길이 (견갑골
의 위치에 따라 볼륨을 확인하고 위치를 잡아준다.)

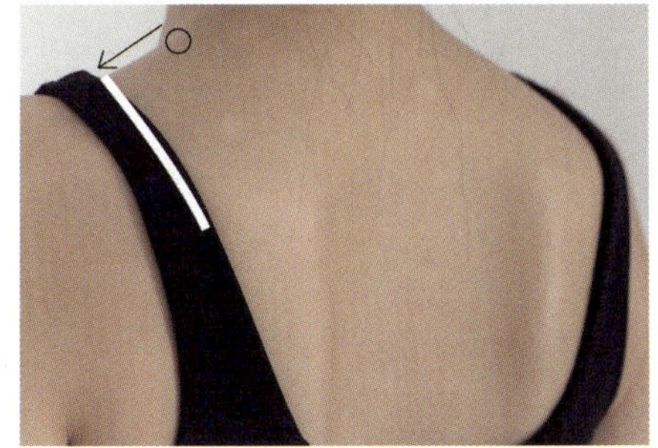

(그림21) 견갑골 다트 길이

0.체촌

1. 목밑둘레

뒷목점, 옆목점, 앞목점을 지나는 둘레

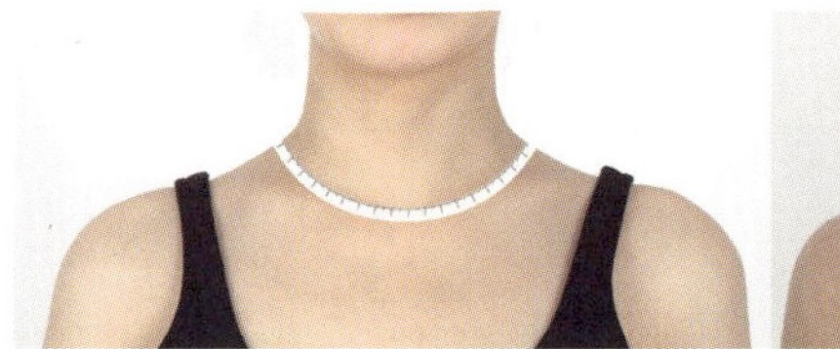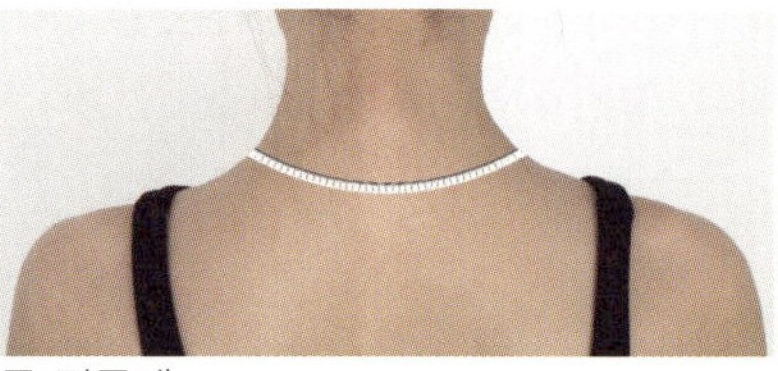

(그림22) 목 밑둘레

2. 겨드랑이 둘레

어깨점, 앞, 뒤 겨드랑이 접힘점, 겨드랑점을
지나는 둘레

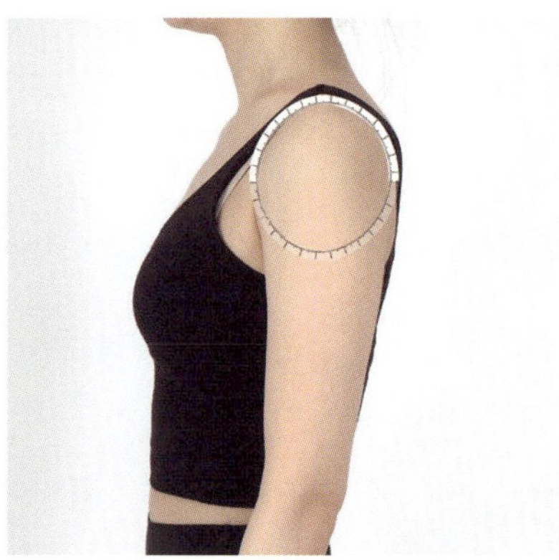

(그림23) 겨드랑이 둘레

3. 가슴둘레선 = 상동

앞면은 가슴의 볼륨을 피하도록 겨드랑이 접힘
점을 지나며 뒷면은 수평을 유지하는 둘레

4. 젖가슴 둘레선 = 유상동

젖꼭짓점을 지나는 수평 둘레

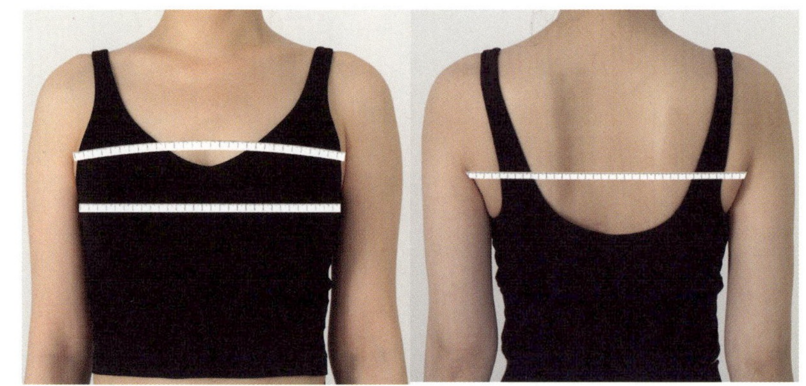

(그림24) 상동, 유상동

5. 허리둘레

 허리의 가장 잘록한 위치를 지나는 수평둘레

6. 중간힙둘레

힙둘레선과 허리둘레선의 중간지점을 지나는 수
평 둘레
중간힙둘레를 측정해 주는 이유는 고객마다 다
른 중간힙둘레의 사이즈를 가늠할 수 있기 때문
이다.

7. 엉덩이둘레

엉덩이 돌출점을 지나는 둘레

(그림25) 허리, 중간 힙, 엉덩이 둘레

8. 위팔 둘레

겨드랑이 접힘점 높이 부근에서 위팔의 수평 둘레

또는 위팔 부근의 가장 두꺼운 수평 둘레

팔 근육이 있는 경우 팔을 안으로 굽은 채 치수를 재어본다.

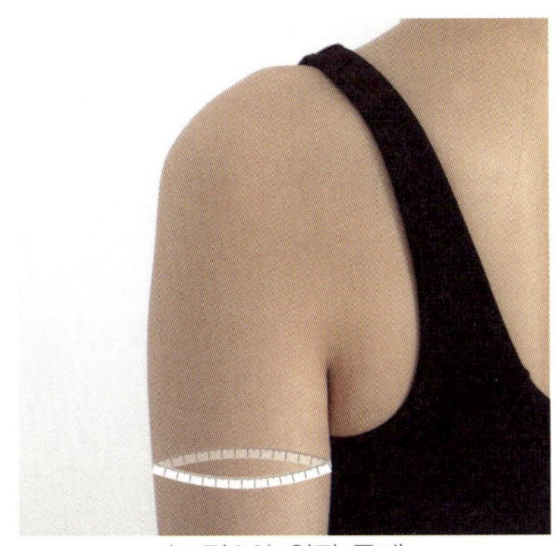

(그림26) 위팔 둘레

9. 넙다리 둘레

넙다리 최대 너비를 지나는 수평 둘레

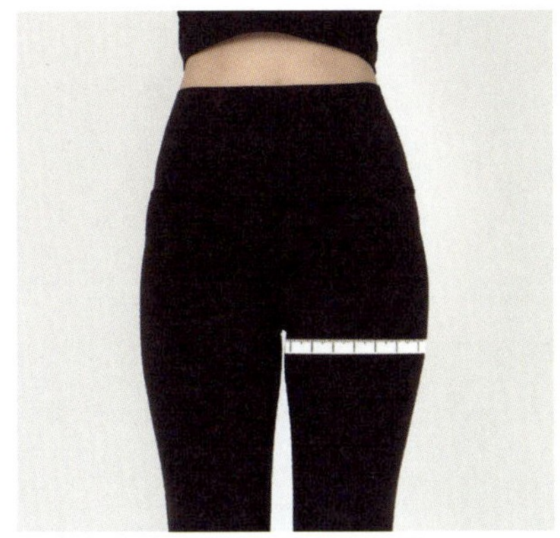

(그림27) 넙다리 둘레

10. 무릎 둘레

무릎의 가운뎃 점을 지나는 수평 둘레

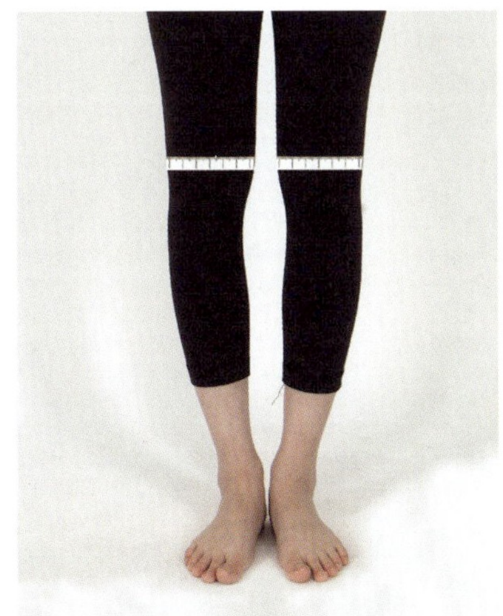

(그림28) 무릎 둘레

11. 손목 둘레

손목 바깥 점을 지나는 수평 둘레

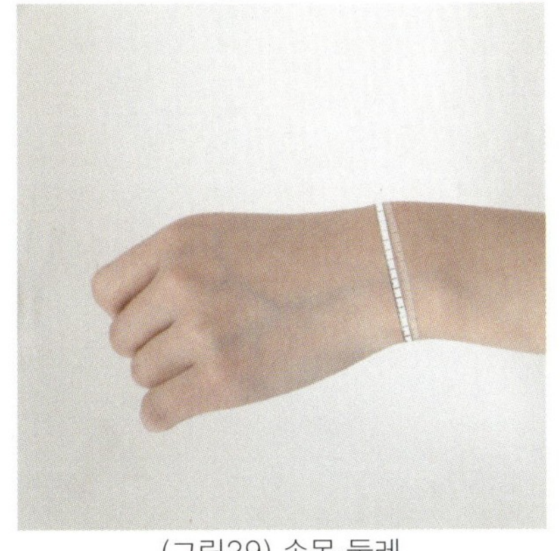

(그림29) 손목 둘레

1

원형

신체
허리둘레 26"
엉덩이둘레 36"
어깨너비 14 1/2"
상동 33"
유상동 34"
앞길이 15 3/4"
등길이 15"
유장 9 1/2"
유폭 6 1/2"
앞품 13"
뒤품 14"
팔 길이 22"

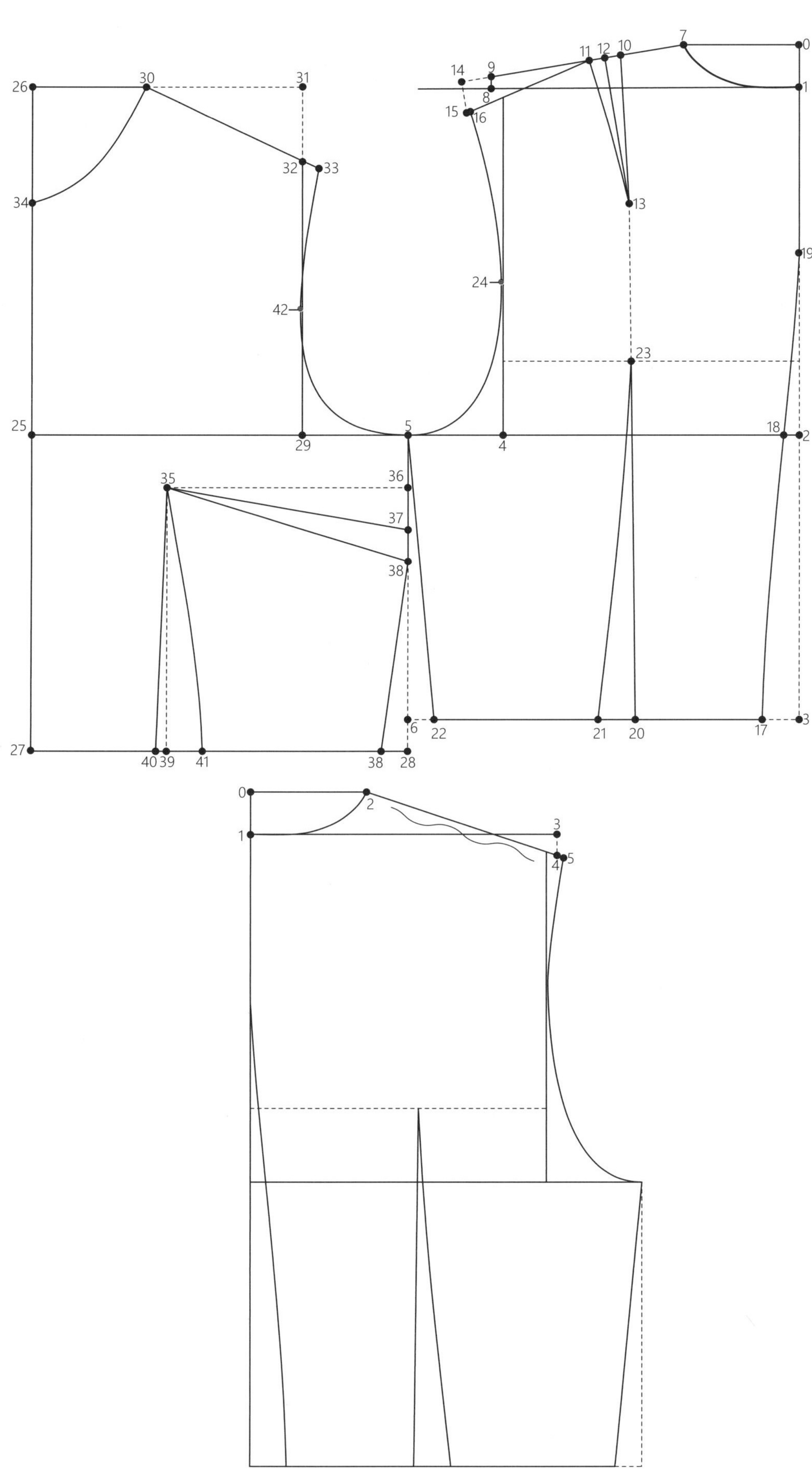

어깨다트 있는 뒤판

0-1 뒷목점 옆목점 사이 길이 = 1"

1-2 진동 깊이 = 8 1/4" (상동/4)

1-3 등길이 = 15"

2-5 뒤판 가슴선 길이 = 9 1/4" (유상동/4 + 3/4 "여유)

2-4 뒤품 = 7"

5-6 수직선을 허리선 위치까지 내림

0-7 뒷목너비 = 2 3/4" (좁은 셔츠 칼라 네크)

1-8 어깨너비/2 = 7 1/4"

9 = 8에서 수직으로 1/4" 올라감

7-9 연결 (임시 어깨선)

7-9 어깨선상 7-10 = 1 1/2"

7-9 어깨선상 10-11 다트폭 = 3/4"

12 = 10-11의 중심

13 = 12에 직각을 맞춰 3 1/2"

10-13, 11-13 연결

7-9 어깨선 연장선상 9-14 = 3/4"

15 = 어깨선 기울기 선상 14에 직각으로 3/4"

11-15 연결

11-14 길이에 맞춰 11-15 선상 16생성

16-5 = 암홀 생성

3-17 = 7/8"

2-18 = 3/8"

1-19 = 4"

17-18-19 뒤 중심선 연결

17-20 = 3"

20-21 = 7/8"

6-22 = 5/8"

5-22 연결

진동선에서 1 1/2" ~ 1 3/4" 정도 올라간 지점에서 견갑골 다
트와 방향이 부드럽게 이어지도록 23점을 생성한다.

21-23, 23-20 연결

24 = 암홀선상 어깨점16에서 4" 떨어진 지점 암홀너치 생성

어깨다트 없는 뒤판

1-3 = 어깨너비/2 = 7 1/4"

3-4 = 1/2"

2-4 연결

4-5 이즈 = 1/8~1/4"

앞판

5-25 앞판 가슴선 길이 = 9" (상동/4 + 3/4 "여유)

25-26 진동 깊이 = 8 1/4"

26-27 앞길이 = 15 3/4"

27-28 = 9"

5-28 연결

25-29 앞품 = 6 1/2"

26-30 앞목 너비 = 2 3/4"

30-31 = 3 3/4"

31-32 = 1 3/4"

30-32 연결선상 뒤판 어깨선 길이에 맞춰 33생성

33-5 암홀 생성

26-34 앞목 깊이 2 3/4"

35 BP (유장 9 1/2" 유폭의 절반 3 1/4")

35-36 옆선까지 수평선 연결

36-37 다트 경사 = 1"

37-38 다트폭 3/4"

35-37, 35-38 연결

39 = BP에서 허리선까지 수직선을 내림

39-40 = 1/4"

39- 41 = 7/8"

35-40, 35-41 연결

42 = 암홀 선상 어깨점 33에서 3 1/2" 떨어진 지점에 너치 생
성

**

견갑골 다트량은 등굽의 따라 조정해 준다.

허리 다트의 한쪽변을 식서에 근접하게 그려주어 결을 안정적으로

사용하였다. 가슴 다트는 앞길이와 등길이의 차이로 정하였다.

소매산 5 5/8"
소매기장 22"

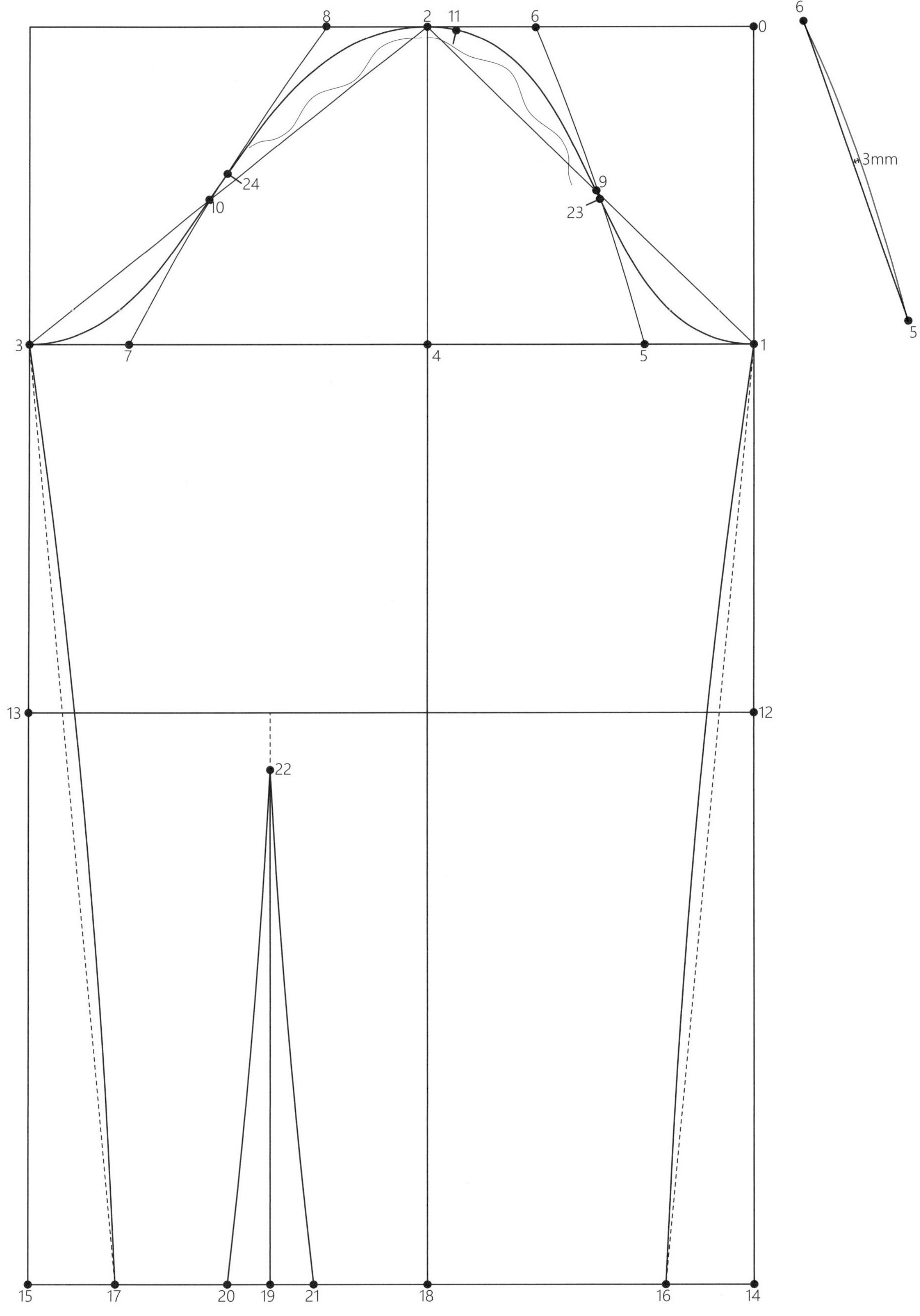

소매 0점과 1점에서 수평선을 연장한다.

1-2 앞 보조선 = 앞 암홀 길이

2-3 뒤 보조선 = 뒤 암홀 길이 + 1/8"

보조선의 길이는 아이템에 따라 소매통과 소매산, 이즈량에 따라 조정될 수 있다.

4 = 2점에서 소매통선까지 수직선을 내림

2-6, 1-5 = 1-4의 3등분

2-8, 3-7 = 3-4의 4등분

5-6, 7-8 연결 (그림과 같이 3mm 정도 곡을 만들어준다.)

9 = 5-6과 1-2의 교점

10 = 7-8과 2-3의 교점

9와 10 교점을 이용하여 소매달림선 그리기

11 (중심너치) 2-11 = 1/2"

0-12 팔꿈치선 = 12"

0-14 소매기장 = 22"

12, 14점에서 소매통 폭만큼 수평선 연장 = 13, 15

14-16, 15-17 = 1 1/2"

18 = 2점에서 수직선을 내려 밑단선과 만나는 지점

19 = 17-18의 중심

19-20, 19-21 = 3/4"

소매 부리 = 8"

22 = 19에서 수직선을 올려 팔꿈치 선보다 1" 내려간 지점

20-22, 21-22 연결 (약간 홀쭉하게)

3-17, 1-16 연결 (약간 홀쭉하게)

안으로 굽은 팔의 형태를 표현한다.

11-23 = 앞판 암홀너치 + 1/2" 이즈

11-24 = 뒤판 암홀너치 + 1/2" 이즈

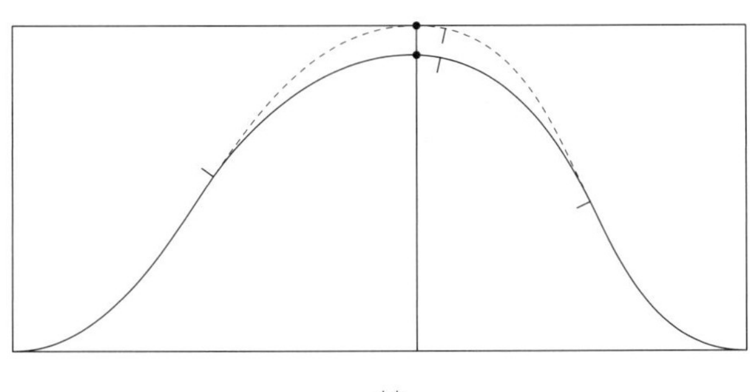

**

소매산을 1/2~5/8" 정도 다운시켜서 이즈량을 없애줄 수 있다. 그러나 말아지는 분량이 없어짐으로 어깨너비를 조금 키워주는 것이 자연스럽다. 반대로 이즈의 부족은 소매산을 높여 부족분을 채워줄 수 있다.

앞 뒤 보조선의 길이를 조정하여 이즈량을 조정해 줄 수 있으나 소매통의 변화를 감지해야 한다.

앞 뒤 이즈가 1/2" 정도 만들어지도록 설정하였다. 이는 정장 소매 사용 시 적절한 이즈량으로 판단하였다.

암홀 둘레/3 공식의 사용은 소매통에 따라 조정될 수 있다.

팔꿈치 다트는 뒤 팔꿈치선으로 mp 해줄 수 있다.

소매 부리는 트임없이 주먹이 통과하는 둘레로 계산하여 타이트하게 제도하였다.

중심너치를 1/2" 옮겨준 것은 소매의 회전과 관련이 있고 겨드랑이 쪽 시접이 겹쳐 두꺼워지는 것을 피해주기도 한다.

제도 시 사용한 4등분과 3등분은 암홀 둘레/3 공식과 회전조화를 이룬다.

이즈너치는 필요에 따라 암홀 하단까지 분배해 줄 수 있다.

10mm의 어깨패드까지는 어깨선을 올려주지 않아도 암홀쪽이 퍼져 자연스럽기 때문에 소매에서도 패드높이를 고려하지 않았다.

55사이즈

신체

앞길이 15 3/4"

등길이 15"

앞품 13"

뒤품 14"

상동 33"

유상동 34"

어깨너비 14 1/2"

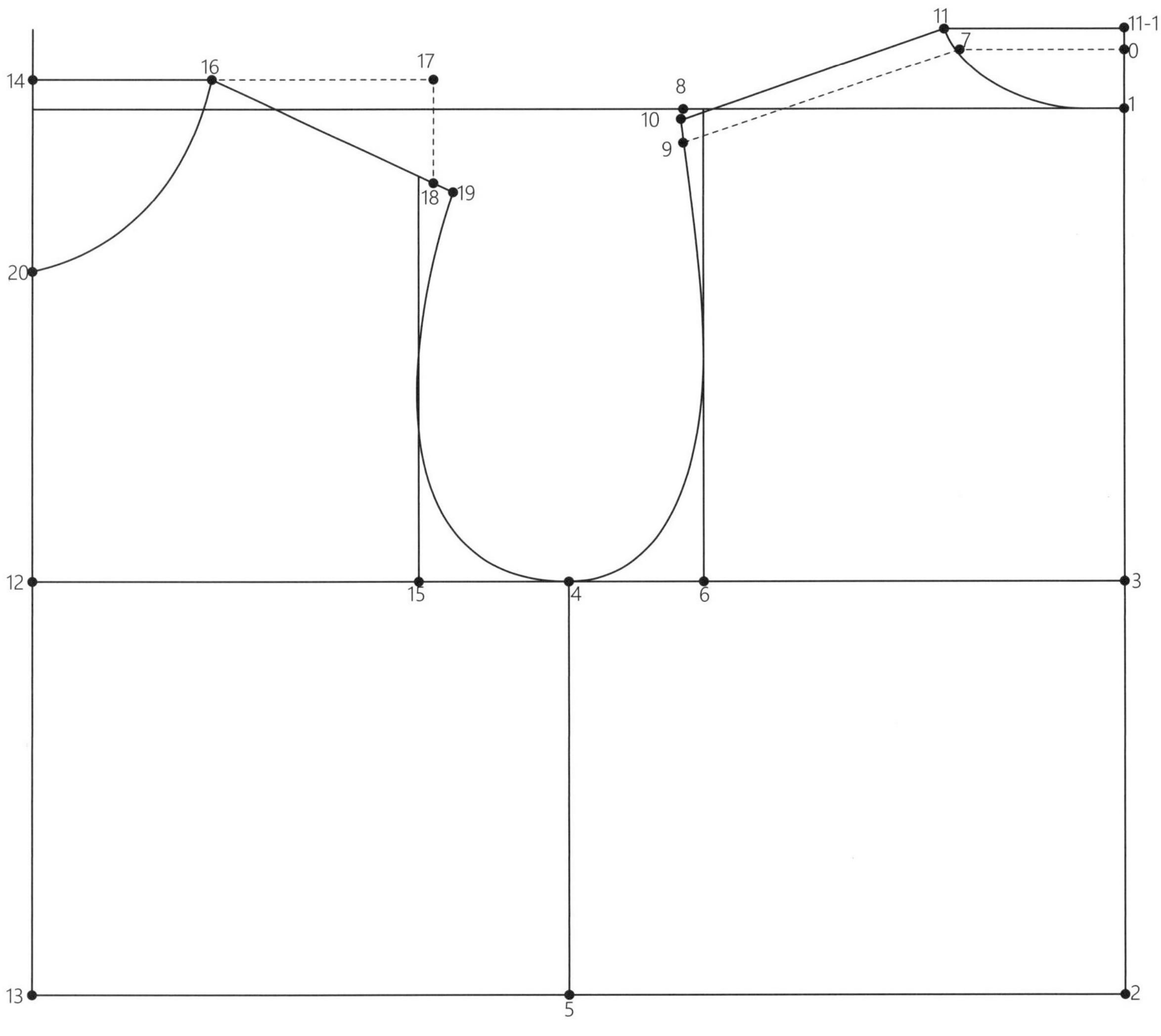

뒤판

0-1 뒷목점 옆목점 사이 길이 = 1"

1-2 등길이 = 15"

1-3 진동 깊이 = 8"

3-4 가슴선 = 9 1/4" (유상동/4 + 3/4 "여유)

3-6 뒤품 = 7"

4-5 허리선까지 수직선을 내림

0-7 임시 뒷목너비 = 2 3/4"

1-8 = 어깨너비/2

9 = 8에서 수직으로 1/2" 내림

7-9 어깨선 생성 (뒤판 각도 생성을 위한 임시 어깨선)

0 ~ 11-1 = 3/8"

11-1 ~ 11 = 3"

7-9 어깨선을 11에 만나도록 평행이동 〉11-10

10 = 뒤중심선에서 어깨너비/2

10-4 = 암홀생성

앞판

4-12 가슴선 = 9" (상동/4 + 3/4" 여유)

5-13 박스핏 = 9"

13-14 앞길이 = 15 1/2"

12-15 앞품 = 6 1/2"

14-16 앞목 너비 = 3"

16-17 = 3 3/4"

17-18 = 1 3/4"

17-18 어깨 연장선상 뒤판 어깨선의 길이와 같도록 19 생성

14-20 앞목 깊이 = 3 1/4"

16-20 네크라인 연결

19-4 = 암홀 생성

**

여유가 적은 무다트 원형의 경우 앞 암홀이 길어 가슴 옆 공간이 뜨게 되는데 이 상태에서는 옷이 뒤로 젖혀지는 현상이 자주 일어난다.

이를 방지하기 위해 뒤판 어깨선을 평행이동하여 앞으로 보내고 암홀 길이 차이를 3/4" 정도로 유지하였다.

앞목 너비와 뒷목너비의 차이는 상황에 따라 조정한다.

66사이즈

신체

앞길이 16"

등길이 15"

앞품 13 1/2"

뒤품 14 1/2"

상동 35"

유상동 36"

어깨너비 15"

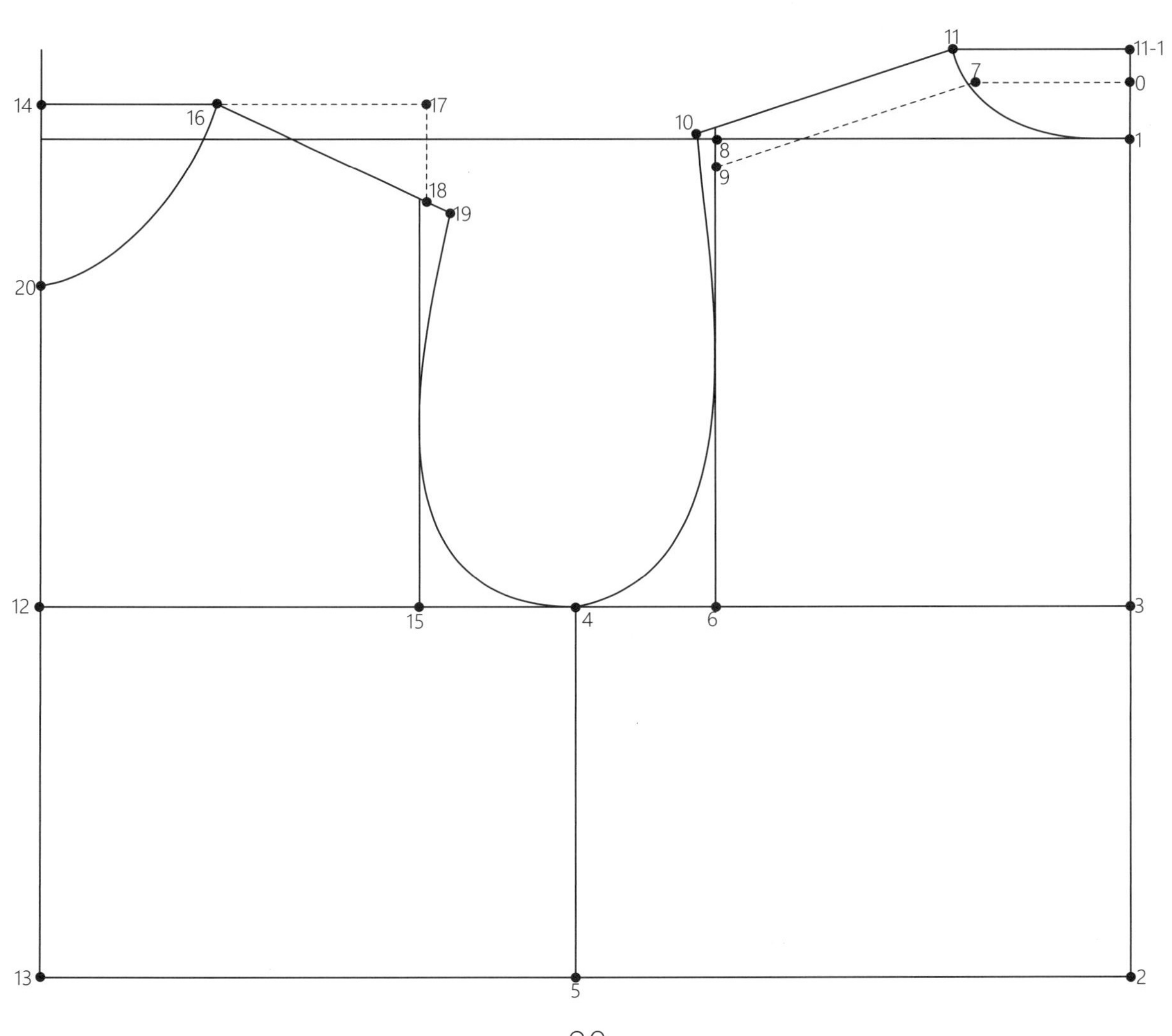

뒤판

0-1 뒷목점 옆목점 사이 길이 = 1"

1-2 등길이 = 15"

1-3 진동 깊이 = 8 3/8"

3-4 가슴선 = 9 3/4" (유상동/4 + 3/4 "여유)

3-6 뒤품 = 7 1/4"

4-5 허리선까지 수직선을 내림

0-7 임시 뒷목너비 = 2 3/4"

1-8 = 55 사이즈의 어깨너비/2

9 = 8에서 수직으로 1/2" 내림

7-9 어깨선 생성 (뒤판 각도 생성을 위한 임시 어깨선)

0 ~ 11-1 = 1/2"

11-1 ~ 11 = 3 1/8"

7-9 어깨선을 11에 만나도록 평행이동 〉10-11

10 = 뒤중심선에서 어깨너비/2

10-4 = 암홀 생성

앞판

4-12 앞판 가슴선 길이 = 9 1/2" (상동/4 + 3/4" 여유)

5-13 박스핏 = 9 1/2"

13-14 앞길이 = 15 5/8"

12-15 앞품 = 6 3/4"

14-16 앞목 너비 = 3 1/8"

16-17 = 3 3/4"

17-18 = 1 3/4"

16-18 어깨 연장선상 뒤판 어깨선의 길이와 같도록 19 생성

14-20 앞목 깊이 = 3 1/4"

16-20 네크라인 연결

19-4 = 암홀 생성

**

앞목 깊이는 뒤판 평행이동에 의해 실제로 더 깊어지게 됨으로 깊이를 줄여 놓아야 한다.

77사이즈

신체
앞길이 16 1/4"
등길이 15"
앞품 14"
뒤품 15"
상동 37"
유상동 38"
어깨너비 15 1/2"

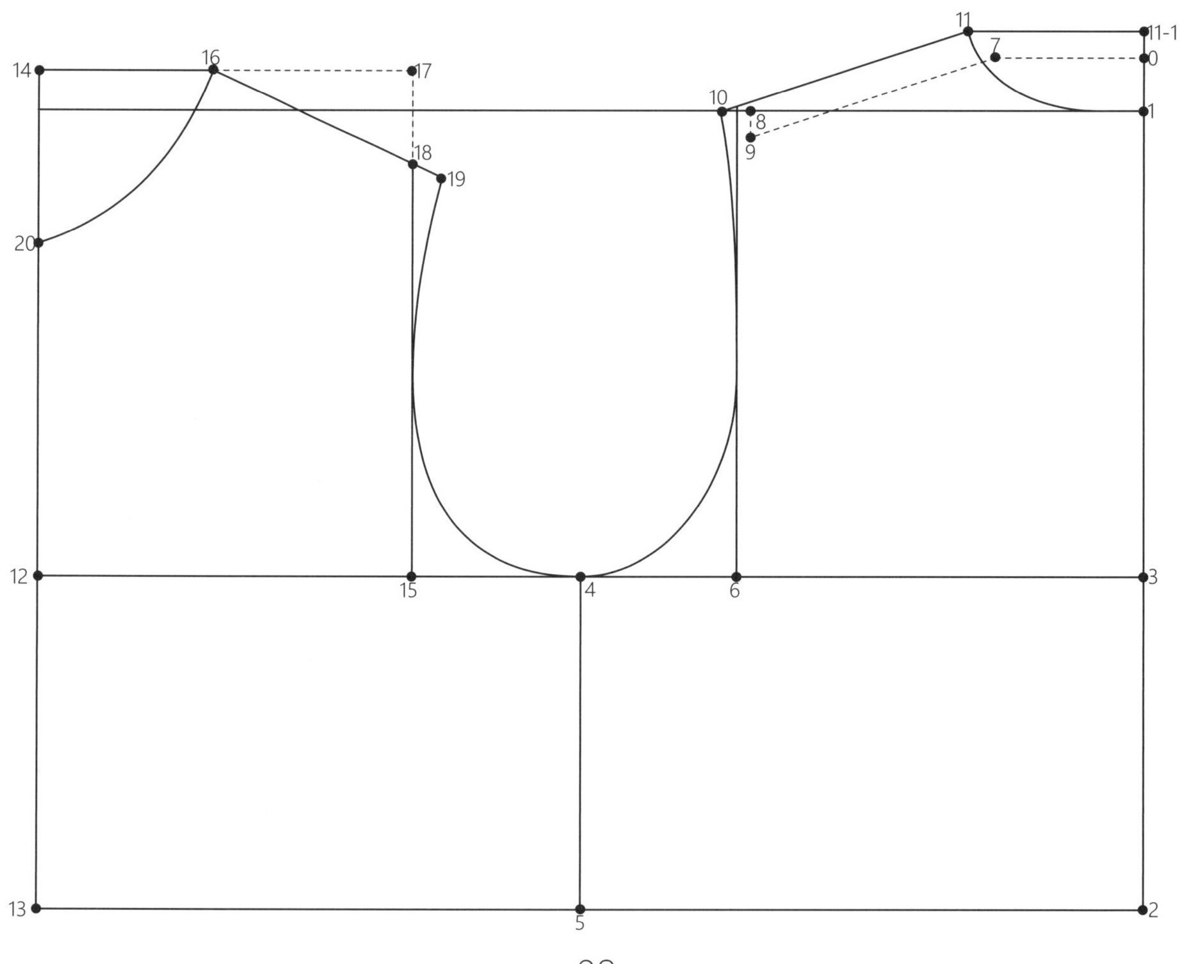

뒤판

0-1 뒷목점 옆목점 사이 길이 = 1"

1-2 등길이 = 15"

1-3 뒤판 진동 깊이 = 8 3/4"

3-4 뒤판 가슴선 = 10 3/8" (유상동/4 + 7/8 "여유)

3-6 뒤품 = 7 1/2"

4-5 허리선까지 수직선을 내림

0-7 임시 뒷목너비 = 2 3/4"

1-8 = 55 사이즈의 어깨너비/2

9 = 8에서 수직으로 1/2" 내림

7-9 어깨선 생성 (뒤판 각도 생성을 위한 임시 어깨선)

0 ~ 11-1 = 1/2"

11-1 ~ 11 = 3 1/4"

7-9 어깨선을 11에 만나도록 평행이동 〉 10-11

10 = 뒤중심선에서 어깨너비/2

10-4 = 암홀 생성

앞판

4-12 앞판 가슴선 길이 = 10 1/8" (상동/4 + 7/8" 여유)

5-13 박스핏 = 10 1/8"

13-14 앞길이 = 15 3/4"

12-15 앞품/2 = 7"

14-16 앞목 너비 = 3 1/4"

16-17 = 3 3/4"

17-18 = 1 3/4"

16-18 어깨 연장선상 뒤판 어깨선의 길이와 같도록 19 생성

14-20 앞목 깊이 = 3 1/4"

16-20 네크라인 연결

19-4 = 암홀 생성

**

신체 앞길이 보다 줄어든 앞길이는 뒤 평행이동으로 채워준다.

뒤 어깨선 평행이동은 암홀 길이 차이를 3/4"으로 유지하기 위해서 조정해 줄 수 있다.

앞뒤판 진동 깊이의 차이 또한 3/4" 암홀 균형을 위해서 조정해 줄 수 있다.

가슴선의 여유량은 암홀 길이 차이를 맞추기 위해 미세 조정해 줄 수 있다.

앞내림 분량은 원단과 디자인, 기장에 따라 적정량을 나가준다.

앞품과 뒤품은 줄자로 측정 시 손가락 한두 개 정도를 넣어 약간의 여유가 들어간 상태이다.

88사이즈

신체
앞길이 16 1/2"
등길이 15"
앞품 14 1/2"
뒤품 15 1/2"
상동 39"
유상동 40"
어깨너비 16"

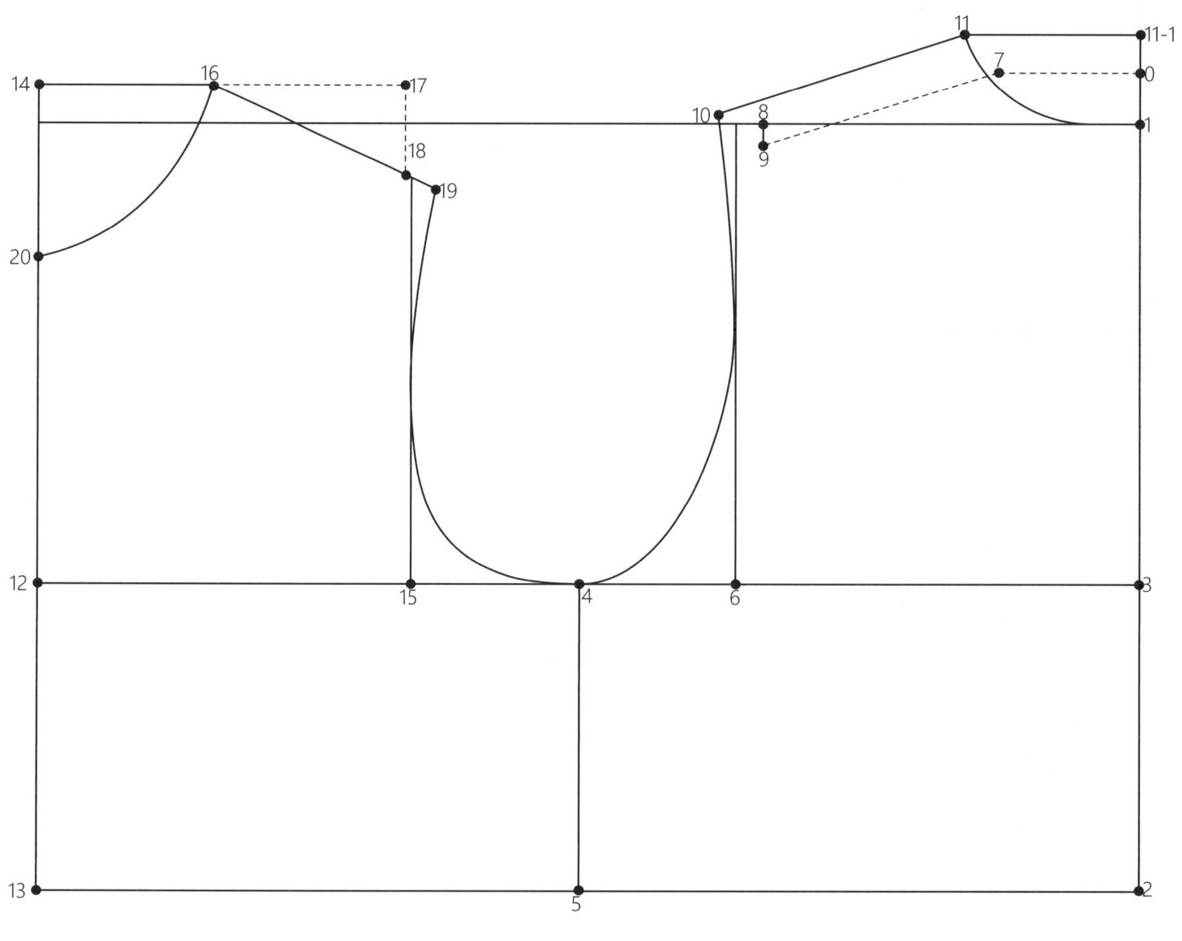

뒤판

0-1 뒷목점 옆목점 사이 길이 = 1"

1-2 등길이 = 15"

1-3 뒤판 진동 깊이 = 9"

3-4 뒤판 가슴선 = 10 3/4" (유상동/4 + 3/4 "여유)

3-6 뒤품 = 7 3/4"

4-5 허리선까지 수직선을 내림

0-7 임시 뒷목너비 = 2 3/4"

1-8 = 55 사이즈의 어깨너비/2

9 = 8에서 수직으로 1/2" 내림

7-9 어깨선 생성 (뒤판 각도 생성을 위한 임시 어깨선)

0 ∼ 11-1 = 3/4"

11-1 ∼ 11 = 3 3/8"

7-9 어깨선을 11에 만나도록 평행이동 〉10-11

10 = 뒤중심선에서 어깨너비/2

10-4 = 암홀 생성

앞판

4-12 앞판 가슴선 길이 = 10 1/2" (상동/4 + 3/4" 여유)

5-13 박스핏 = 10 1/2"

13-14 앞길이 = 15 3/4"

12-15 앞품 = 7 1/4"

14-16 앞목 너비 = 3 1/4"

16-17 어깨 생성 = 3 3/4"

17-18 어깨 생성 = 1 3/4"

16-18 어깨 연장선상 뒤판 어깨선의 길이와 같도록 19 생성

14-20 앞목 깊이 = 3 3/8"

16-20 네크라인 연결

19-4 = 암홀 생성

**

앞판과 뒤판의 어깨선 각도는 체형의 어깨 각도에 맞춰 조정해 줄 수 있다.

일반적인 그레이딩의 코어 사이즈를 기반으로 하는 비율적 증감을 따르지 않고 등길이를

실제 허리선의 위치로 잡아 55부터 88까지 등길이의 변화를 주지 않았다. (키 160cm 기준)

옷의 종류에 따라 여유량을 조정하는 것과 같이 둘레에 의한 여유량은 둘레와 비례하여 증가하는 것이 적합할 수 있다.

2

패 턴 의 이 해

블라우스,
원피스

신체

허리둘레 26"

엉덩이둘레 36"

어깨너비 14 1/2"

상동 33"

유상동 34"

앞길이 15 3/4"

등길이 15"

유장 9 1/2"

유폭 6 1/2"

앞품 13"

뒤품 14"

팔길이 : 21"

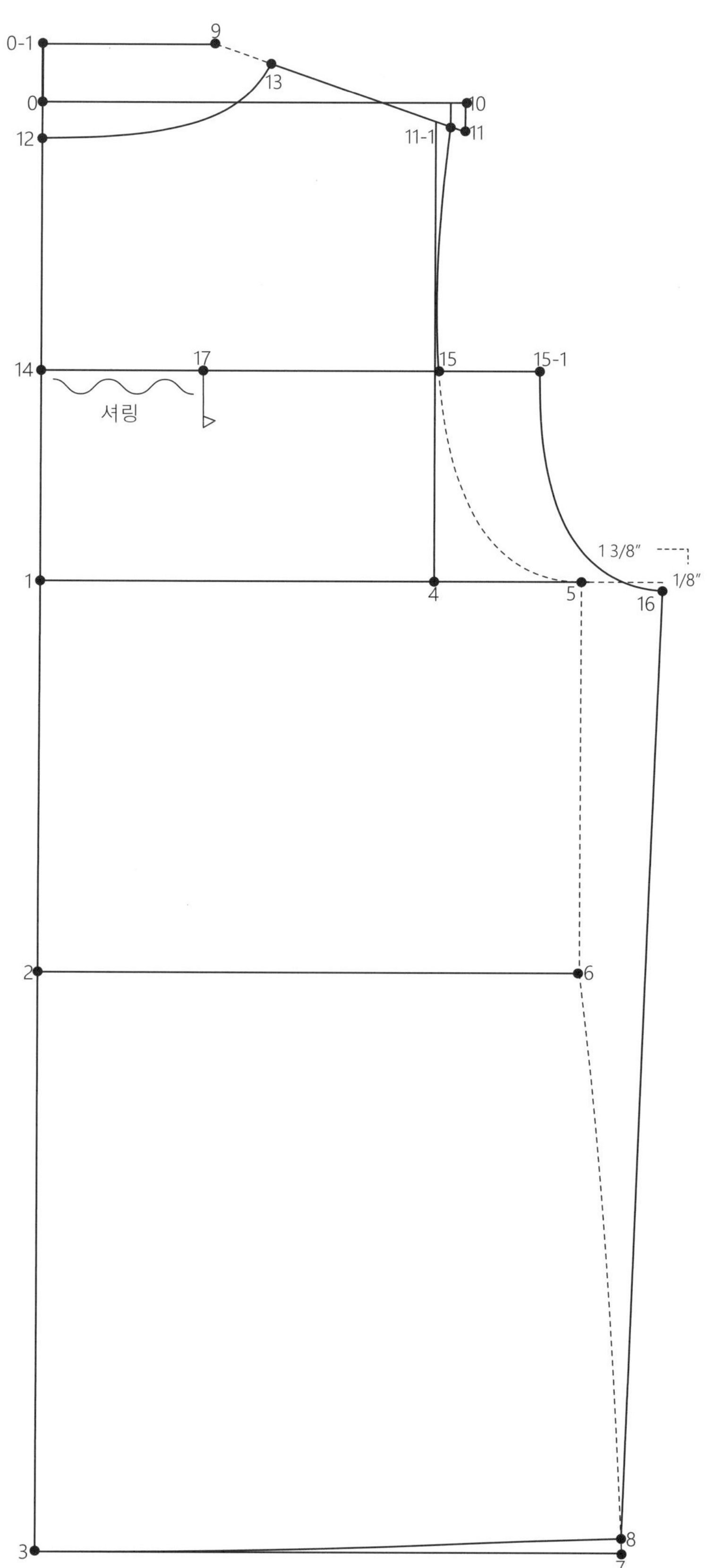

뒤판

0-1 진동 깊이 = 8 1/4"

0-2 등길이 = 15"

0-3 총장(뒷목점 기준) = 25"

1-4 뒤품 = 6 3/4" (셔링 감안)

1-5 뒤판 가슴선 길이 = 9 1/4"

5-6 허리선까지 수직선을 내림

3-7 밑단 = 10"

6-7 옆선 연결

7-8 밑단 정리 1/4" (앞, 뒤판 옆선 연결 시 밑단곡이 완만해지도록 미리 다듬는다.)

0 ~ 0-1 뒷목점 옆목점 사이 길이 = 1"

0-1 ~ 9 뒷목 너비 = 3"

0-10 어깨너비/2 = 7 1/4"

10-11 어깨 경사 = 1/2"

9-11 앞 어깨선

11 ~ 11-1 어깨너비 1/4 줄임 (셔링 감안)

11~1 - 5 암홀 생성

0-12 뒷목 파임 = 5/8"

9-13 옆목 파임 = 1"

12-13 네크라인 생성

12-14 셔링위치 = 4"

15 = 14위치에서 수평선을 그어 암홀과 만나는 지점

15 ~ 15-1 = 1 1/2"

16 = 5점에서 우측수평으로 1 3/8" 나가고 1/8" 내려간 지점

16-8 옆선 연결

14-17 = 3" (17 = 셔링너치)

**

원하는 셔링 분량이 x라면 2x만큼 절개 이동한다.

(셔링 분량 3") = (절개 이동 15~15-1) = 1 1/2"

견갑의 위치를 너무 벗어나지 않는 선에서 요크선을 생성하였다.

뒷목 파임은 칼라 형태에 따라 바꾸어줄 수 있다.

원단의 셔링 분량을 감안해서 뒤품과 어깨너비를 줄여주었다.

신체
허리둘레 26"
엉덩이둘레 36"
어깨너비 14 1/2"
상동 33"
유상동 34"
앞길이 15 3/4"
등길이 15"
유장 9 1/2"
유폭 6 1/2"
앞품 13"
뒤품 14"
팔길이 : 21"

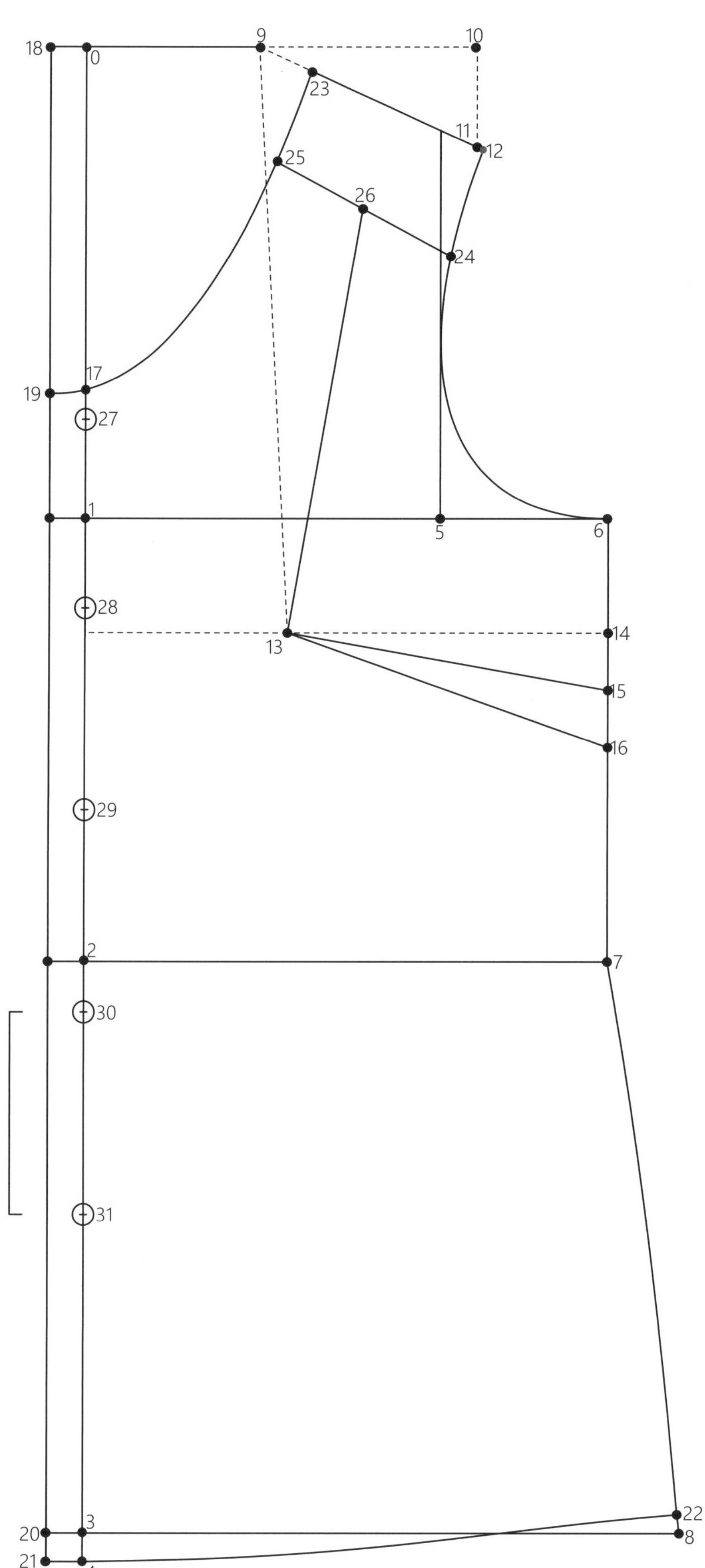

앞판

0-1 진동 깊이 = 8 1/4"

0-2 앞길이 = 16"

0-3 = 26"

3-4 앞내림 = 1/2"

1-5 앞품 = 6 1/8"

1-6 앞판 가슴선 길이 = 9"

2-7 = 9"

6-7 허리선까지 수직선을 내림

3-8 밑단 = 10 1/4" (앞판을 더 크게 놓는다.)

7-8 옆선 연결

0 ~ 9 앞목 너비 = 3"

9-10 어깨 경사 = 3 3/4"

10-11 어깨 경사 = 1 3/4"

9-11 연결선상 뒤 어깨선 길이만큼 연장하여 점12 생성

12-6 암홀 생성

13 BP (유장 = 10 1/4 " 유폭의 절반 3 1/2")

14 = 13에서 수평선을 그어 옆선과 만나는 지점

14 ~ 15 = 1"

15-16 다트 =1" (앞길이 등길이 차이)

0-17 앞목 깊이 = 6"

0-18, 3-20 여밈 = 5/8", 20-21 = 1/2"

22 = 뒤판 옆선 길이와 같도록 옆선선상에서 생성

21-22 밑단 자연스럽게 연결

9-23 옆목 파임 = 1" (뒤판과 동일)

23-17 앞목 네크 생성

19 = 네크라인을 자연스럽게 여밈까지 연결

네크라인 선상 23-25 = 2"

암홀 선상 12-24 = 2 3/8"

25-24 연결 (요크 생성)

26 = 선분 25-24의 중심

13-26 = 가슴 다트 mp선

17-27 첫 번째 단추 간격 = 1/2"

27-28 = 3 1/2" (29, 30, 31 이하 간격 동일)

**　**

가슴 다트는 어깨선으로 mp 하여 셔링 분량을 만든다.

단추 간격의 2배 분량을 마지막 단추와 단의 끝 간격으로 정해주면 미관상 안정적으로 보인다.

BP를 기준으로 단추 간격을 계산하거나 실루엣의 조임에 따라 단추의 위치가 조정될 수 있다.

신체의 유장과 유폭을 벗어난 이유는 셔링 분량을 조정해 주기 위함이다.

BP 위치의 조정은 디자인과 원단에 따라 적정 범위에서 일어나야 한다.

신체 스펙의 앞길이와 등길이를 벗어난 이유는 셔링 분량을 조정해 주기 위함이다.

앞품을 적게 놓은 것은 소매의 셔링 분량으로 부푸는 소매를 감안하여 줄여놓은 것이다.

앞내림은 시각적으로 앞이 들려 보이지 않도록 도와준다.

스펙

소매산 5 5/8"

소매기장 20"

소매

0-1 소매산 = 약 5 5/8" = 암홀 둘레/3 - 1/8" (소매통을 고려)

0-2 소매기장 = 20"

0-3 셔링분 생성 = 1"

1-4 앞 보조선 = 앞 암홀길이

4-5 셔링분 생성 = 1 1/2"

5-6 뒤 보조선 = 뒤 암홀길이 + 1/8"

보조선의 길이는 아이템에 따라 소매통과 소매산, 이즈에 따라 전체적으로 조정된다.

7 = 4-5의 중심

8 = 7에서 수직으로 1" 올림

9 = 8에서 앞쪽으로 1/2" 수평이동

10 = 6에서 밑단까지 수직선을 내림

11 = 선분 10-2의 중심

12 셔링 변화 감안 밑단 정리 = 11에서 수직으로 5/8" 내린 후 밑단 자연스럽게 연결

13 = 1-4 선상 1에서 3 1/4" 떨어진 지점

14 = 5-6 선상 6에서 3 1/2" 떨어진 지점

소매달림선을 13, 14 교점에 맞춰 자연스럽게 그려준다.

15 = 소매달림 선상 6에서 5" 떨어진 지점

16 = 소매달림 선상 1에서 4 1/8" 떨어진 지점

8-15 영역을 2" 오그린다.

줄인 후 8-6 = 뒤 암홀 길이

8-16 영역을 2" 오그린다.

줄인 후 8~1 = 앞 암홀 길이

소맷단 셔링은 커프스 길이와 맞춰 잡아준다.

소맷단 트임 위치는 뒤쪽으로 만들어준다. (바이어스 해리)

커프스

높이 1 1/2"

폭 8 1/2"

단추 지름과 두께에 맞춰 단추와 단춧구멍 위치를 잡아준다.

**

셔링 분에 따라 소매산과 소매통을 조정하여 셔링 분량을 생성한다.

절개식 방법을 이용하여 셔링 분을 생성해도 된다.

원단에 따라 셔링너치의 거리 조정을 통해 볼륨의 정도를 조정해 준다.

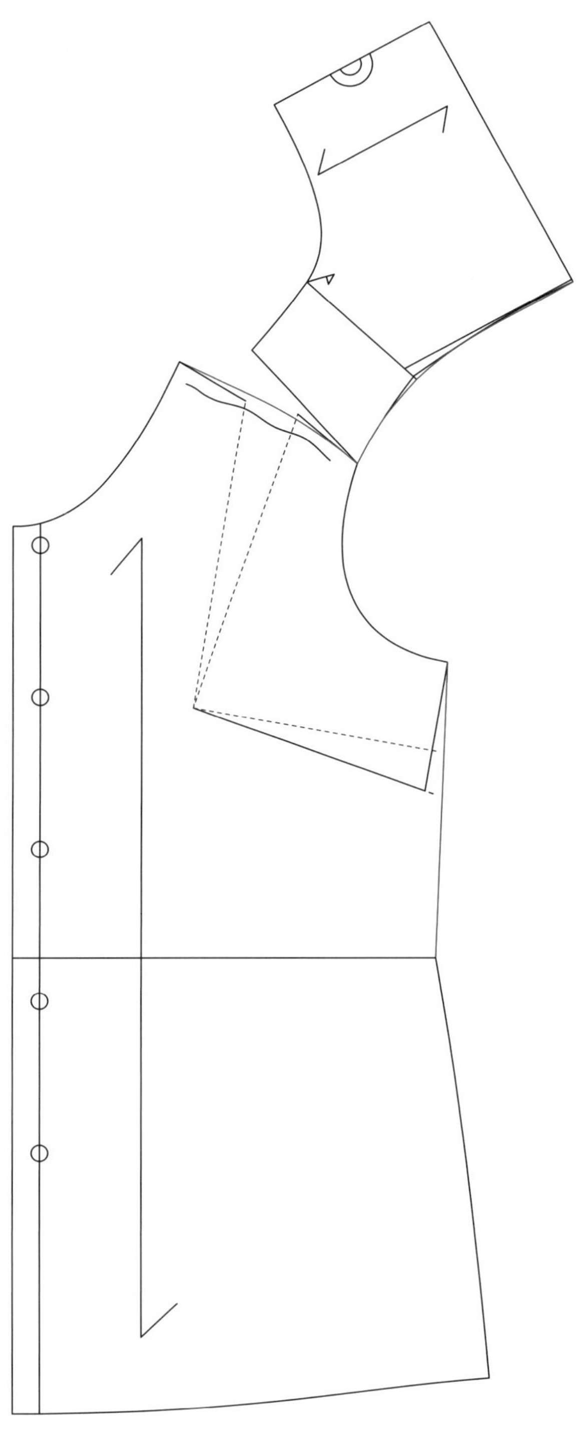

정리

가슴 다트를 어깨선으로 mp 시킨다.

옆선은 다시 정리한다.

옮겨진 다트 분량만큼 셔링 분으로 사용한다.

어깨선을 자연스럽게 다시 그려준다.

앞 요크는 뒤로 붙여 암홀이 자연스럽게 이어지도록 다듬는다.

소매 너치와 암홀 너치를 맞추어 몸판에 너치를 넣어줄 수 있다.

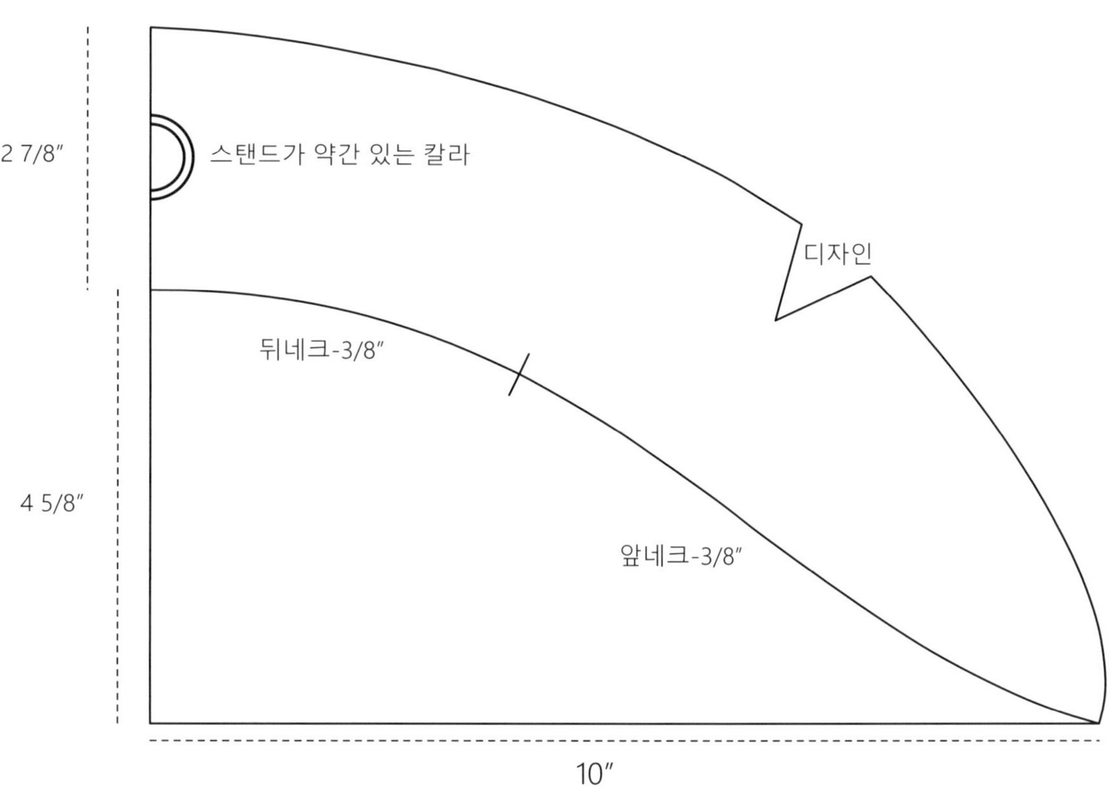

칼라

원단에 따라 네크와 박히는 칼라의 길이를 줄여준다.

봉제 과정에서 칼라를 약간 늘려 달면 비바이스로 늘어나는 점을 고려할 수 있고 이로 인해 칼라 안쪽 남는 증상도 줄어든다.

스펙

free size

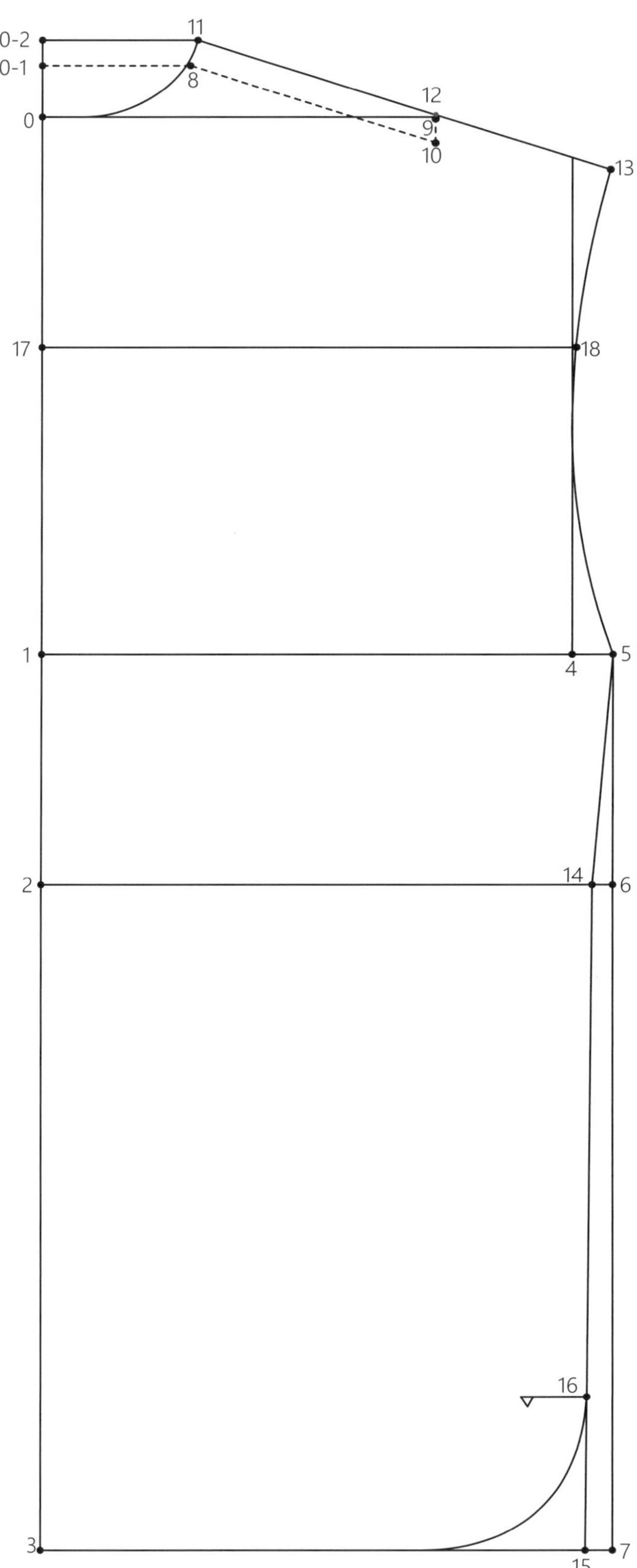

뒤판

0-1 진동 깊이 = 10 1/2"

0-2 등길이 = 15"

0-3 총장 = 28"

1-4 뒤품 = 9 3/4"

1-5 뒤판 가슴선 길이 = 10 1/2"

5-6 허리선까지 수직선을 내림

6-7 밑단까지 수직선을 내림

2-6 연결

3-7 연결

0 ~ 0-1 = 1"

0-1 ~ 8 = 2 3/4"

0-9 = 7 1/4"

9-10 = 1/2"

8-10 연결 (어깨선 경사 생성)

0-1 ~ 0-2 무다트 적용 = 1/2"

0-2 ~ 11 = 2 7/8"

8-10 경사를 11점에 맞춰 평행이동 = 8-12 (12점은 어깨너비/2에 맞춘다.)

13 = 11-12 선상 12점에서 3 3/8" 연장

13-5 암홀 생성

6-14, 7-15 = 3/8"

5-14-15 연결

15-16 = 3" (너치)

16- 밑단 = 자연스럽게 굴린다.

요크

0-17 = 4 1/2"

18 = 17에서 수평선을 연장하여 암홀과 만나는 지점

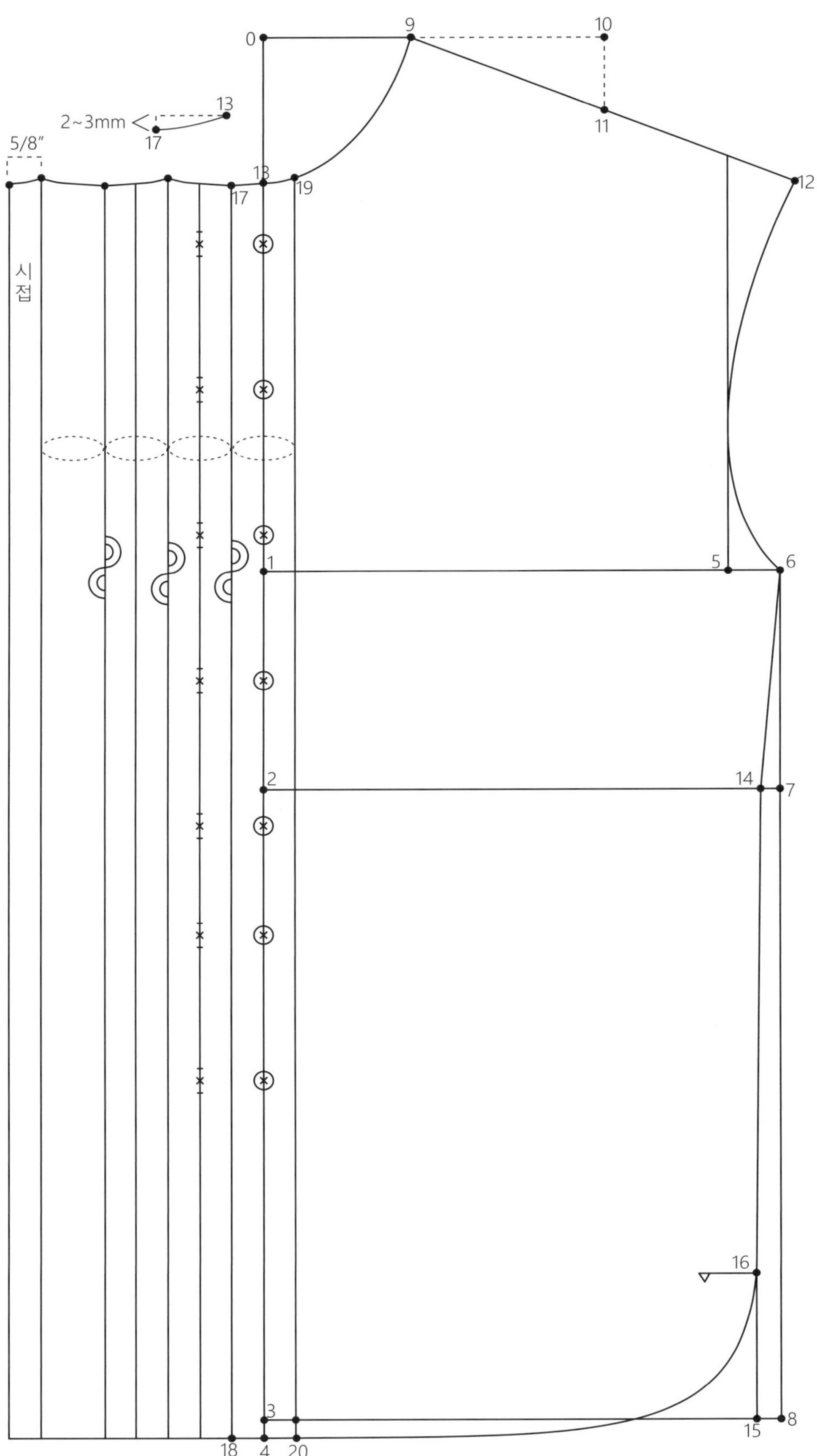
0
9
10
11
12
13
2~3mm
17
13
5/8"
시접
13
17
19
1
5
6
2
14
7
16
3
18 4 20
15
8

앞판

0-1 진동 깊이 = 11"

0-2 앞길이 = 15 1/2"

0-3 총장 = 28 1/2"

3-4 앞내림 = 3/8"

1-5 앞품 = 9"

1-6 앞판 가슴선 길이 = 10"

6-7 허리선까지 수직선을 내림

7-8 밑단까지 수직선을 내림

0-9 = 2 7/8"

9-10 = 3 3/4"

10-11 = 1 1/2"

9-11 연결

12점 = 뒤판 어깨선의 길이와 같도록 어깨선 연장

12-6 암홀 생성

0-13 = 3"

7-14 = 3/8"

8-15 = 3/8"

6-14-15 연결

15-16 = 3" (너치)

16- 4 밑단 = 자연스럽게 굴린다.

17 = 13점에서 수평으로 낸단 분량 5/8" 나가고 나간 지점에서 2~3mm 정도 내린 지점(그림)

18 = 17에서 밑단까지 수직선을 내림

9-13-17 네크라인 자연스럽게 연결

19 = 네크라인 선상 13점에서 낸단 분만큼 안으로 들어간 지점

20= 19에서 밑단까지 수직선을 내림

17-19-20-18 단작분을 4번 대칭이동시킨다.

끝단에 시접분 5/8"를 만들어준다.

단추간격

13 - 첫 번째 단추 =1 1/4"

그 외 단추와 단추사이 간격 = 3"

스펙

소매산 3"

소매기장 20"

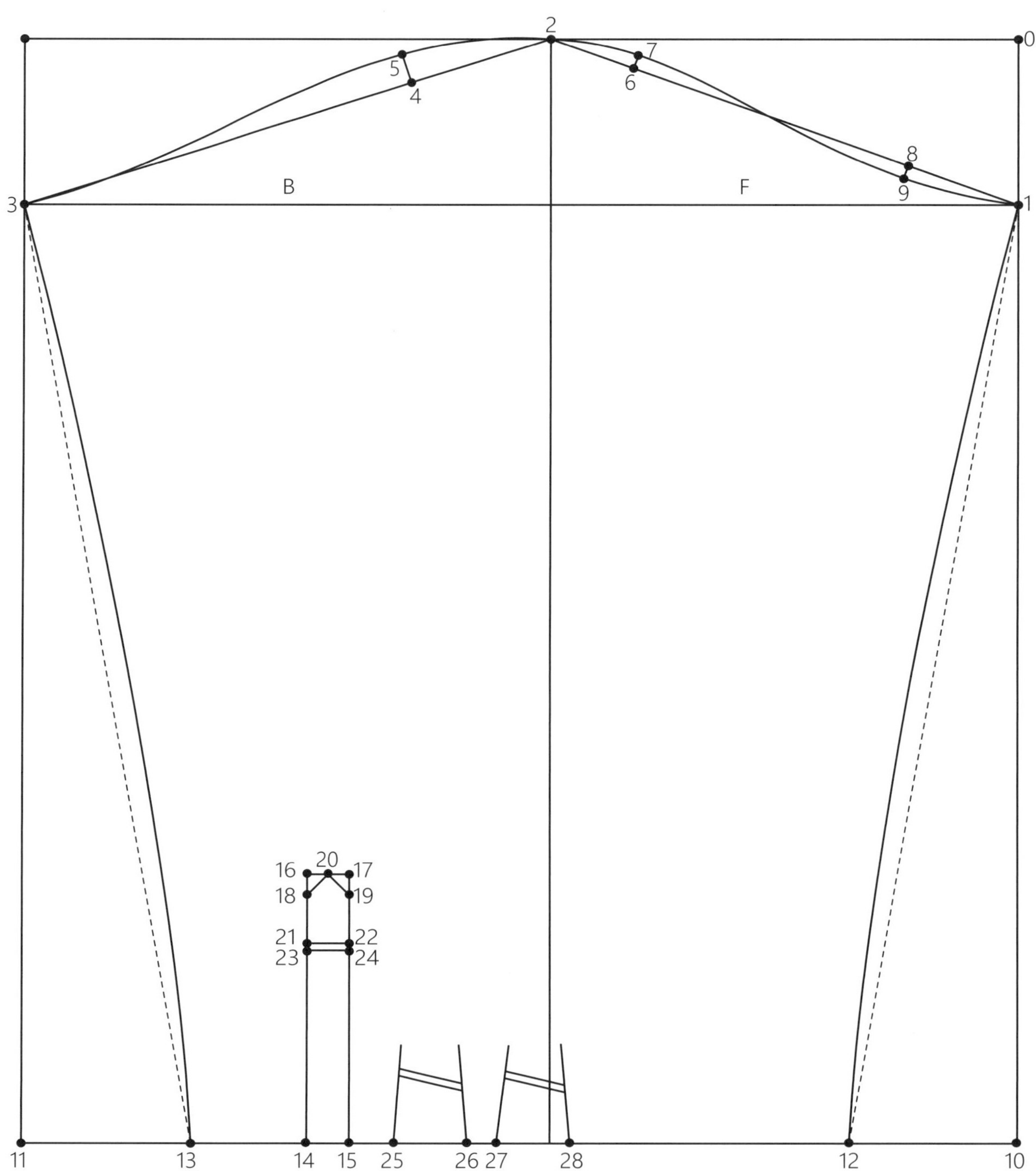

셔츠 소매 버전

앞 암홀 길이 = 8 1/2", 뒤 암홀 길이 = 9 5/8"

0-1 소매산 = 3"

1-2 앞판 암홀 길이를 맞추기 위한 보조선 = 8 1/2"

2-3 뒤판 암홀 길이를 맞추기 위한 보조선 = 9 1/2"

2-4 = 2 1/2"

4-5(직각) = 1/2"

2-5-3 뒤 소매달림선 연결

2-6 = 1 1/2"

6-7(직각) = 1/4"

1-8 = 2"

8-9(직각) = 1/4"

2-7-9-1 앞 소매달림선 연결

소매달림선에는 앞뒤 각각 1/8" 정도의 이즈가 들어가 있다.

1-10, 3-11 = 17"

10-12, 11-13 = 2 7/8"

3-13, 1-12 연결 (약간 홀쭉하게)

견보루

13-14 = 2"

14-15 견보루 폭 = 3/4"

14-16, 15-17 = 4 7/8"

16-18, 17-19 = 3/8"

20 = 16-17의 중심

18-21, 19-22 = 7/8"

21-23, 22-24 = 1/8"

턱

15-25 = 3/4"

25-26 = 1 1/4"

26-27 = 1/2"

27-28 = 1 1/4"

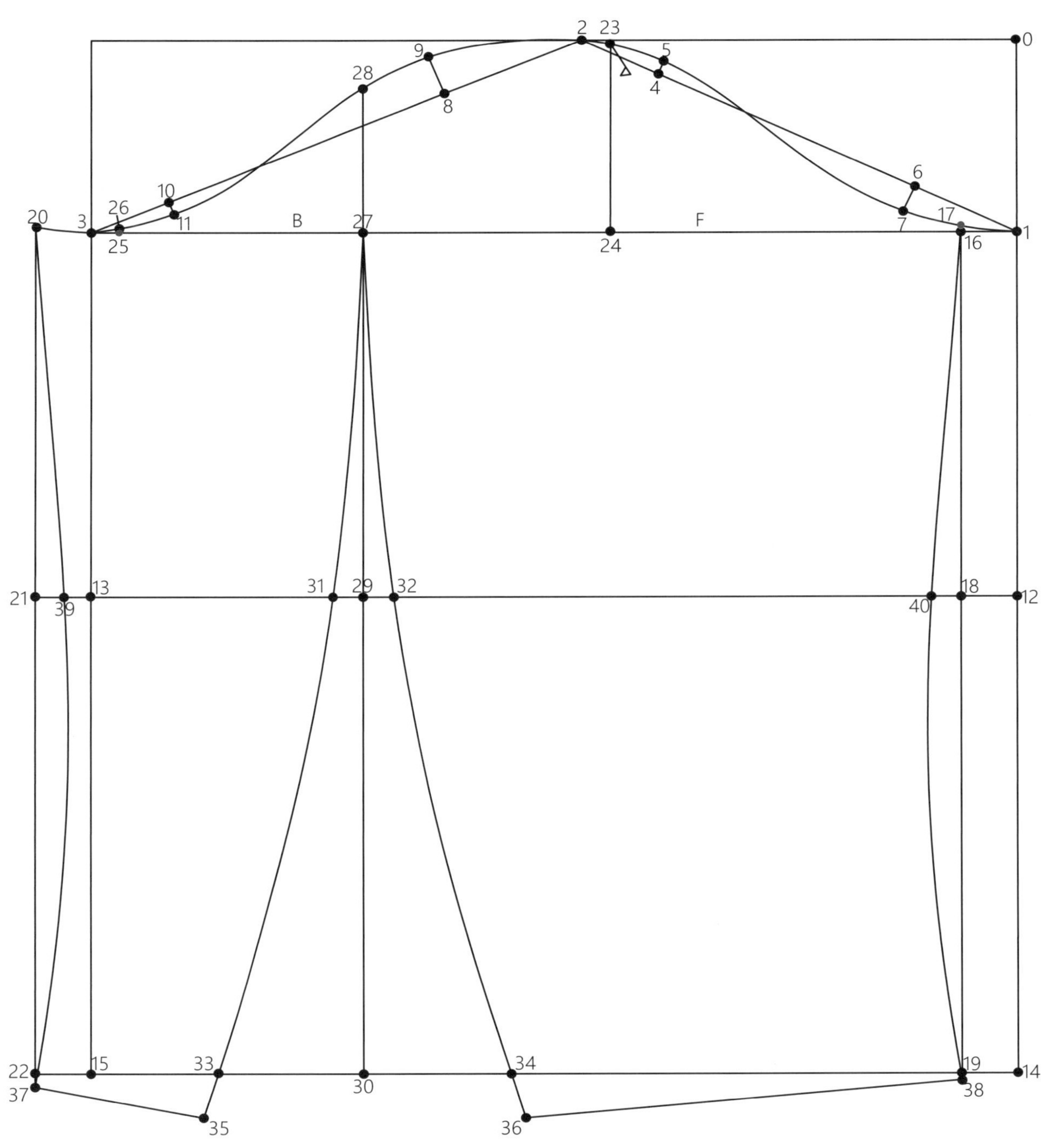

두 장 소매 버전

0-1 소매산 = 3 5/8"

0점과 1점에서 수평선을 연장한다.

1-2 앞 보조선 = 8 1/2"

2-3 뒤 보조선 = 9 1/2"

앞뒤 각각 6mm 정도의 이즈가 만들어진다.

2-4 = 1 1/2", 4-5(직각) = 1/4"

1-6 = 2", 6-7(직각) = 1/2"

2-8 = 2 5/8", 8-9(직각) = 3/4"

3-10 = 1 1/2", 10-11(직각) = 1/4"

소매달림선 3-11-9-2-5-7-1 자연스럽게 연결

1-12, 3-13 = 6 7/8"

12-14, 13-15 = 9"

16 = 1-3 직선 선상 1에서 수평으로 1"이동

17 = 16에서 수직선을 올려 소매달림선과 만나는 지점

18, 19 = 17에서 수직선을 내려 팔꿈치, 밑단선과의 교차점

1-17-18-19-14-12-1 영역 뒤로 이동 = 3-20-21-22-15-13-3

23 = 소매달림 선상 2점에서 1/2" 앞쪽으로 이동

24 = 23에서 수직선을 내려 소매통 선과 만나는 지점

25 = 3에서 1/2" 우측으로 수평이동

26 = 25에서 수직선을 올려 소매달림선과 만나는 지점

소매통 선상 27 = 25와 24의 중심

28, 29, 30 = 27에서 위아래로 소매달림선 ~ 팔꿈치선 ~ 밑단선까지 연장하여 교차하는 지점

29-31, 29-32 = 1/2"

30-33, 30-34 = 2 5/8"

27-31-33, 27-32-34 연결

33, 34점에서 기울기 연장선상 7/8" 연장하여 35, 36 생성

22-37(수직) = 1/4", 19-38(수직) = 1/8"

37-35, 36-38 연결

21-39, 18-40 = 1/2"

20-39-37, 17-40-38 연결

**

소매통이 넓어지면 두 장 소매의 아웃심 회전은 조금 더 다양하게 구사할 수 있다.

점 20과 점 37은 같은 결 선상에 오도록 해주었다.

소매통이 넓어지면 1-16 이동 분량이 조금 더 증가한다. 이는 둘레의 증가와 관련이 있다.

소매산이 낮으면 소매 상단 쪽 결이 푸서와 비슷해지는데 이때 푸서의 잘 늘어나는 성질을 미리 방지하기 위해 암홀 길이보다 줄여서 당김 표시를 넣어줄 수 있다. 이러한 당김 표시는 소매산이 낮거나 니트류 패턴에서 자주 보인다.

여성 맞춤의 경우 위팔 둘레가 두꺼운 경우가 빈번하여 소매산이 낮아도 소매달림선에 약간의 은은한 이즈를 넣어줄 수도 있다.

인심과 아웃 심의 곡률은 너무 차이가 나지 않는 선에서 그려준다.

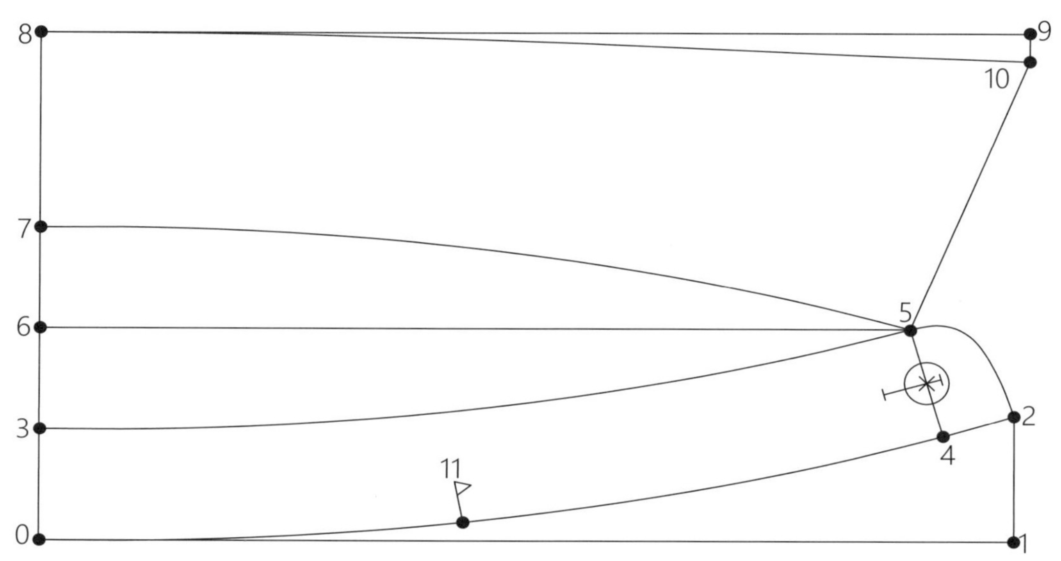

칼라 & 칼라 스탠드

앞 네크 4 3/8" 낸단 5/8", 뒤 네크 3 1/2"

0-1 = 8 3/8"

1-2 = 1 1/8"

0-3 = 1"

0-2 자연스럽게 연결

4= 0-2 선상 2점에서 5/8" 떨어진 지점

2-4 = 5/8" + 알파 (조정가능)

원단의 두께의 따라 시접으로 인한 두께 면적을 추가해 줄 수 있다.

5 = 0-2 선상 4점에서 직각으로 1" 연장

3-5 자연스럽게 연결

3-6, 6-7 = 7/8"

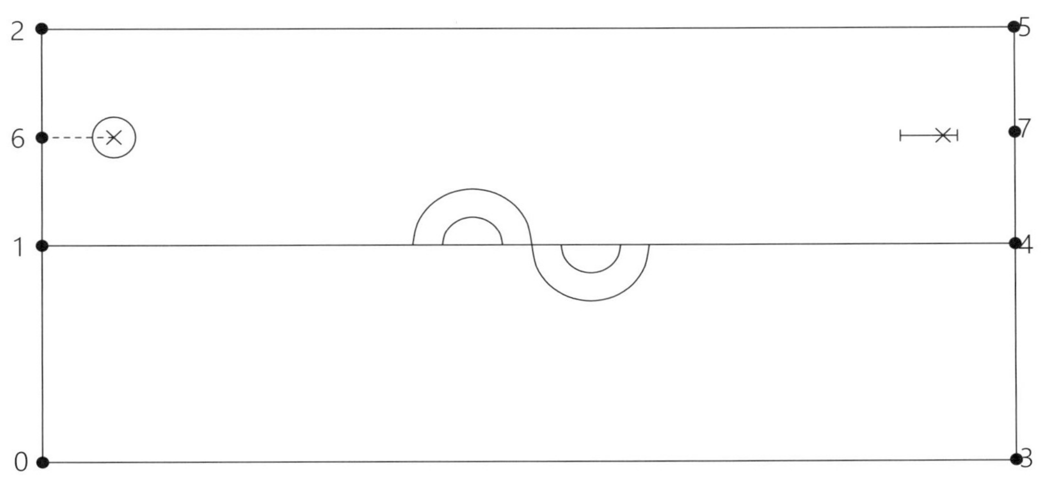

커프스

7-8 = 1 3/4"

8-9 = 8 1/2"

9-10 = 1/4"

7-5, 8-10 자연스럽게 연결

5-10 직선 연결

커프스 제도

0-1, 1-2 = 2"

0-3 = 8 1/2"

3-4, 4-5 = 2"

6 = 1-2의 중심

7 = 4-5의 중심

단추와 단춧구멍은 미리수에 맞춰 그려준다.

스펙

free size

0
1
목
5
6
어깨선
12
13
2
7
뒤판
B1
15 14
3
8
B2
16
17
11
옆선
4
9 10
0
1
목
5
6
어깨선
12
13
2
7
앞판
F1
3
8
F2
11
옆선
4
9 10

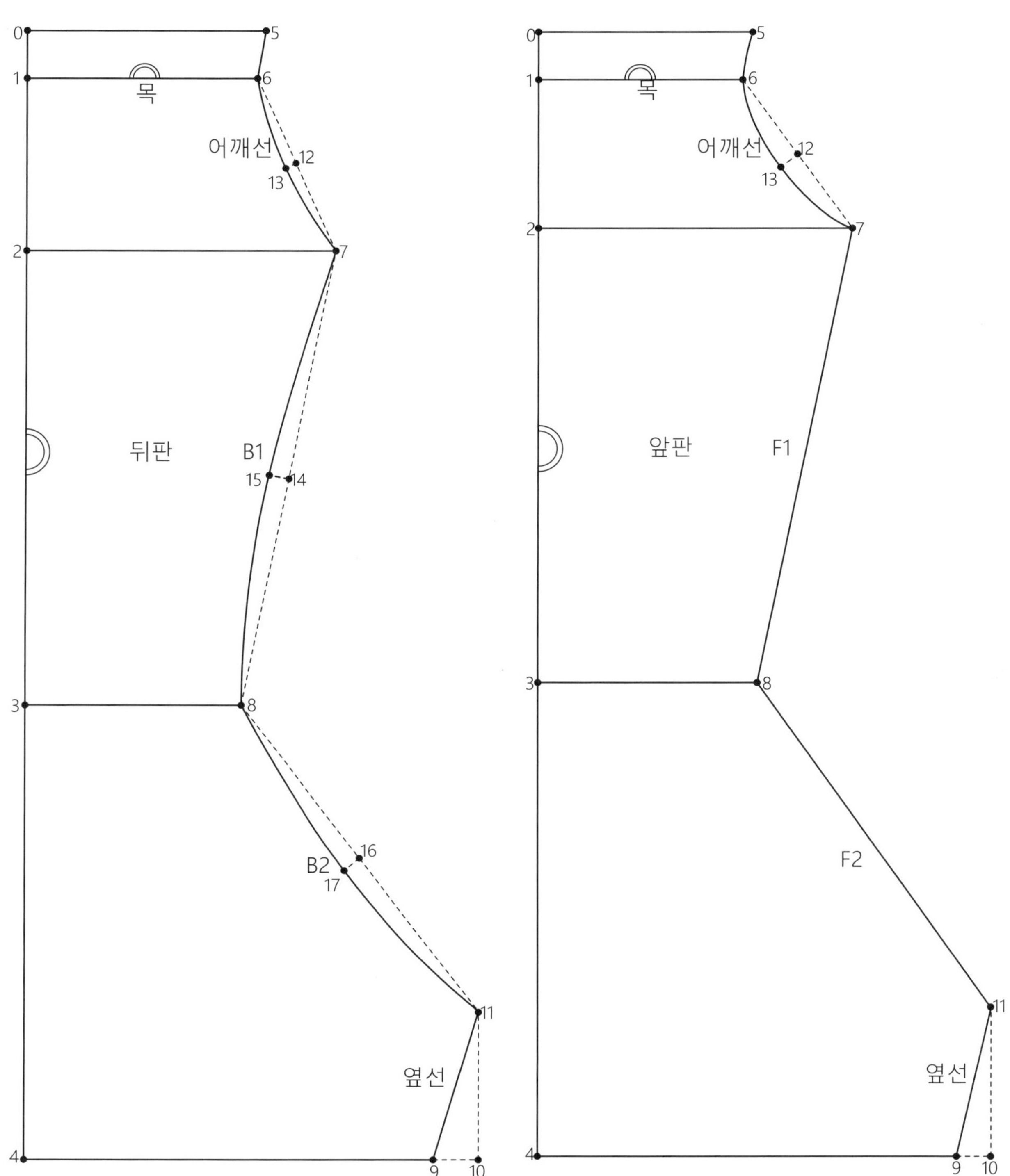

뒤판

0-1 = 1 1/4"

1-2 = 4 1/2"

2-3 = 11 7/8"

3-4 = 11 7/8"

0-5 = 6"

1-6 = 5 7/8"

2-7 = 7 7/8"

3-8 = 5 1/2"

4-9 = 10 3/8"

9-10 = 1 1/8"

10-11 = 3 7/8"

9-11 연결

6-7 연결

12 = 6-7의 중심

12-13 직각 = 0.7cm

6-13-7 연결

7-8 연결

14 = 7-8의 중심

14-15 직각 = 1/2"

7-15-8 연결

8-11 연결

16 = 8-11의 중심

16-17 직각 =1/2"

8-17-11 연결

앞판

0-1 = 1 1/4"

1-2 = 3 7/8"

2-3 = 11 7/8"

3-4 = 12 3/8"

0-5 = 5 3/8"

1-6 = 5 1/8"

2-7 = 7 7/8"

3-8 = 5 1/2"

4-9 = 10 1/2"

9-10 = 7/8"

10-11 = 3 7/8"

9-11 연결

6-7 연결

12 = 6-7의 중심

12-13 직각 = 1.4cm

6-13-7 연결

7-8 연결, 8-11 연결(직선)

**

F1, F2 = 앞판 소매와 붙는 선

B1, B2 = 뒤판 소매와 붙는 선

앞 뒤 어깨선의 길이는 동일하다.

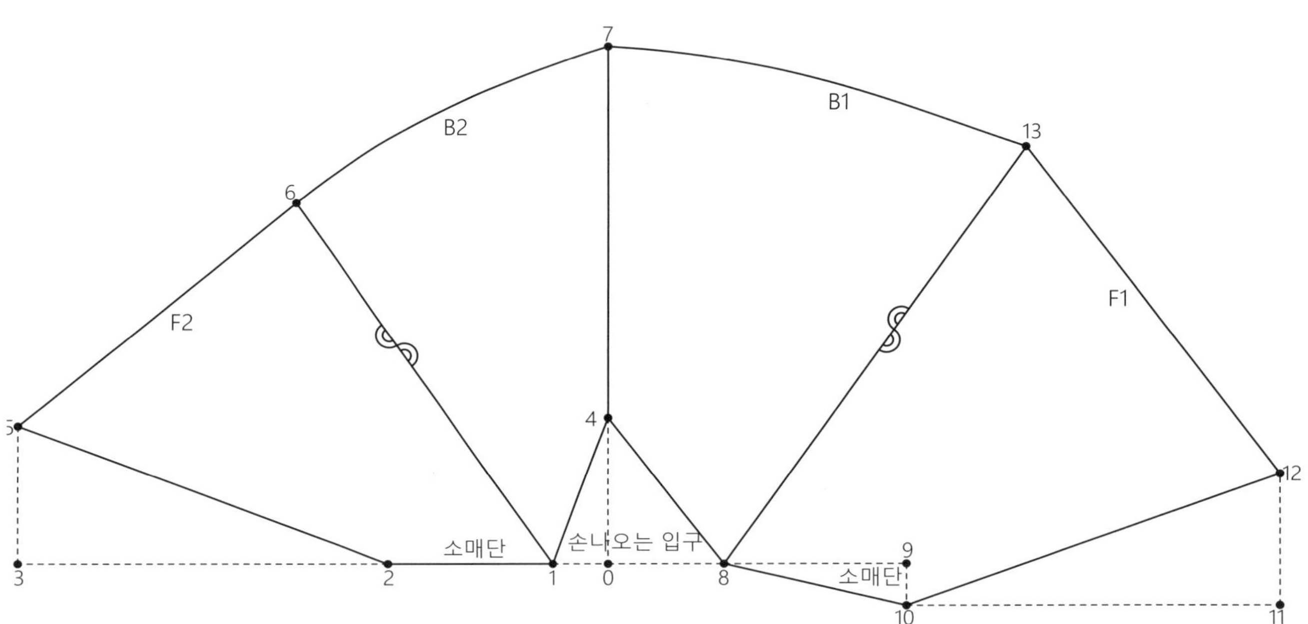

7
B1
B2
13
6
F1
F2
5
4
소매단
손나오는 입구
9
소매단
3
2
1
0
8
10
11
12

소매

0-1 = 1 1/2"

1-2 = 4 5/8"

2-3 = 10 1/2"

3-5 = 4 1/8"

1-6의 각도 = 4-1-2 각도의 절반, 1-6 = 13"

5-6 연결

0-4 = 4 3/8"

4-7 = 11 1/8"

6-7 연결

0-8 = 3 1/4"

8-9 = 5 1/8"

9-10 = 1 1/4"

8-10 연결

10-11 = 10 1/2"

11-12 = 4"

8-13의 각도 = 4-8-10 각도의 절반

8-13 = 15"

7-13, 12-13 연결

**

몸판과 소매의 F1, F2, B1, B2의 길이는 동일하도록 맞추었다.

봉제 순서

어깨선 봉제 – 목선 말아 박기 – 소매단 말아 박기 – 오른쪽 b2 b1 – 왼쪽 b1 b2 – 오른쪽 f2 f1 – 왼쪽 f1 f2 – 옆 솔기 앞뒤 연결 – 단 말아 박기 – 목선 옆 접어 박기

신체

55사이즈

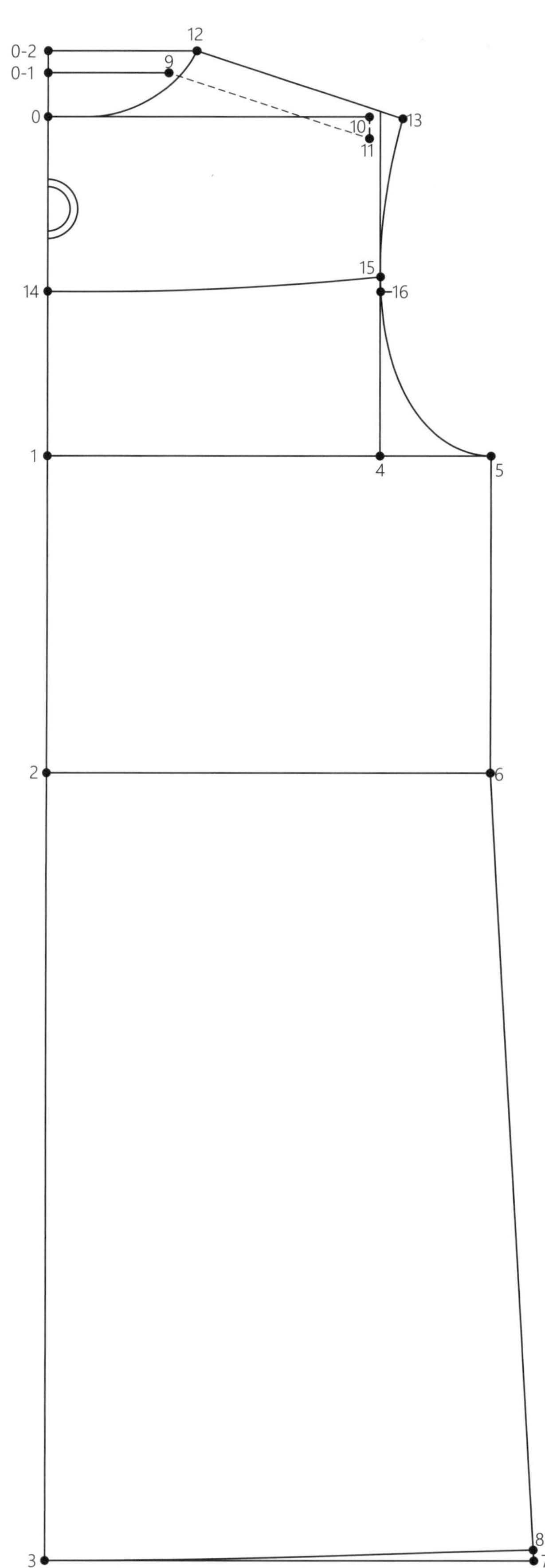

뒤판

0-1 진동 깊이 = 7 3/4"

0-2 등길이 = 15"

0-3 총장(뒷목점) = 33"

1-4 뒤품 = 7 1/2"

1-5 뒤판 가슴선 길이 = 10"

5-6 허리선까지 수직선을 내림

3-7 밑단 = 11"

6-7 옆선 연결

옆선 선상 7-8 밑단 라인 정리 1/4"

0 ～ 0-1 뒷목점 옆목점 사이 길이 = 1"

0-1 ～ 9 = 55 뒷목 너비 = 2 3/4"

0-10 = 55 어깨너비/2 =7 1/4"

10-11 = 1/2"

9-11 연결

0-1 ～ 0-2 무다트 = 1/2

0-2 ～ 12 = 3 3/8 (여유롭게 파준다.)

0-12 뒤넥 그리기

선분 9-11을 12점에 맞닿도록 평행이동

12-13 = 4 7/8" 되도록 13 생성

13 - 5 암홀 생성

0-14 = 4"

암홀 선상 13-15 = 3 3/4"

14-15 요크선 자연스럽게 그리기

16 = 암홀 선상 어깨점 13에서 4" 떨어진 지점에 암홀 너치 생성

신체

55사이즈

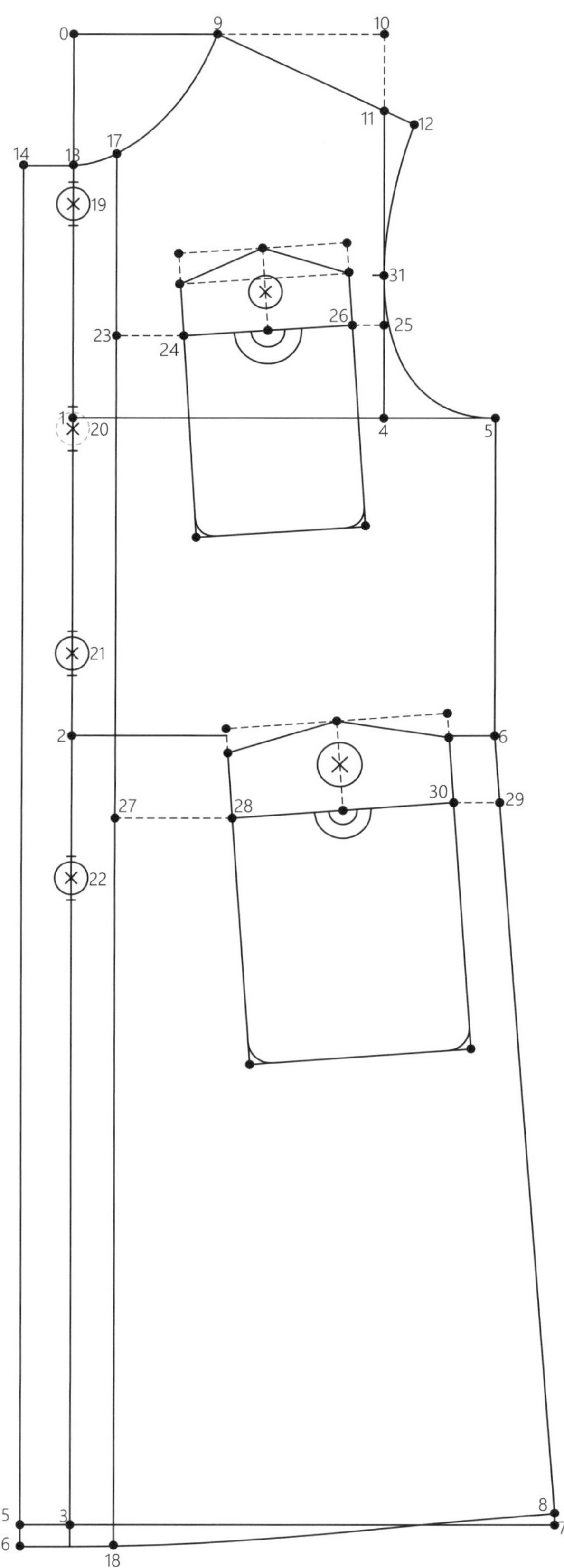

앞판

0-1 진동 깊이 = 8 3/4"

0-2 앞길이 = 16"

0-3 = 34"

1-4 앞품 = 7"

1-5 앞판 가슴선 길이 = 9 1/2"

2-6 = 9 1/2"

5-6 허리선까지 수직선을 내림

3-7 = 10 7/8" (뒤판 옆선곡과 일치하는 지점)

6-7 옆선 연결

7-8 밑단 라인 정리 1/4"

0-9 앞목 너비 = 3 1/4"

9-10 어깨 경사 = 3 3/4"

10-11 어깨 경사 = 1 3/4"

9-11 연결

9-12 앞 어깨선 = 뒤 어깨선 길이와 같도록 점 11 생성

12-5 암홀 생성

0-13 = 3"

9-13 앞 네크 생성

13-14 직선에 가깝도록 자연스럽게 = 1 1/8" (1/8"은 인터록 중 깎이는 면적으로 해석)

14-15 수직선을 밑단까지 내림

15-16 앞내림 = 1/2"

8-16 밑단 자연스럽게 연결

17 = 네크 선상 13에서 1" 떨어진 지점

17-18 밑단까지 연결

19 단추 1 = 13에서 수직으로 1/2" 내려간 지점

20 단추 2 = 19에서 5 1/8" 내려간 지점

21, 22 이하 동일

가슴 주머니

23 = 17에서 수직으로 4 1/8" 내려간 지점

24 = 23에서 수평으로 1 1/2" 떨어진 지점

25 = 4에서 수직으로 2 1/8" 올라간 지점

26 = 25에서 수평으로 3/4" 떨어진 지점

24-26 연결

뒷페이지에서 주머니를 제도하고 24, 26에 맞닿도록 주머니를 몸 판 패턴에 그려준다.

허리 주머니

27 = 17에서 수직으로 15 1/8" 내려간 지점

28 = 27에서 수평으로 2 5/8" 떨어진 지점

29 = 옆선 선상 6에서 1 1/2" 떨어진 지점

30 = 29에서 수평으로 1" 떨어진 지점

28-30 연결

뒷페이지에서 주머니를 제도하고 28, 30에 맞닿도록 주머니를 몸 판 패턴에 그려준다.

31 = 암홀 선상 어깨점 12에서 3 1/2" 떨어진 지점 너치 생성

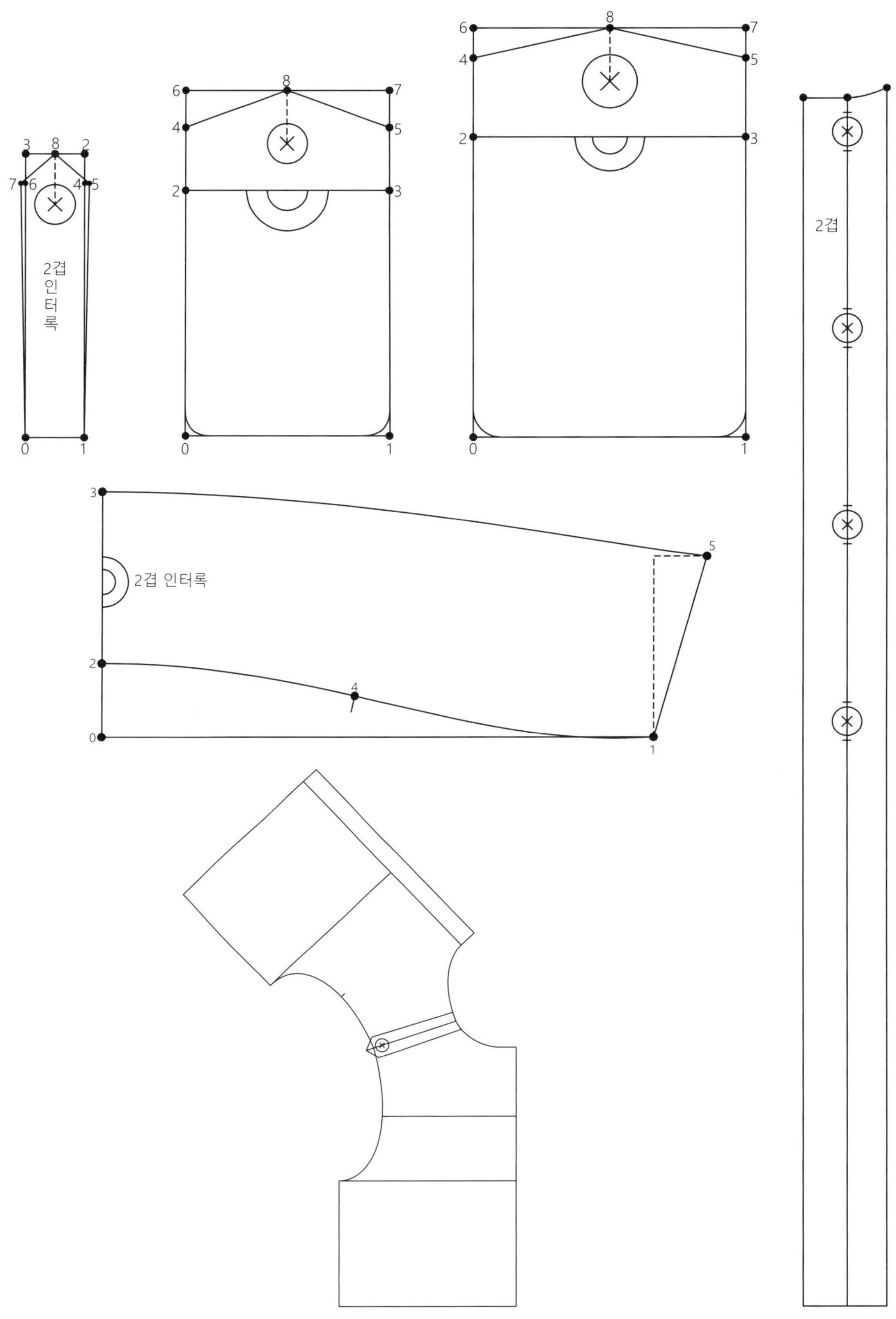
2겹
인
터
록
2겹 인터록
2겹

어깨 비조

0-1 = 2.7cm, 1-2, 0-3 = 13.5cm

2-4, 3-6 = 1.4cm, 6-7, 4-5 = 2mm

8 = 2-3의 중심

7-8, 8-5 연결, 0-7, 1-5 연결

단추 위치 = 8에서 수직으로 2.4cm 내림 (단추 지름 20mm)

가슴 주머니

0-1 = 9.7cm, 1-3, 0-2 = 11.7cm

3-5, 2-4 = 3cm, 4-6, 5-7 = 1.8cm

8 = 6-7의 중심

4-8-5 연결

단추위치 = 8에서 수직으로 2.5cm 내림 (단추 지름 20mm)

허리 주머니

0-1 = 12.6cm, 1-3, 0-2 = 14.3cm

3-5, 2-4 = 3.8cm, 4-6, 5-7 = 1.4cm

8 = 6-7의 중심

4-8-5 연결

단추 위치 = 8에서 수직으로 2.5cm 내림 (단추 지름 25mm)

칼라 제도

0-1 = 8 1/4", 0-2 = 1 1/8"

2-3 칼라 높이 = 2 5/8"

5 = 1에서 수직으로 2 3/4" 올라가고 좌측으로 7/8"수평이동한 점

1-5 연결, 2-1 연결

4 = 옆목너치, 2-4 = 뒤네크

4-1 = 앞네크 (앞 중심에 칼라 끝이 걸린다.)

**

상황에 따라 2-4, 4-1 길이를 2~3mm 줄여 남는 증상을 줄여준다.

이는 겉 칼라와 속 칼라의 결방향, 심지결방향, 원단의 밀도에 따라 달라질 수 있다.

비조는 옆목점에 맞춰 목라인을 따라 수정해 준다.

비조, 칼라, 플래킷은 따로 분리시켜 인터로크로 처리한다.

소매산 5 5/8"

소매기장 22"

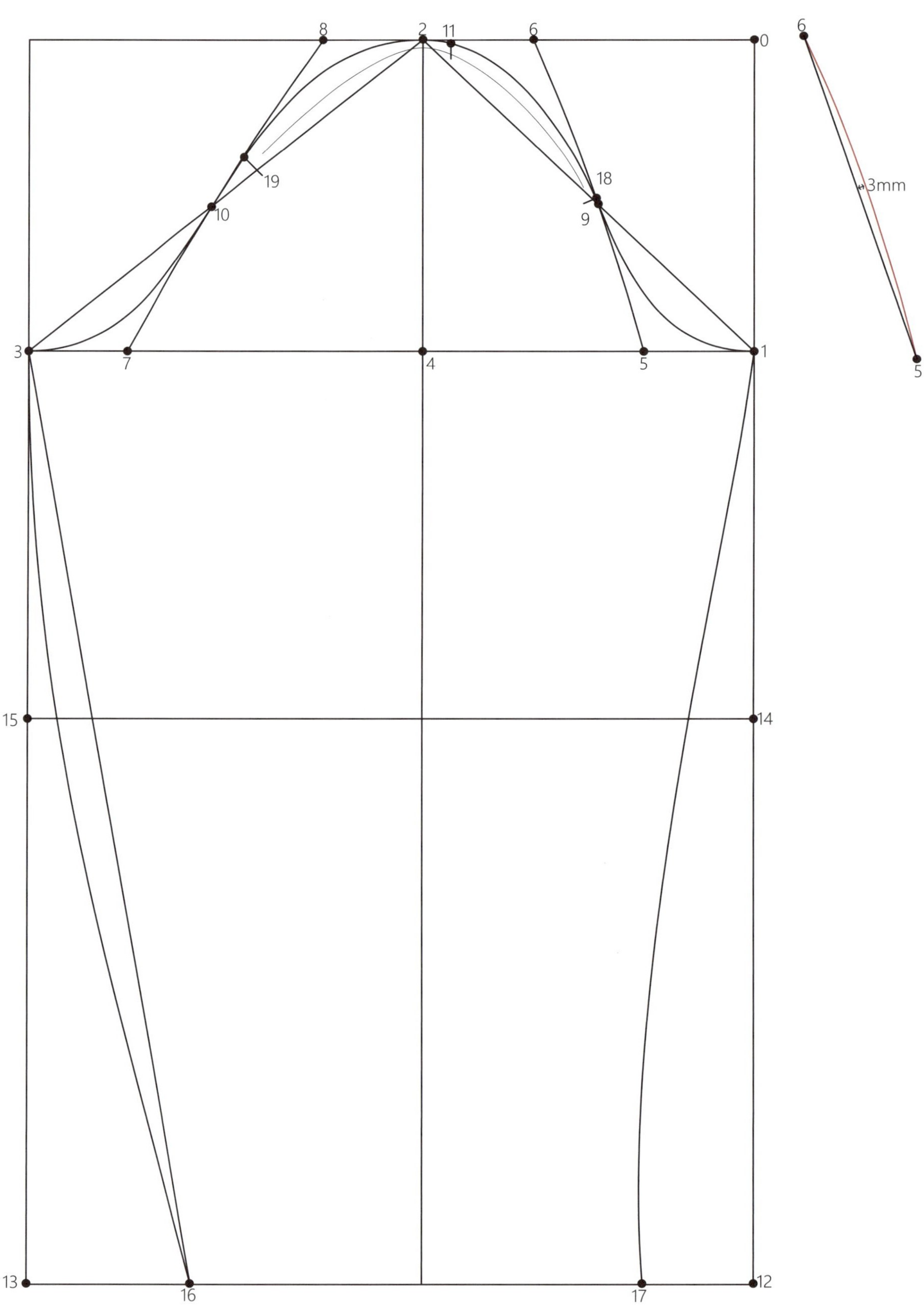

소매

0-1 소매산 = 암홀 둘레/3 = 약 5 5/8"

0점과 1점에서 수평선을 연장한다.

1-2 앞 보조선 = 앞 암홀 길이

2-3 뒤 보조선 = 뒤 암홀 길이 + 1/8"

4 = 2에서 소매통 선까지 수직선을 내림

2-6, 1-5 = 1-4의 3등분

2-8, 3-7 = 3-4의 4등분

5-6, 7-8 연결

앞, 뒤 보조선은 그림과 같이 3mm 정도 곡을 만들어준다.

9 = 5-6과 1-2의 교점

10 = 7-8과 2-3의 교점

9와 10 교점을 이용하여 소매달림선 그리기

11 (중심너치) 2-11 = 1/2"

0-12 소매기장 = 22"

0-14 팔꿈치선 = 12"

12, 14점에서 소매통만큼 수평선 연장 = 13, 15

13-16 = 3"

12-17 = 2"

(옆선의 이즈가 3~6mm 정도 되도록 1대 1.5의 비율로 회전 생성)

3-16 배를 살려 그려준다.

1-17 안으로 굽어 그려준다.

11-18 = 앞판 암홀 너치 + 1/2"

11-19 = 뒤판 암홀 너치 + 1/2"

**

인심의 좌우 곡이 다른 소매는 봉제후 다리미로 자리잡음이 필요하다.

신체

55사이즈

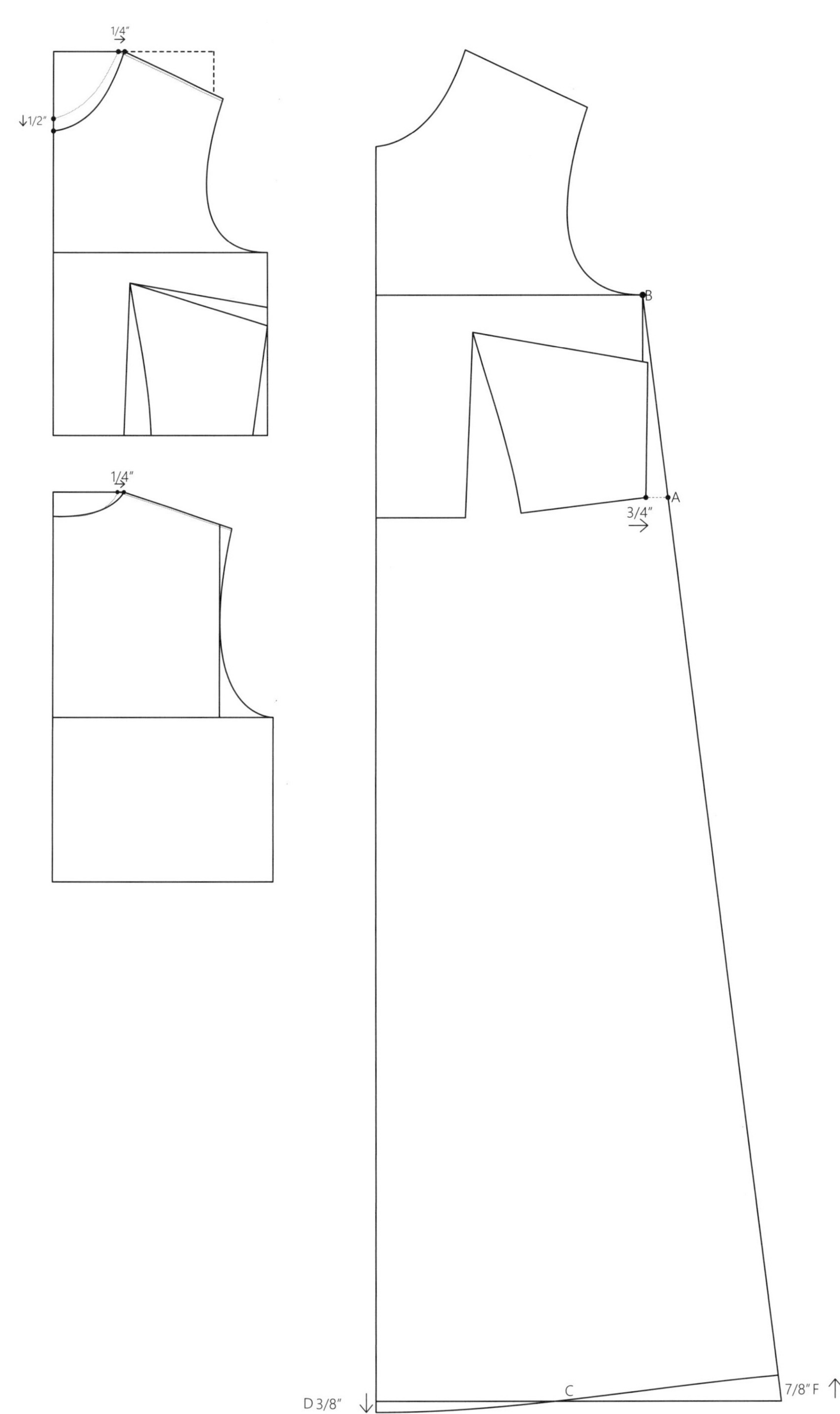

원형 패턴을 가져온다.

앞 뒤판 옆목점을 1/4" 파준다.

앞목점은 1/2" 파준다.

어깨선은 옆목점에서 동일 경사로 다시 그려준다.

앞판 패턴의 가슴 다트를 허리 다트 쪽으로 이동시켜 준다.

A 라인의 벌림 정도를 정해주기 위해 앞판 허리 선상 옆선 끝점에서 수평으로 3/4" 떨어진다.(A)

앞판 옆목점 기준 총장 45 1/2" 나가고 나간 지점에서 수평선을 그린다.(C)

A-B를 이어 수평선(C)에 맞닿도록 연장해 준다.

들림 방지를 위해 앞내림 3/8"주고(D) 밑단이 부드럽게 돌아가도록 7/8" 올려준다.(F)

밑단을 자연스럽게 이어준다.

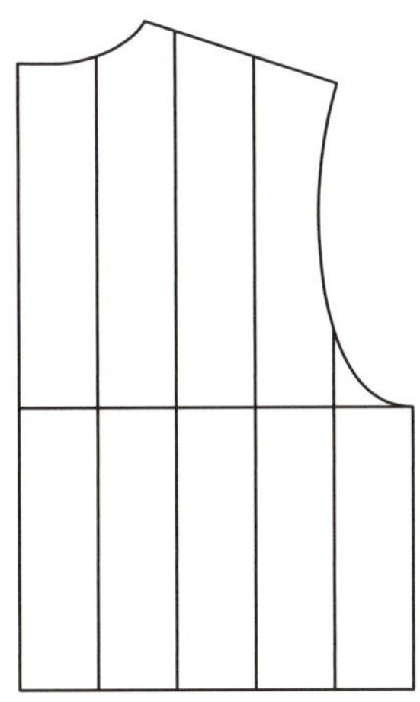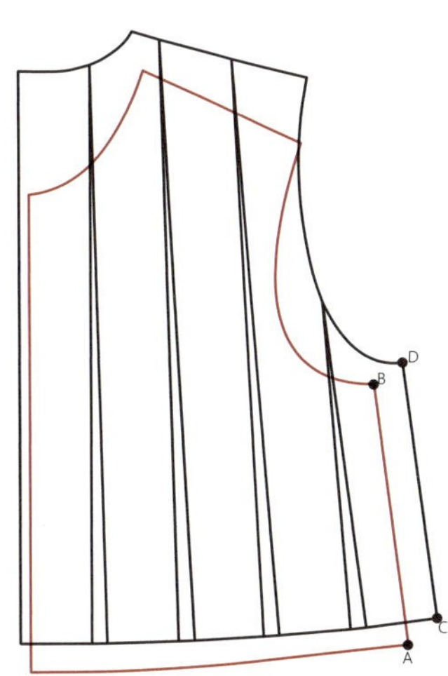

뒤판 패턴의 허리선을 기준으로 5 등분선을 그려준다.

앞판의 옆선 경사와 일치하는 순간까지 뒤판 패턴을 벌려준다.

A-B와 C-D는 평행

옆선의 경사는 같지만 앞, 뒤판 가슴선의 길이가 다르므로 패턴의 면적은 뒤가 넓다.

신체

55사이즈

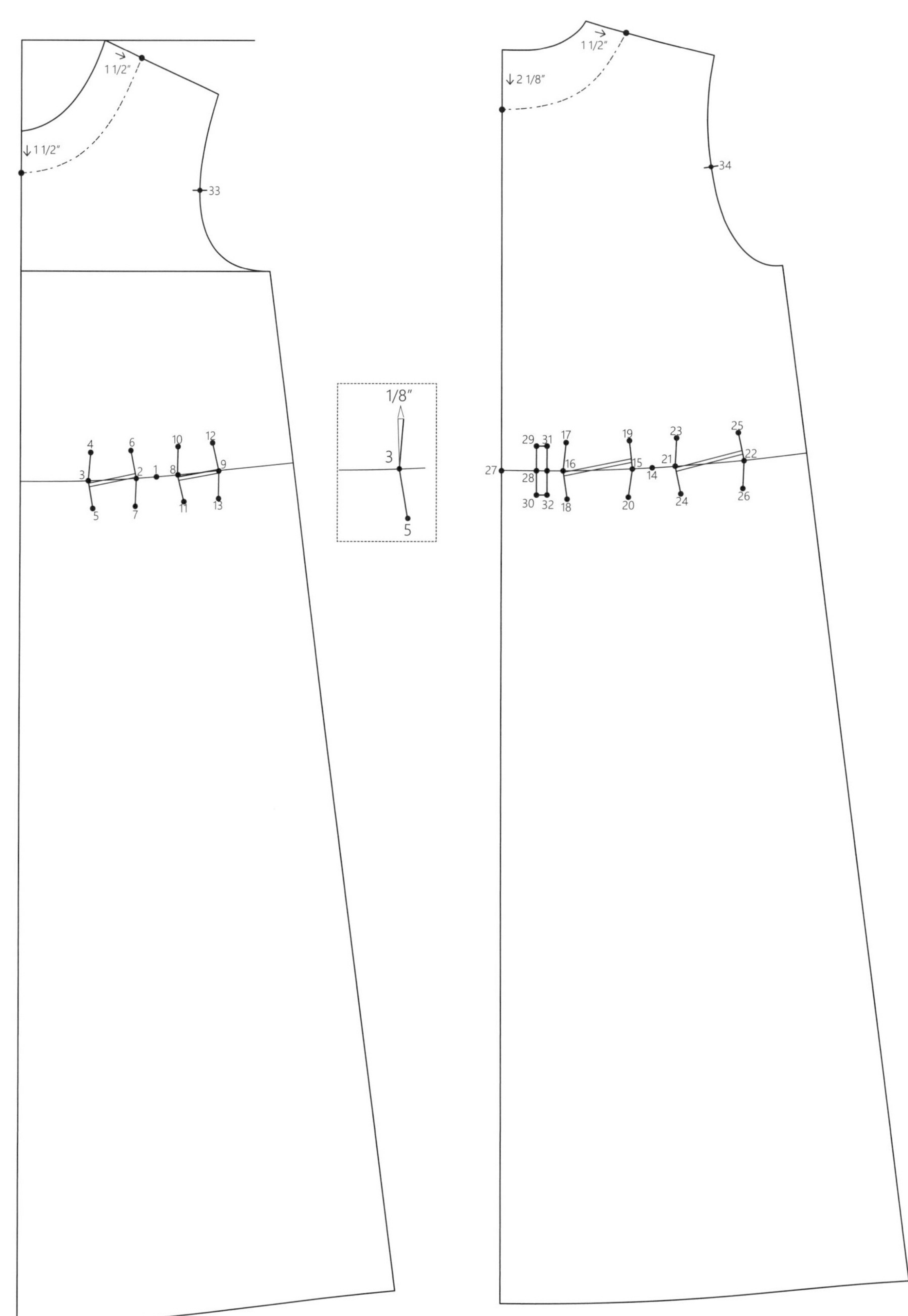

뒤판 옆선은 앞판에 맞춰 동일한 길이와 경사로 연장 해주고 밑단을 정리한다.

안단

앞뒤 옆목점에서 1 1/2" 떨어진다.

앞판 앞목점에서 1 1/2" 떨어진다.

뒤판 뒷목점에서 2 1/8" 떨어진다.

앞 뒤 안단선을 파선으로 자연스럽게 그려준다.

앞판에 비해 뒤판의 몸 판 면적이 넓어 턱 분량은 뒤를 더 많이 주었다.

터크의 방향은 중심 쪽으로 향하게 한다.

앞판 턱

1 = 앞 허리선의 중심

(허리 선상) 1-2 = 3/4", (허리 선상) 2-3 = 1 3/4"

4 = 허리 선상 3점에서 직각으로 1" 올라가고 오른쪽으로 1/8" 이동한 위치 (그림참고)

5 = 허리 선상 3점에서 직각으로 1" 내려가고 오른쪽으로 1/8" 이동한 위치

6, 7 = 4, 5 방식과 동일 (대칭)

4-3-5와 6-2-7을 접어 봉제한다. (터크 생성)

(허리 선상) 1-8 = 3/4", (허리 선상) 8-9 = 1 3/4"

10 = 허리 선상 8점에서 직각으로 1" 올라가고 오른쪽으로 1/8" 이동한 위치 (그림 참고)

11 = 허리 선상 8점에서 직각으로 1" 내려가고 오른쪽으로 1/8" 이동한 위치

12,13 = 10, 11와 방식 동일 (대칭)

10-8-11과 12-9-13을 접어 봉제한다. (터크 생성)

뒤판 턱

14 = 뒤 허리선의 중심

(허리 선상) 14-15 = 3/4"

(허리 선상) 15-16 = 2 1/2"

이하 과정 동일

벨트 고리

27-28 = 1 1/4"

28-29, 28-30 = 7/8"

29-31, 30-32 = 3/8"

앞판패턴 어깨점-33 = 앞판 암홀너치 + 1/2"

뒤판패턴 어깨점-34 = 뒤판 암홀너치 + 1/2"

소매산 5 5/8"

소매기장 22"

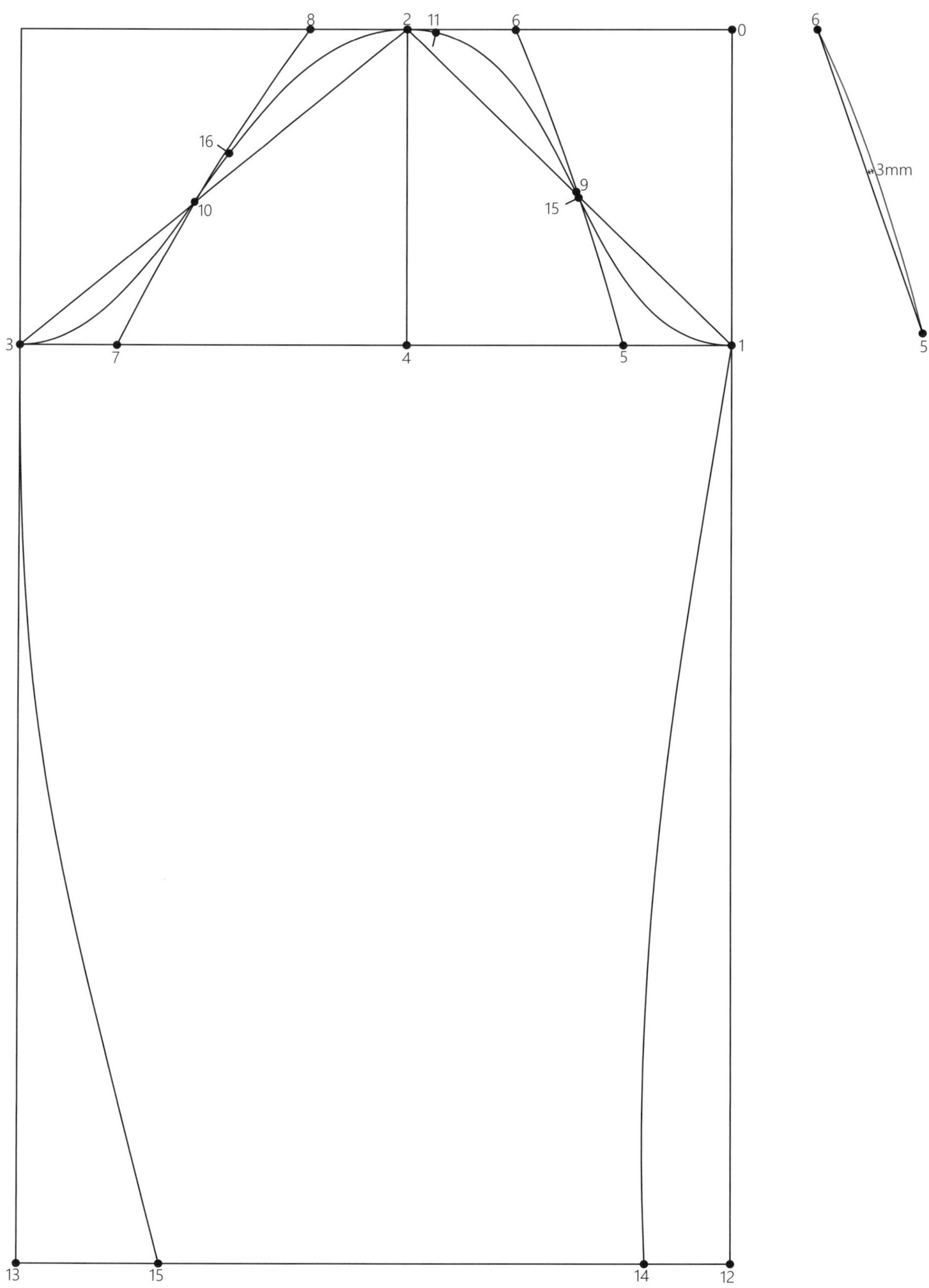

소매

0-1 소매산 = 암홀 둘레/3 = 약 5 5/8"

0점과 1점에서 수평선을 연장한다.

1-2 앞 보조선 = 앞 암홀 길이

2-3 뒤 보조선 = 뒤 암홀 길이 + 1/8"

4 = 2점에서 1점의 수평선까지 수직으로 연장

2-6, 1-5 = 1-4의 3등분

2-8, 3-7 = 3-4의 4등분

5-6, 7-8 연결

앞, 뒤 보조선은 그림과 같이 3mm 정도 곡을 만들어준다.

9 = 5-6과 1-2의 교점

10 = 7-8과 2-3의 교점

9와 10 교점을 이용하여 소매 그리기

11 (중심너치) 2-11 = 1/2"

0-12 총장 = 22"

12점에서 소매통만큼 수평선 연장 = 13

13-15 = 2 1/2"

12-14 = 1 1/2"

(옆선의 이즈가 미미한 수준인 1 대 1.5의 비율로 회전 생성)

3-15 배를 살려 그려준다.

1-14 안으로 굽어 그려준다.

11-15 = 앞판 암홀너치 + 1/2"

11-16 = 뒤판 암홀너치 + 1/2"

끈벨트

가로 1 1/2"

세로 65"

신체

55사이즈

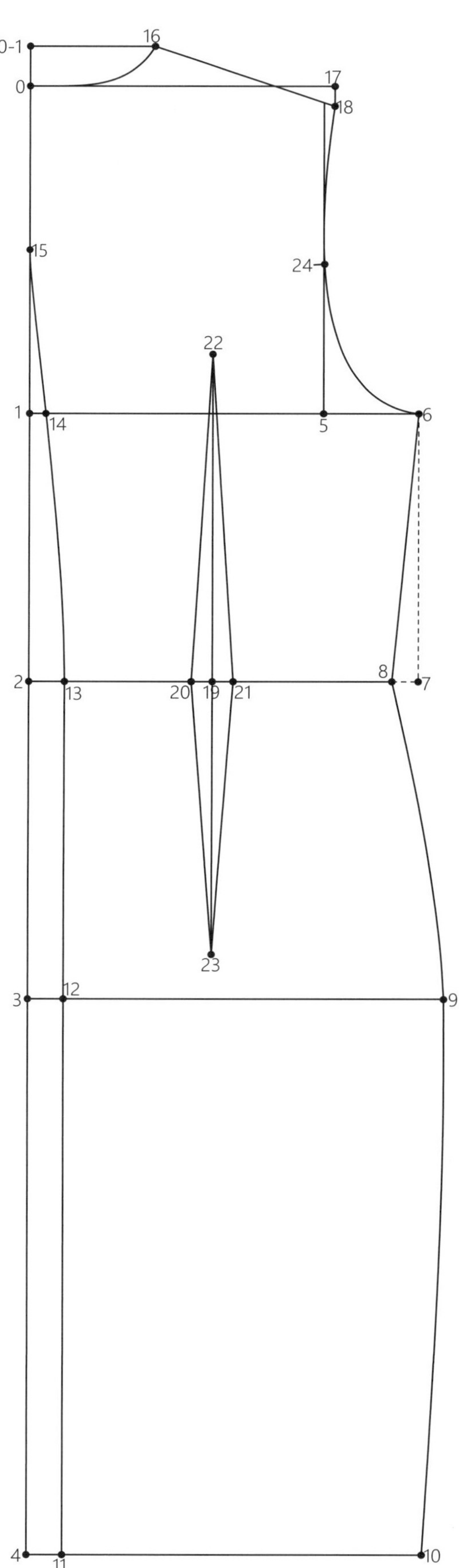

뒤판

0-1 진동 깊이 = 8 1/4"

0-2 등길이 = 15"

2-3 힙선 위치 = 8"

3-4 = 14"

1-5 뒤품 = 7"

1-6 뒤판 가슴선 길이 = 9 1/4"

6-7 = 허리선 위치까지 수직선을 내림

7-8 = 5/8"

3-9 = 9 7/8"

8-9 연결

4-10 = 9 3/8"

9-10 연결

4-11, 3-12, 2-13 = 7/8"

1-14 = 3/8"

15 = 0-1의 중심

11-12-13-14-15 뒤중심선 연결

0 ~ 0-1 = 1"

0-1 ~ 16 = 3"

0-16 네크라인 연결

0-17 = 7 1/4"

17-18 = 1/2"

16-18 연결

18-6 암홀 생성

13-19 = 3 1/2"

19-20, 19-21 = 1/2"

19-22 = 8 1/4"

19-23 = 6 7/8"

22-20-23, 22-21-23 허리 다트 생성

24 = 암홀선상 18에서 4" 떨어진 지점

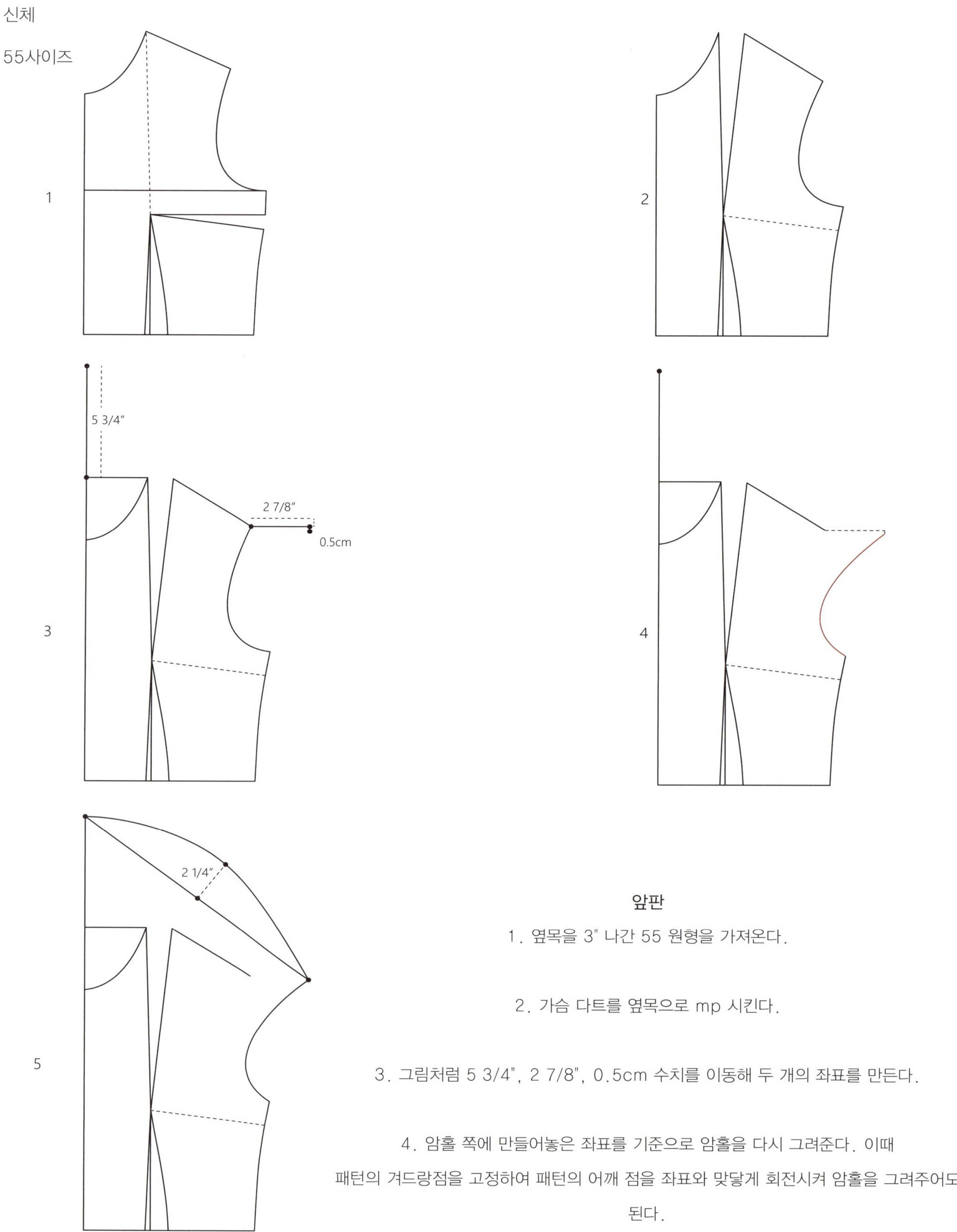

앞판

1. 옆목을 3" 나간 55 원형을 가져온다.

2. 가슴 다트를 옆목으로 mp 시킨다.

3. 그림처럼 5 3/4", 2 7/8", 0.5cm 수치를 이동해 두 개의 좌표를 만든다.

4. 암홀 쪽에 만들어놓은 좌표를 기준으로 암홀을 다시 그려준다. 이때 패턴의 겨드랑점을 고정하여 패턴의 어깨 점을 좌표와 맞닿게 회전시켜 암홀을 그려주어도 된다.

두 좌표를 이어 중심에서 직각으로 2 1/4" 떨어진 지점이 지나도록 터틀넥의 형태를 잡는다.

신체

55사이즈

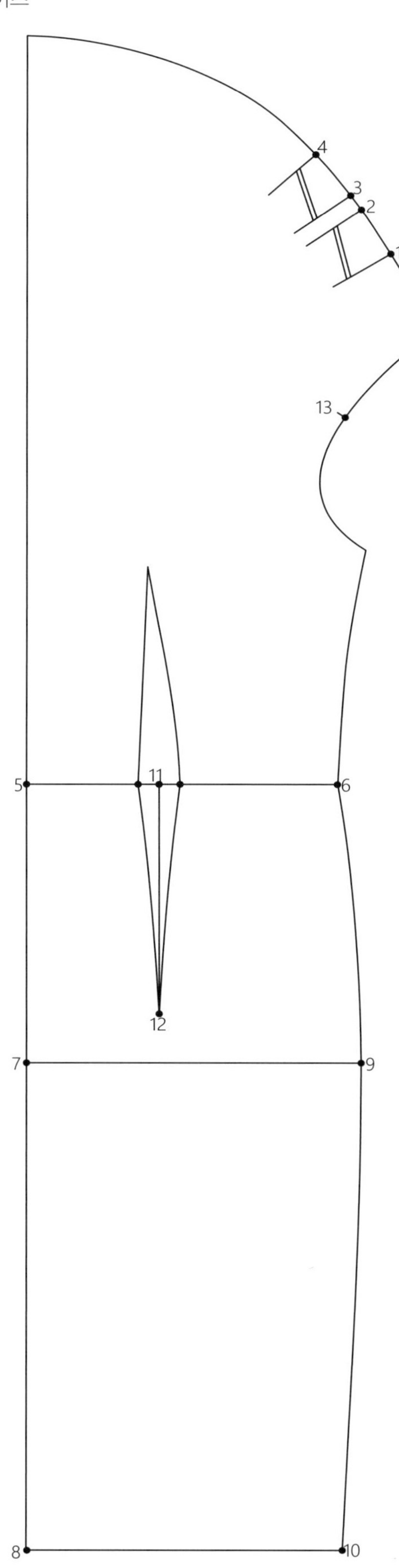

앞판

터크 생성

0-1 = 2 1/2"

1-2 = 1 1/2"

2-3 = 1/2"

3-4 = 1 1/2"

허리선 5, 6 지정

5-7 = 8"

7-8 = 14"

7-9 = 9"

8-10 = 8 1/2"

6-9-10 연결

11 = 허리 다트의 중심

11-12 = 6 5/8"

홀쭉한 다트 생성

13 = 암홀 선상 어깨 점에서 3 1/2" 떨어진 곳에 너치 생성

스펙

소매산 5 5/8"

소매기장 22"

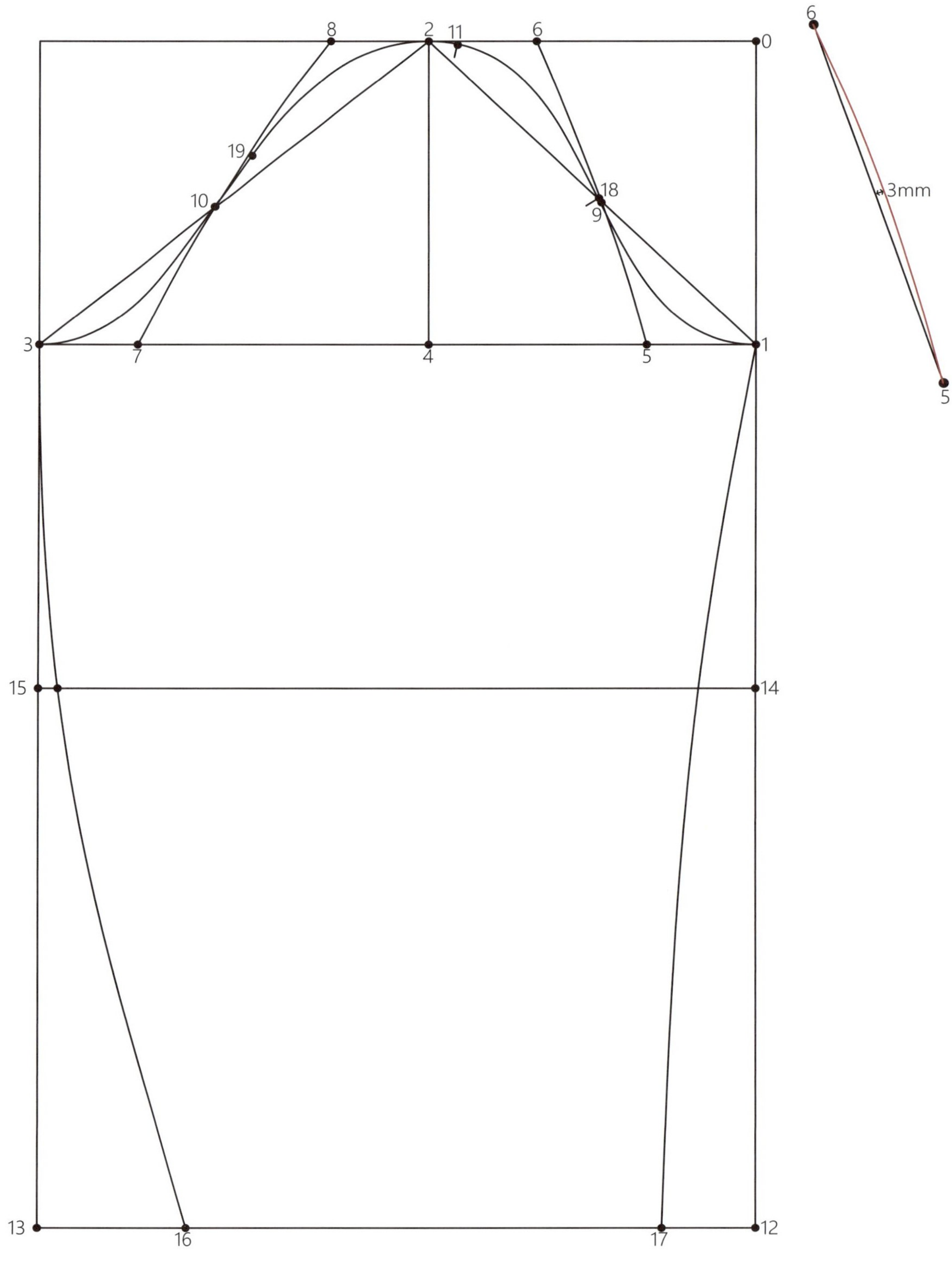

소매

0-1 소매산 = 암홀 둘레/3 = 약 5 5/8"

0점과 1점에서 수평선을 연장한다.

1-2 앞 보조선 = 앞 암홀 길이

2-3 뒤 보조선 = 뒤 암홀 길이 + 1/8"

4 = 2에서 소매통 선까지 수직선을 내림

2-6, 1-5 = 1-4의 3등분

2-8, 3-7 = 3-4의 4등분

5-6, 7-8 연결

앞, 뒤 보조선은 그림과 같이 3mm 정도 곡을 만들어준다.

9 = 5-6과 1-2의 교점

10 = 7-8과 2-3의 교점

9와 10 교점을 이용하여 소매 그리기

11 (중심너치) 2-11 = 1/2"

0-12 소매기장 = 22"

0-14 팔꿈치선 = 12"

12, 14점에서 소매통 폭만큼 수평선 연장 = 13, 15

13-16 = 2 5/8"

12-17 = 1 5/8"

3-16 배를 살려 그려준다.

1-17 안으로 굽어 그려준다.

11-18 = 앞판 암홀 너치(0-13) + 1/2"

11-19 = 뒤판 암홀 너치(18-24) + 1/2"

신체 스펙

허리둘레 37"

엉덩이둘레 42"

어깨너비 15"

상동 41"

유상동 42"

앞길이 16 1/2"

등길이 15"

유장 11 1/4"

유폭 8 1/2"

앞품 14"

뒤품 15 1/2"

총장 26"

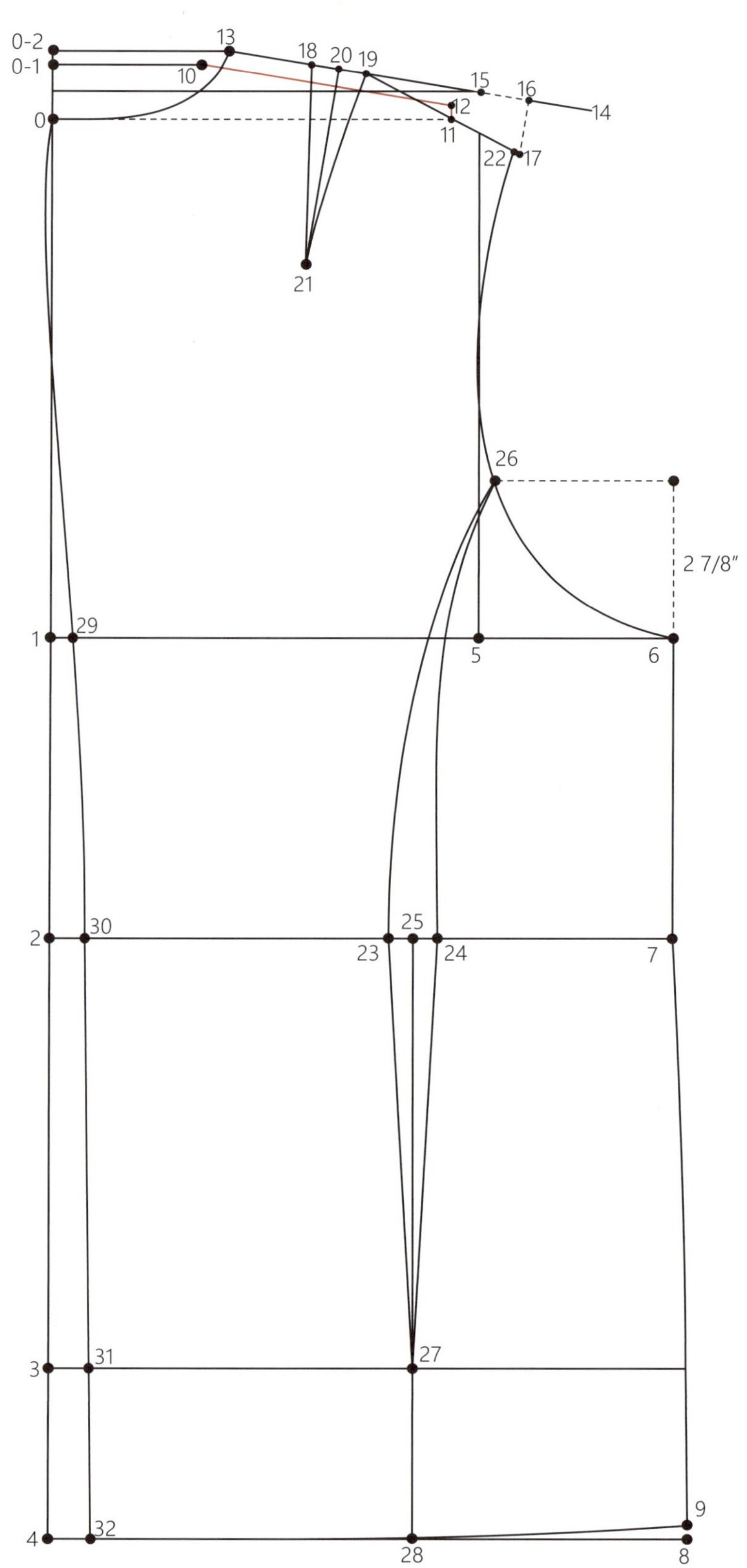

뒤판

0-1 진동 깊이 = 9 1/2" (체형의 암홀 둘레에 맞춰 선정)

0-2 등길이 = 15"

2-3 힙선 위치 = 7 7/8"

0-4 총장 = 26"

1-5 뒤품 = 7 3/4"

1-6 뒤판 가슴선 길이 = 유상동/4 + 3/4" = 11 1/4"

6-7 = 허리선 위치까지 수직선을 내림

4-8 = 11 1/2", 7-8 연결

8-9 밑단 정리 = 옆선 선상 1/4" 올림

0 ~ 0-1 = 1" (55 뒷목점-옆목점 사이길이)

0-1 ~ 10 = 2 3/4" (55 뒷목너비)

0-11 = 55 어깨너비/2 = 7 1/4"

11-12 = 1/4", 10-12 연결

0-1 ~ 0-2 = 1/4" (체형 맞춤)

0-2 ~ 13 = 3 1/4" (뒷목너비)

선분 10-12를 각도를 유지하며 13점에 만나도록 평행이동 = 선분 13-14(임의 점) 생성

앞중심선 - 15(수평거리) = 어깨너비/2 + 여유 1/8" = 7 5/8" (어깨선상 15 생성)

15-16 다트폭 = 1"

16-17 = 16에 직각을 맞춰 다트폭만큼 이동 = 1"

어깨선상 13-18 = 1 1/2", 18-19 = 1" 다트

20 = 18-19 중심, 20-21 = 직각에 맞춰 4"

견갑 다트 생성 (왼변은 직선에 가깝도록, 오른 변은 약간의 곡)

19-17 연결

22 = 19-16 길이를 맞춰 19-17 선상에 22점 생성(어깨점)

22-6 = 암홀 생성

2-23 = 6 1/8", 23-24 = 7/8"

25 = 23-24의 중심

26 = 6에서 수직으로 2 7/8" 올라가고 수평선을 그어 암홀과 만나는 지점

27 = 25에서 힙선까지 수직선을 내림

27-28 = 밑단 연장

사이바 생성

26-23-27-28, 26-24-27-28

1-29 = 1cm, 2-30 = 1.6cm

3-31 = 1.9cm, 4-32 = 2cm

0-29-30-31-32 뒤 중심 라인 그리기

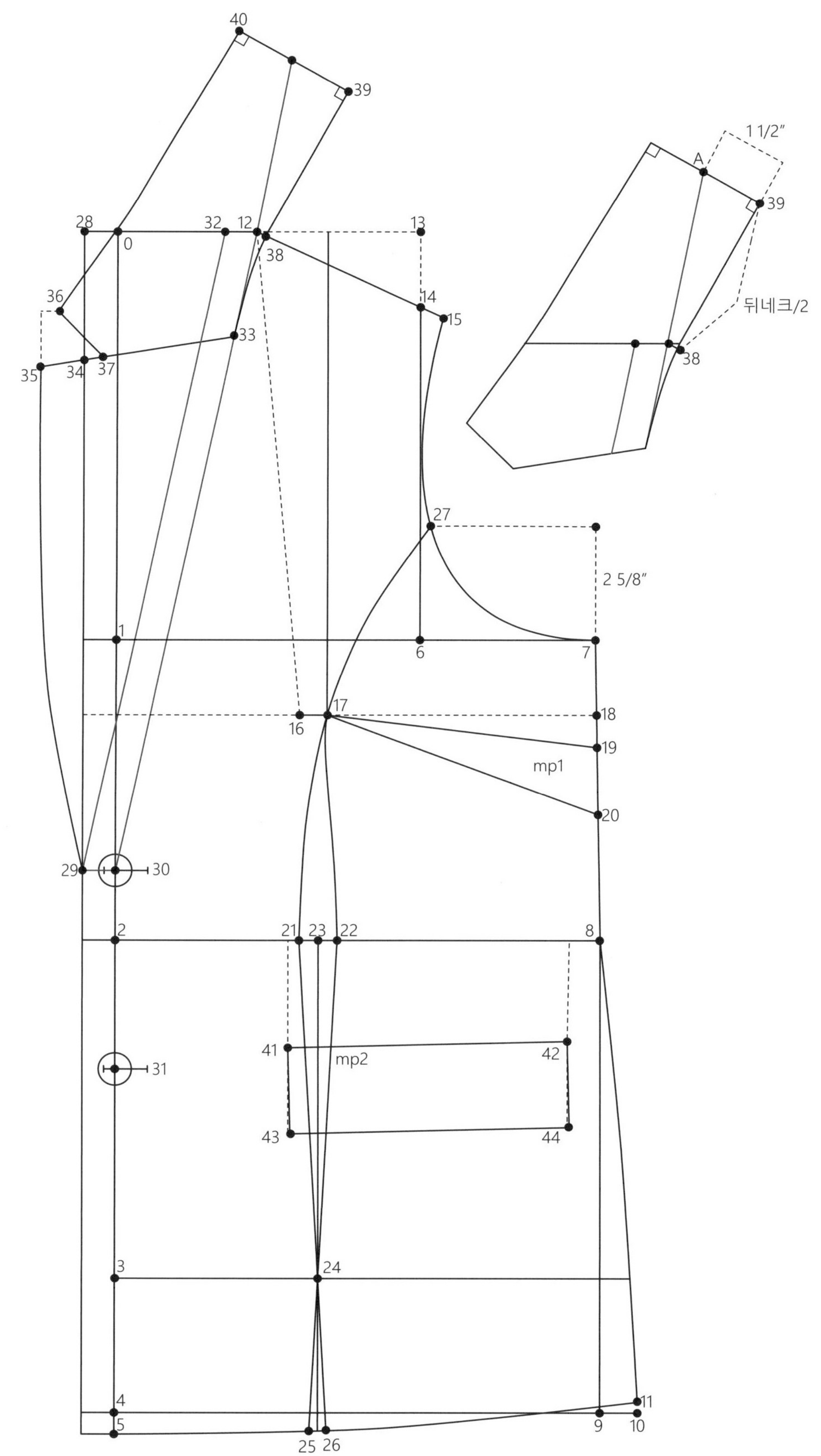

신체 스펙
허리둘레 37"
엉덩이둘레 42"
어깨너비 15"
상동 41"
유상동 42"
앞길이 16 1/2"
등길이 15"
유장 11 1/4"
유폭 8 1/2"
앞품 14"
뒤품 15 1/2"
총장 26"
1 1/2"
뒤네크/2
2 5/8"
mp1
mp2

앞판

0-1 진동 깊이 = 9 1/2"

0-2 앞길이 = 16 1/2"

2-3 힙선 위치 = 7 7/8"

0-4 = 27 1/2"

4-5 앞내림 =1/2"

1-6 앞품 = 7"

1-7 앞판 가슴선 길이 = 상동/4 + 3/4" = 11"

7-8 허리선 위치까지 수직선을 내림

8-9 힙선 위치까지 수직선을 내림

9-10 = 3/4"

8-10 연결

8-10 선상 10-11 밑단 정리 = 1/4"

0-12 앞목 너비 3 1/4"

12-13 = 3 3/4", 13-14 = 1 3/4"

12-14 연결

12-15 = 12-14 연장선상 뒤판 어깨선의 길이를 측정하여
15점 생성

15-7 암홀 생성

16(BP) = 유장 11 1/4" 유폭의 절반 4 1/4"

16-17 사이바선 위치를 위한 수평이동 = 5/8"

18 = 17에서 수평선을 그어 옆선과 만나는 점

18-19 다트 경사 = 3/4"

19-20 앞길이 등길이 차이 = 1 1/2"

17-19, 17-20 다트 생성

2-21 = 4 1/4"

21-22 = 7/8"

23 = 21-22의 중심

24 = 23점에서 힙선까지 수직선을 내림

21-24, 22-24 연결 및 밑단까지 연장 = 25, 26 생성

27 = 7점에서 수직으로 2 5/8" 올라가고 수평선을 그어 암홀과
만나는 지점

27-17-21-26 연결

27-22-24-25 연결

0-28 여밈 = 3/4"

28-29 라펠 끝 = 14 7/8"

29-30 단추1 = 3/4"

30-31 단추2 = 4 5/8"

30-12 연결 (보조선)

12-32 = 3/4"

29-32 연결 (꺾임 선)

33 = 12-30 선상 12에서 2 1/2" 떨어진 지점

28-34 = 3"

33-34 연결

35 = 33-34 선상 34에서 1" 연장 (라펠 포인트)

35-29 라펠 생성

36 칼라 포인트 = 35에서 수직으로 1 1/4" 올라가고 우측 수평
으로 3/8"이동

37 = 33-34선상 34점에서 11mm 이동

36-37 연결

38 = 어깨선상 12에서 1/4" 떨어진 지점
꺾임선의 높이와 칼라의 형태에 따라 변한다.

칼라 각도 생성

A점 = 보조 선과 만나는 지점

직각과 뒤 네크/2 조건을 유지하며 A점과 39점 사이의 거리가
1 1/2" 이 되도록 칼라 각도생성 (A-39-38)

40= 38-39선에 직각을 맞춰 39점에서 2 7/8" 직각선 생성
(칼라 높이)

40-36 연결

41 = 21점에서 우측 수평으로 1/4", 수직으로 2 1/2" 내림

42 = 8점에서 우측 수평으로 5/8", 수직으로 2 1/4" 내림

41-42 연결 (플랩 폭)

43 - 44 = 41-42 각도 유지하며 2" 평행이동

41-43-44-42 연결

신체

허리둘레 26"

엉덩이둘레 36"

어깨너비 14 1/2"

상동 33"

유상동 34"

앞길이 16"

등길이 15"

유장 9 1/2"

유폭 6 1/2"

앞품 13"

뒤품 14"

팔길이 : 22"

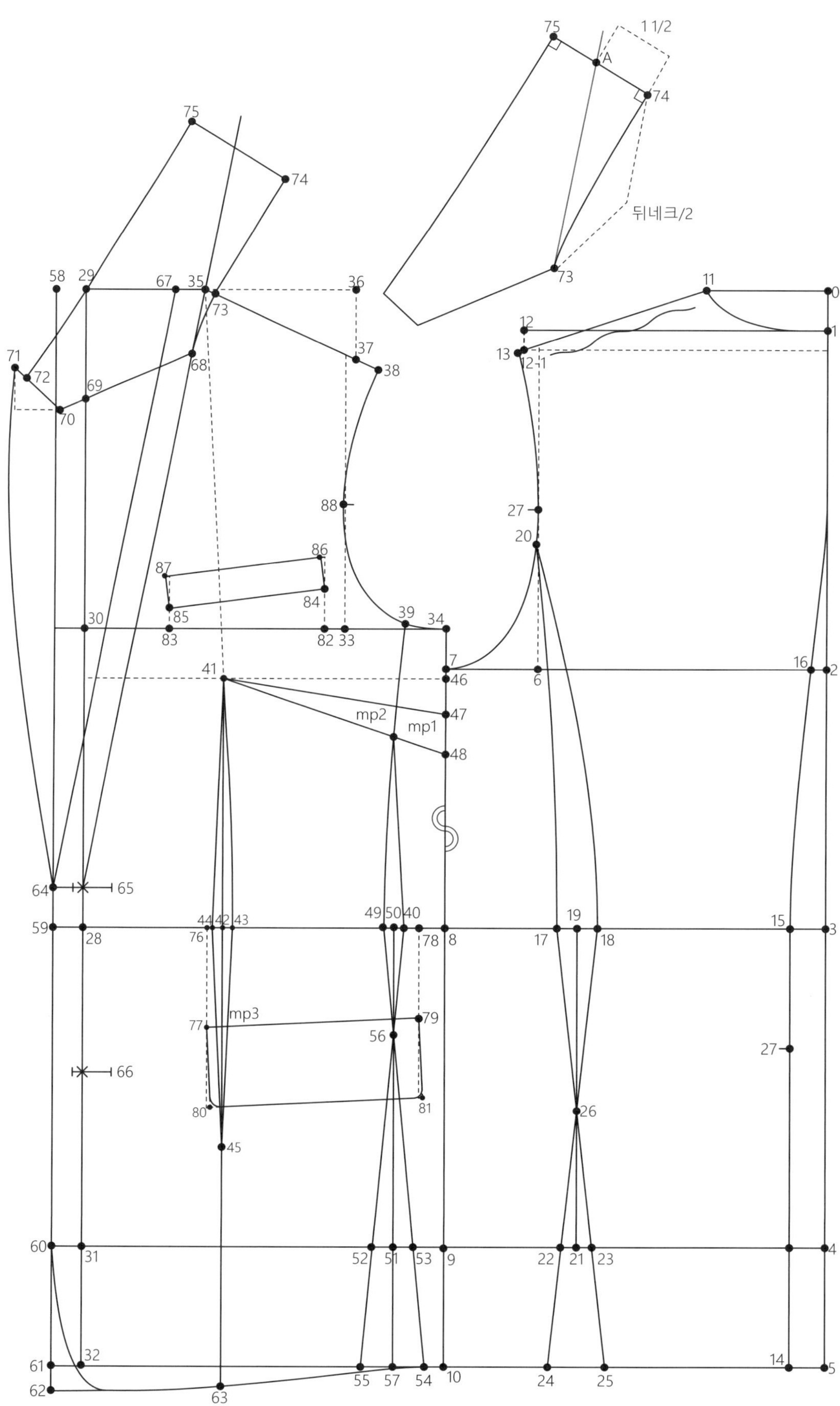

뒤판

1-2 진동 깊이 = 8 1/2 (상동/4 + 1/4)

1-3 등길이 = 15"

3-4 힙선 위치 = 8"

0-5 총장 = 26"

2-6 뒤품 = 7 1/8"

2-7 뒤판 가슴선 길이 = 9 3/8"

**

사이바에서 사라지는 분량이 많아 품과 가슴선 길이에 1/8" 여유를
더 넣어주었다.

7-8-9-10 총장까지 수직선을 내림
1-0 = 1", 0-11 = 3"

어깨선 경사 만들기
1-12 어깨너비/2 = 7 1/2"
12 ~ 12-1 수직 = 1/2"
11 ~ 12-1 연결
13 이즈 = 11 ~ 12-1선상 12-1에서 1/8" 연장

13-7 암홀 생성
5-14, 3-15= 7/8"
2-16 = 3/8"
뒤 중심선 연결 14-15-16

8-17 = 2 3/4"
17-18 = 1", 19 = 17-18의 중심
20= 품선과 암홀이 교차하는 위치(about)
너무 위로 올라가지 않게 잡아준다.
21 = 19에서 힙선까지 수직선을 내림
21-22, 21-23 = 3/8"
20-17-23 연결
20-18-22 연결
24, 25 = 절개 선의 동일한 기울기로 밑단까지 절개선 연장
26 = 절개선 교차점
27 = 암홀 선상 13에서 4" 떨어진 지점에 암홀너치 생성

앞판

8-28 = 9"

28-29 앞길이 = 16"

29-30 진동 깊이= 8 1/2"

28-31 힙선 위치 = 8"

31-32 = 3"

30-33 앞품 = 6 1/2"

30-34 = 9"

29-25 앞목 너비 = 3"

어깨선 경사
35-36 = 3 3/4"
36-37 = 1 3/4"
35-37 연결
35-37 연장선상 (뒤 어깨선 길이 - 뒤 어깨 이즈)에 맞춰 38
생성
38-34 암홀 생성

39 = 암홀 선상 34에서 1" 떨어진 지점
8-40 = 1"
41 = BP (유장 9 3/4", 유폭의 절반 3 1/2")
42 = 41에서 허리선까지 수직선을 내림
42-44, 42-43 = 1/4"
45 = 42에서 수직으로 5 1/2" 내림
41-44-45, 41-43-45 허리 다트 생성

46 = 41에서 수평선을 그어 옆선과 만나는 지점
46-47 다트 경사 = 7/8"
47-48 다트폭 = 1"
41-47, 41-48 가슴 다트 생성

40-49 = 1/2"
50 = 49-40의 중심
51 = 50에서 힙선까지 수직선을 내림
51-52, 51-53 = 1/2"
앞판 힙선 길이 = (31-53) + (9-52) =10"

신체

허리둘레 26"

엉덩이둘레 36"

어깨너비 14

1/2"

상동 33"

유상동 34"

앞길이 15 3/4"

등길이 15"

유장 9 1/2"

유폭 6 1/2"

앞품 13"

뒤품 14"

팔길이 : 22"

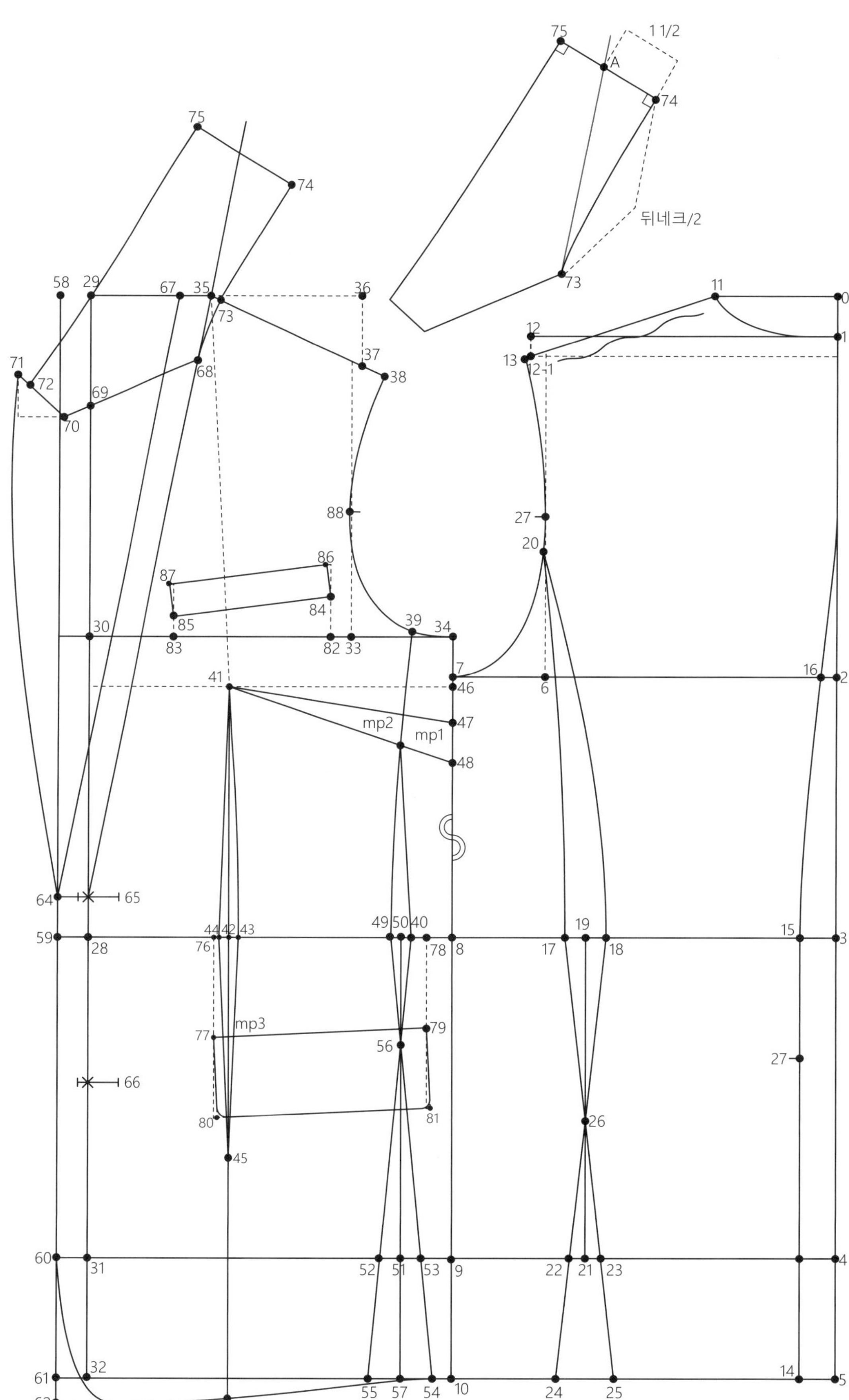

49-53 연결

40-52 연결

54, 55 = 절개 선의 동일한 기울기로 밑단까지 절개선 연장

56 = 절개선 교차점

57 = 51에서 밑단까지 수직선을 내림

29-58 여밈 = 3/4"

28-59, 31-60, 32-61 = 3/4"

61-62 앞내림 = 5/8"

밑단 굴리기 (60포인트에서 굴림을 시작하였다.)

63 = 45에서 밑단까지 수직선을 내림

59-64 = 1"

64-65 단추1 = 3/4"

65-66 단추2 = 4 5/8"

35-67 = 3/4"

64-67 연결 (꺾임선)

65-35 연결 (보조선)

68 = 35-65 선상 35에서 1 5/8" 떨어진 지점

29-69 = 2 3/4"

68-69 = 연결

68-69 연장선상 69-70 = 1.8cm

71 라펠 포인트 = 70에서 우측 수평으로 1 1/8", 수직으로 1" 올라간 지점

70-71 연결

70-71 선상 70-72 = 3/8"

73 = 어깨선상 35점에서 1/4" 떨어진 지점

칼라 각도 생성

A점 = 보조 선과 만나는 지점

직각과 뒤 네크/2 조건을 유지하여 A점과 74점의 거리가 1 1/2"

가 되도록 칼라 각도 생성 (A-74-73)

74-75 (직각) = 2 3/4"

75-72 연결

플랩

76 = 44에서 좌측으로 1/8" 떨어진 지점

77 = 76에서 수직으로 2 1/2" 내려간 지점

78 = 8에서 좌측으로 5/8" 떨어진 지점

79 = 78에서 수직으로 2 1/4" 내려간 지점

77-79 연결

80 = 77에서 수직으로 2" 내려가고 우측 수평으로 1/8" 이동

81 = 79에서 수직으로 2" 내려가고 우측 수평으로 1/8" 이동

77-79-81-80 연결

모서리 80, 81은 굴려줄 수 있다.

웰트

33-82 = 1/2"

82-83 = 3 7/8"

84 = 82에서 수직으로 1" 올라감

85 = 83에서 수직으로 1/2" 올라감

86 = 84에서 수직으로 2cm, 좌측수평으로 2mm 이동

87 = 85에서 수직으로 2cm, 좌측수평으로 2mm 이동

85-87-86-84 연결

88 = 암홀 선상 38에서 3 1/2" 떨어진 지점에 암홀 너치 생성

소매산 5 3/4"

소매기장 22"

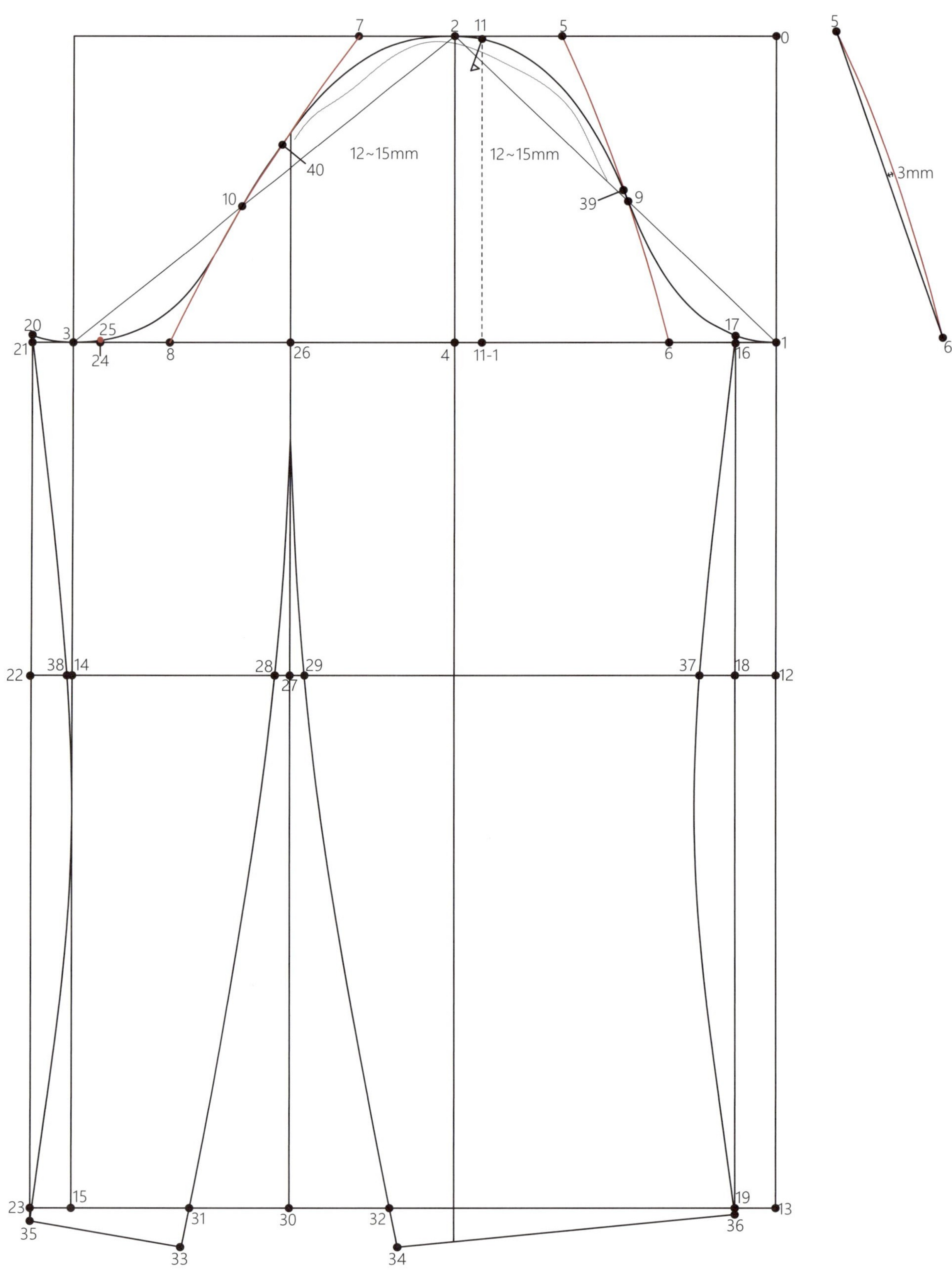

소매

0-1 소매산 = 암홀 둘레/3 = 약 5 3/4"

0점과 1점에서 수평선을 연장한다.

1-2 앞 보조선 = 앞 암홀 길이

2-3 뒤 보조선 = 뒤 암홀 길이 + 1/8"

4 = 2점에서 소매통 선까지 수직선을 내림

2-5, 1-6 = 1-4의 3등분

2-7, 3-8 = 3-4의 4등분

5-6, 7-8 연결

앞, 뒤 보조선은 그림과 같이 3mm 정도 곡을 만들어준다.

9 = 5-6과 1-2의 교점

10 = 7-8과 2-3의 교점

9와 10 교점을 이용하여 소매달림선 그리기

2-11 = 1/2", 11 = 소매중심점

11-1 = 11에서 소매통선까지 수직선을 내림

0-12 팔꿈치선 = 12"

0-13 총장 = 22"

12, 13점에서 소매통 폭만큼 수평선 연장 = 14, 15

1-16 = 3/4"

17 =16에서 수직선을 위로 올려 소매달림선과 만나는 지점

18, 19 = 17에서 수직선을 내려 팔꿈치, 밑단 선과 만나는 지점

1-17-16-18-19-13-12-1 영역 뒤로 이동 = 3-20-21-22-23-15-14-3

소매통선상 3-24 = 1/2"

25 = 24에서 수직선을 올려 소매달림선과 만나는 지점

26 = 24 ~ 11-1의 중심

소매 중심너치 이동으로 몸판 겨드랑점과 붙는 지점이 달라진다.

27 = 26에서 수직선을 내려 팔꿈치 선과 만나는 지점

27-28, 27-29 = 1/4"

30 = 27에서 수직선을 내려 밑단 선과 만나는 지점

30-31, 30-32 = 1 7/8" (회전과 부리 사이즈에 영향)

26-28-31, 26-29-32 연결 (아웃심생성)

33, 34 = 아웃심선의 경사를 유지하며 31, 32에서 3/4" 연장

35 = 23에서 수직으로 1/4" 내림

36 = 19에서 수직으로 1/8" 내림

33-35, 34-36 연결

18-37, 22-38 = 5/8"

20-38-35, 17-37-36 인심 연결

11-39 앞 너치 = (앞판 패턴 38-88 + 12~15mm 이즈)

11-40 뒤 너치 = (뒤판 패턴 13-27 + 12~15mm 이즈)

소재, 어깨너비, 위팔 둘레, 소매산에 따라 이즈량 조정

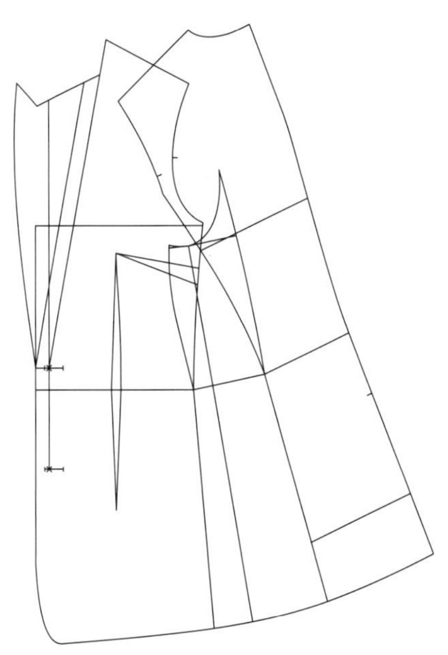

합봉선을 맞대고 밑단을 정리해준다.

신체

허리둘레 33"

엉덩이둘레 40"

어깨너비 15 1/2"

상동 36"

유상동 38"

앞길이 16 1/2"

등길이 15"

유장 10 3/4"

유폭 8"

앞품 14"

뒤품 15"

팔길이 22"

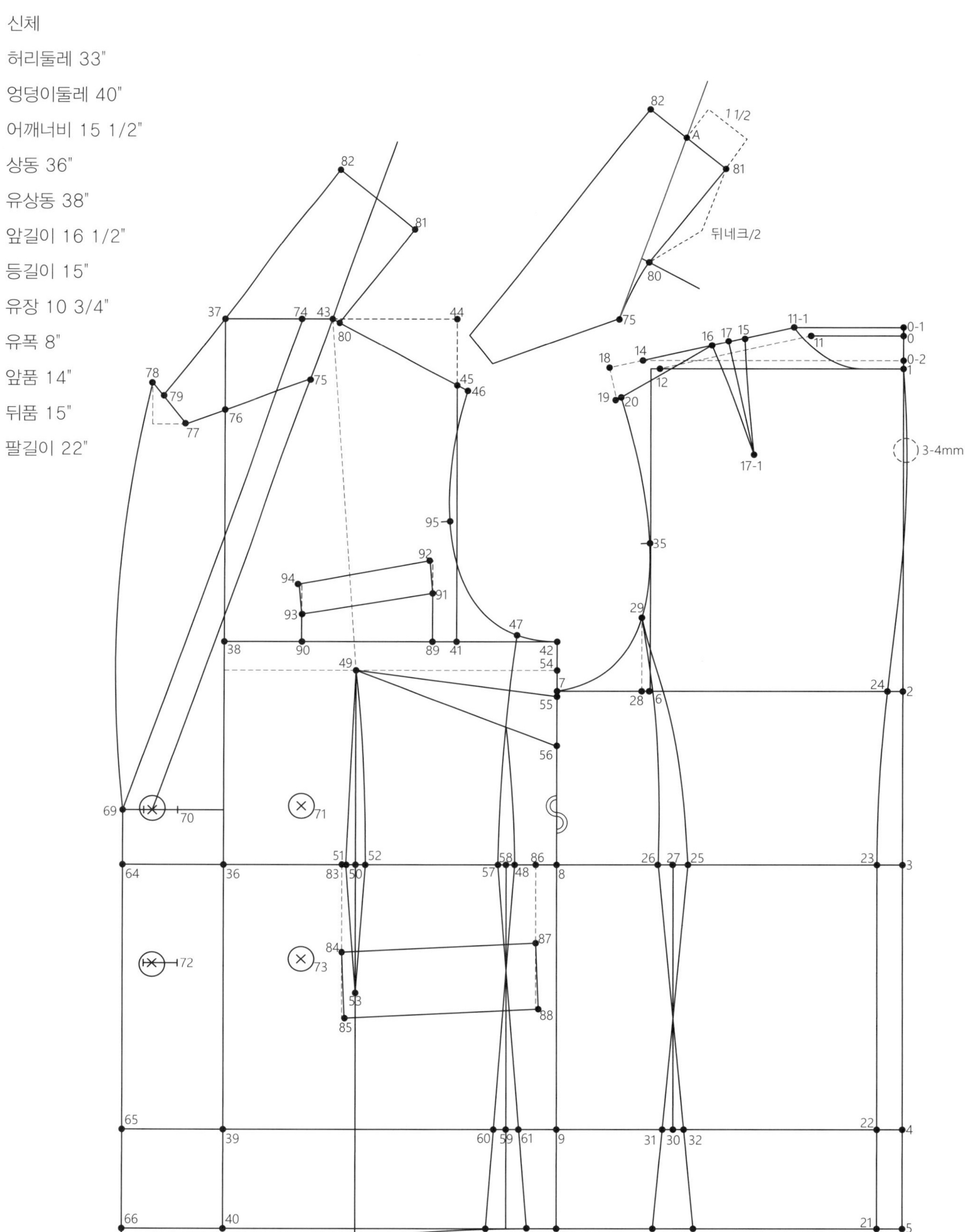

뒤판

1-2 진동 깊이 = 9 3/4 (상동/4 + 3/4)

1-3 등길이 = 15", 3-4 힙선 위치 = 8"

1-5 총장(뒷목점) = 26", 2-6 뒤품 = 7 1/2"

2-7 뒤판 가슴선 길이 = 유상동/4 + 3/4" = 10 1/4"

7-8-9-10 밑단선까지 수직선을 내림

1-0 = 1", 0-11 = 2 3/4"

어깨선 경사 만들기

1-12 = 7 1/4" (55 어깨너비/2 = 7 1/4")

11-12 연결

0 ∼ 0-1 = 1/4"

0-1 ∼ 11-1 = 3 1/4" (옆목너비)

11-12 어깨선을 11-1점으로 평행이동

평행이동한 선상에서 어깨너비/2에 맞춰 14생성 〈0-2 ∼ 14 = 7 3/4"(어깨너비)〉

14-18 = 11-1 ∼ 14 어깨선상 14에서 1" 연장 (다트폭)

18-19 직각 = 1"

어깨선상 11-1 ∼ 15 = 1 1/2"

15-16 = 1" 다트폭, 17 = 15-16 중심

17 ∼ 17-1 = 3 1/2" (직각), 16-19 연결

16-19 선상 16-18 길이에 맞춰 20점 생성

20 – 7 암홀 생성

5-21, 4-22, 3-23 = 3/4"

2-24 = 1.1cm, 뒤 중심선 연결 21-22-23-24-1

24-1 라인은 등굽 반영을 위해 뒤 중심선에서 3∼4mm 더 나가 곡을 그려준다.

23-25 = 5 5/8", 25-26 = 7/8"

27 = 25-26 중심

6-28 = 1/4"

29 = 28에서 수직선을 올려 암홀과 맞닿는 점

30 = 27점에서 힙선까지 수직선을 내림

30-31, 30-32 = 0.8cm

뒤판 힙선 길이 = (22-31) + (9-32) = 10 1/8" = 힙/4 + 1/8"

29-26-32, 29-25-31 연결

33, 34 = 절개선의 동일한 기울기로 밑단까지 절개선 연장

35 = 암홀선상 20점에서 4 1/2" 떨어진 지점에 암홀너치 생성

신체

허리둘레 33"

엉덩이둘레 40"

어깨너비 15 1/2"

상동 36"

유상동 38"

앞길이 16 1/2"

등길이 15"

유장 10 3/4"

유폭 8"

앞품 14"

뒤품 15"

팔길이 22"

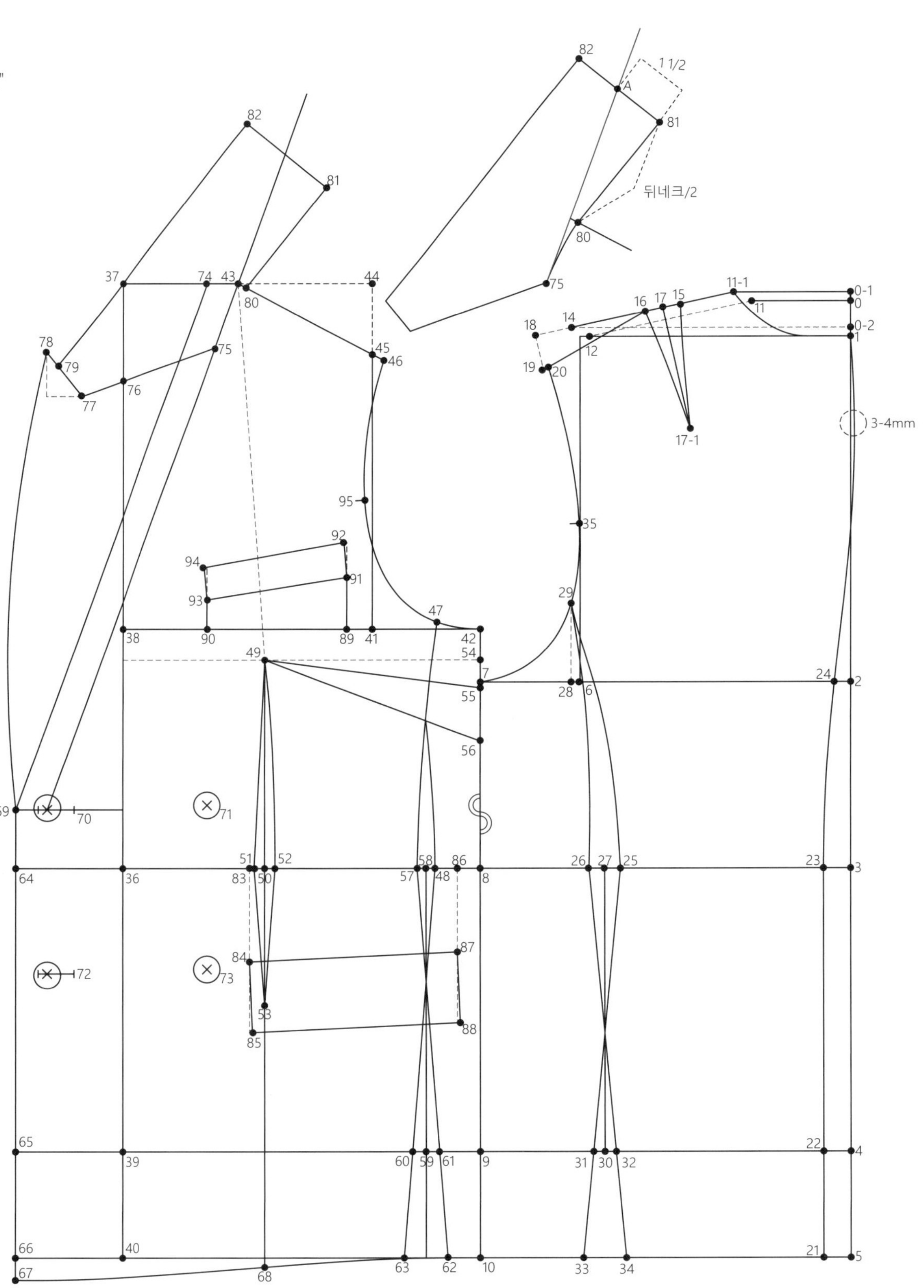

앞판

8-36 상동/4 + 3/4"(여유) = 10"

**

상동을 37로 바꿔 계산한다.

상동과 유상동의 차이를 2" 미만으로 조정하여 둘레 부족을 해결한다.

36-37 앞길이 = 16 1/2"

37-38 진동 깊이 = (상동 37)/4 + 1/2" = 9 3/4"

**

상동과 암홀 둘레가 비례하지 않을 수도 있음으로 항상 암홀 둘레를 측정하여 검토한다. 앞뒤 암홀둘레가 결정나면 암홀둘레/3으로 소매산을 놓았을때 만들어지는 소매통과 측정자의 위팔둘레를 가늠하여 적정 진동깊이인지 판단한다.

소매통 = 위팔둘레 + 2~3"를 기준으로 기본 정장핏을 잡아본다.

36-39 힙선 위치 = 8"

39 - 40 = 3"

38-41 앞품 = 7"

38-42 = 10"

37-43 앞목 너비 3 1/4"

어깨 경사

43-44 = 3 3/4"

44-45 = 2" (하견 반영)

43-35 연결

43-45 연장선상 뒤 어깨선 길이에 맞춰 46생성

46-42 암홀 생성

47 = 암홀 선상 42에서 1 1/4" 떨어진 지점

8-48 = 1 1/4"

49 = BP (유장 10 3/4", 유폭의 절반 4")

50 = 49에서 허리선까지 수직선을 내림

**

맞춤의 경우 마담사이즈로 갈 수록 유장과 유폭의 변화가 크다.

50-51, 50-52 = 1/4"

53 = 50에서 수직으로 3 7/8" 내림

49-51-53, 49-52-53 허리 다트 생성

54 = 49에서 수평선을 그어 옆선과 만나는 지점

54-55 다트 경사 = 3/4"

55-56 다트폭 1 1/2"

49-55, 49-56 가슴 다트 생성

**

앞판의 가슴선길이를 상동을 이용하여 제도할 경우 앞판이 부족하지 않는가에 대한 질문을 할 수 있다. 이에 대한 판단으로 여성맞춤에 경우 손님의 가슴은 대체로 지방으로 이루어있다. 지방은 옷을 여미는 순간 그만큼 눌려지면서 그 힘을 단추가 버텨준다. 만약 옆솔기가 틀어지는 것을 걱정한다면 앞 뒤분할을 논리적인 수치로 적용한 뒤 사용하던 여유량을 감소시켜 가봉 후 착용자의 의견을 물어본다.

48-57 = 1/2"

58 = 48-57 중심

59 = 58에서 힙선까지 수직선을 내림

59-60, 59-61 = 3/8"

앞판 힙선 길이 = (39-61) + (60-9) = 10 3/4" = 힙/4 + 3/4"

47-57-61, 47-48-60 연결

62, 63 = 절개 선의 동일한 기울기로 밑단까지 절개선 연장

36-64 더블 = 3"

65, 66 = 64에서 수직으로 힙선, 밑단선까지 내림

66-67 앞내림 5/8"

67-62 밑단 자연스럽게 연결

68 = 50에서 밑단까지 수직선을 내림

라펠 끝 64-69 = 1 5/8"

70 단추 1 = 69-70 = 5/8"

71 단추 2 = 단추 1에서 수평으로 4 1/2" 나가고 수직으로 1/8" 올라간 지점

72 단추 3 = 단추 1에서 수직으로 4 5/8" 내려간 지점

73 단추 4 = 단추 3에서 수평으로 4 1/2" 나가고 수직으로 1/8" 올라간 지점

신체

허리둘레 33"

엉덩이둘레 40"

어깨너비 15 1/2"

상동 36"

유상동 38"

앞길이 16 1/2"

등길이 15"

유장 10 3/4"

유폭 8"

앞품 14"

뒤품 15"

팔길이 22"

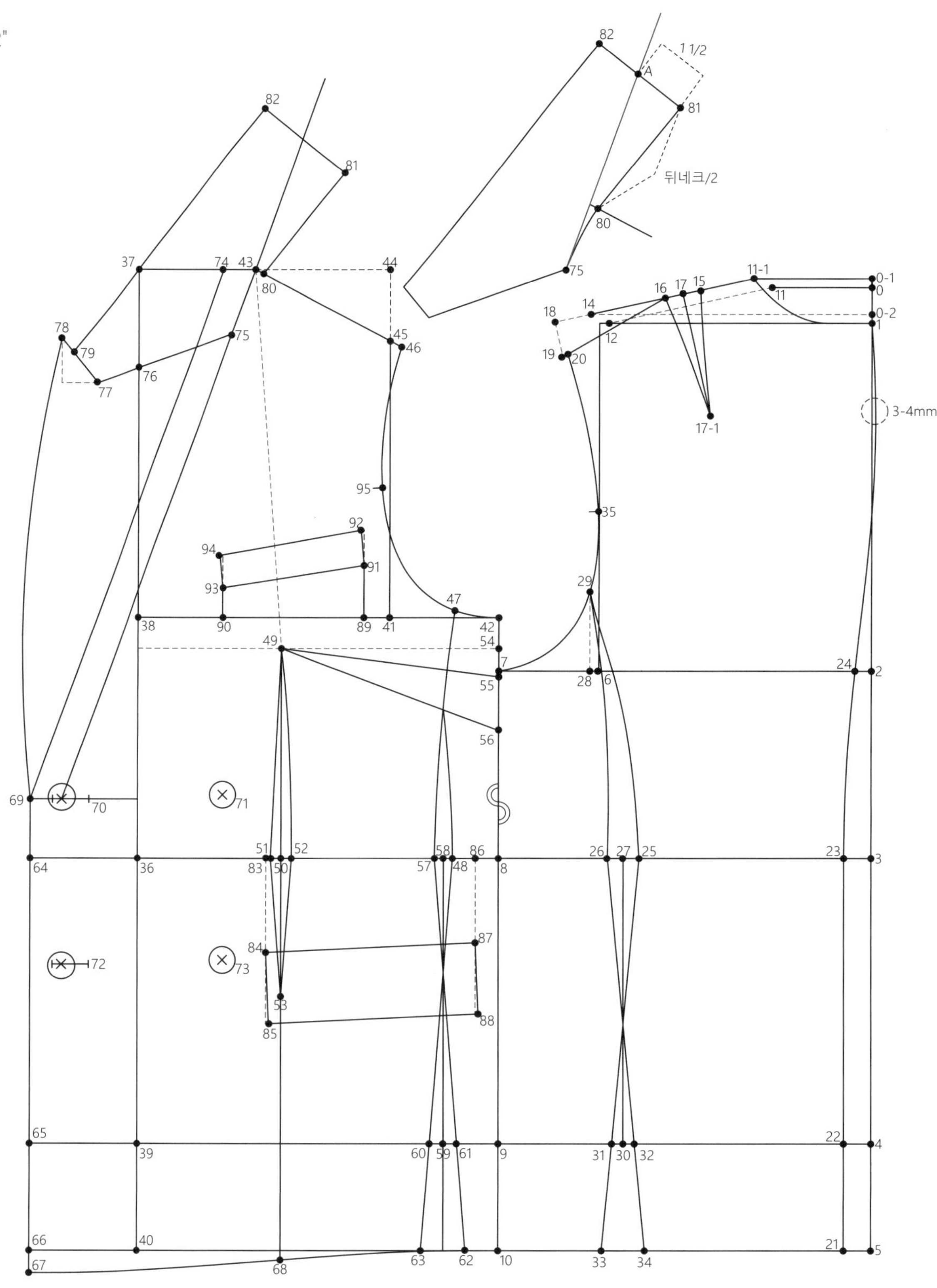

43-74 = 7/8"

69-74 연결 (꺽임선)

70-43 연결 (보조선)

75 = 43-70 선상 43에서 4.9cm 떨어진 지점

37-76 = 2 3/4"

75-76 연결

75-76 선상 75-77 = 4"

78 라펠 포인트 = 77에서 좌측 수평으로 1" 수직으로 1/4" 올라간 지점

77-78 연결

79 = 77-78 선상 78에서 1/2" 떨어진 지점

80 = 어깨선상 43에서 1/4" 떨어진 지점

칼라 각도 생성

A점 = 보조 선과 만나는 지점

직각과 뒤 네크/2 조건을 유지하여 A점과 81점의 거리가 1 1/2"가 되도록 칼라각도생성 (A-81-80)

82 = 80-81선에 직각을 맞춰 81에서 2 7/8" 직각선 생성 (칼라 높이)

82-79 연결

플랩

83 = 51에서 좌측으로 1/8" 떨어진 지점

84 = 83에서 수직으로 2 5/8" 내려간 지점

85 = 84에서 수직으로 2" 내려가고 우측으로 2mm 떨어진 지점

86 = 8에서 좌측으로 5/8" 떨어진 지점

87 = 86에서 수직으로 2 3/8" 내려간 지점

88 = 87에서 수직으로 2" 내려가고 우측으로 2mm 떨어진 지점

84-85-88-87 연결

85, 88 모서리 굴리기(선택)

웰트

89 = 41에서 좌측으로 3/4" 떨어진 지점

89-90 = 4"

91 = 89에서 수직으로 1 1/2" 올라간 지점

92 = 91에서 수직으로 1" 올라가고 좌측으로 2mm 나간 지점

93 = 90에서 수직으로 7/8" 올라간 지점

94 = 93에서 수직으로 7/8" 올라가고 좌측으로 2mm 나간 지점

91-92-94-93 연결

소매산 6 1/2"

소매기장 22"

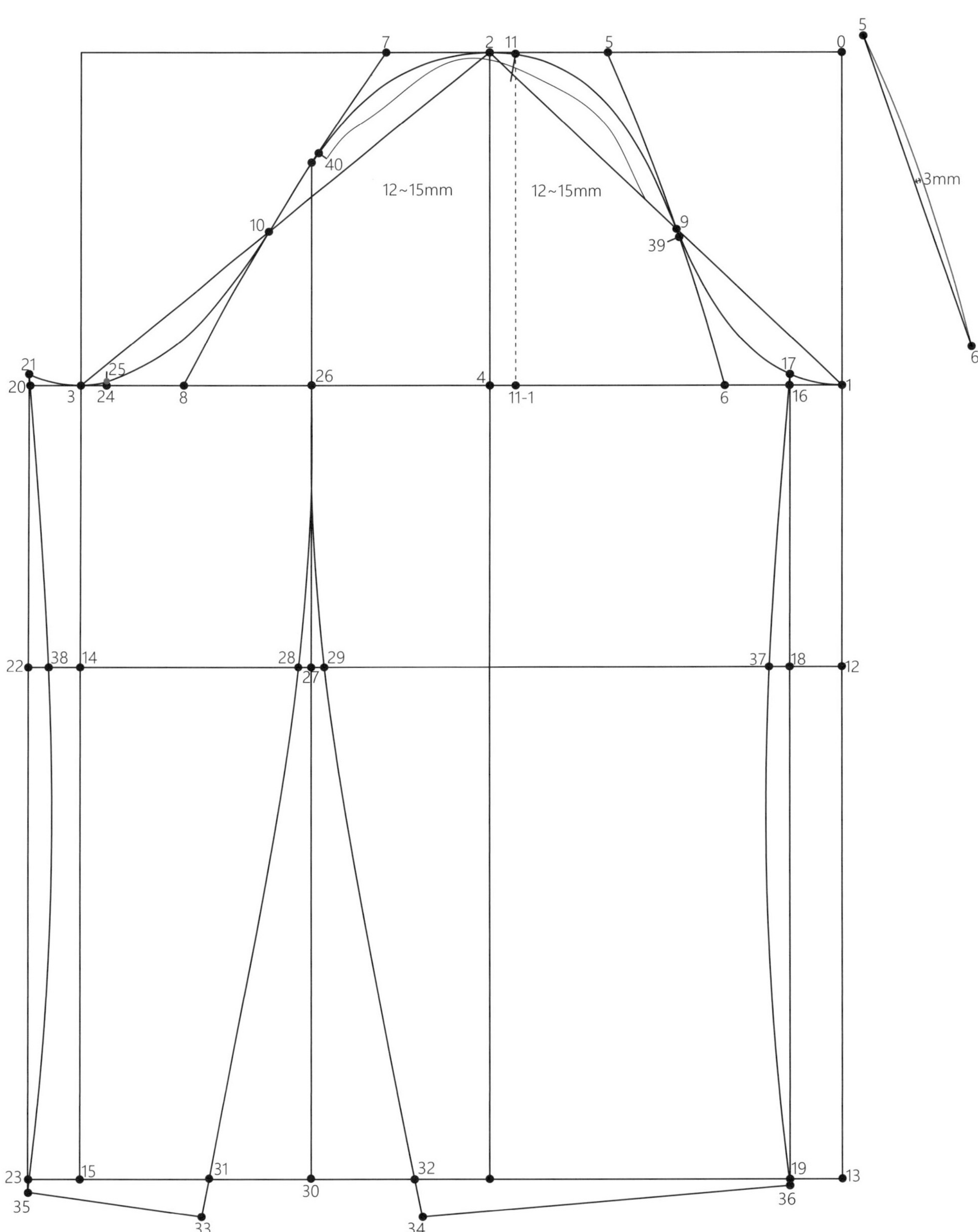

소매

0-1 소매산 = 암홀 둘레/3 = 약 6 1/2"

0점과 1점에서 수평선을 연장한다.

1-2 앞 보조선 = 앞 암홀 길이

2-3 뒤 보조선 = 뒤 암홀 길이 + 1/8"

4 = 2점에서 소매통선까지 수직선을 내림

2-5, 1-6 = 1-4의 3등분

2-7, 3-8 = 3-4의 4등분

5-6, 7-8 연결

9 = 5-6과 1-2의 교점, 10 = 7-8과 2-3의 교점

9와 10 교점을 이용하여 소매달림선 그리기

11 (중심너치) 2-11 = 1/2"

0-12 팔꿈치선 = 12", 0-13 소매기장 = 22"

12, 13점에서 소매통 폭만큼 수평선 연장 = 14, 15

1-16 = 1" (소매통이 커지면 이동 면적이 넓어진다.)

17= 16에서 수직선을 위로 올려 소매달림선과 만나는 지점

18, 19 = 17에서 수직선을 내려 팔꿈치 선과 기장 선과 만나는 지점

1-17-16-18-19-13-12-1 영역 뒤로 이동 = 3-21-20-22-23-15-14-3

소매 달림 선상 3-24 = 1/2"

3-24 = 1/2"

25 = 24에서 수직선을 올려 소매달림선과 만나는 지점

26 = 24 ~ 11-1의 중심

27 = 26에서 수직선을 내려 팔꿈치선까지 연장

27-28, 27-29 = 1/4"

30 = 27에서 수직선을 내려 밑단까지 연장

30-31, 30-32 = 2"

26-28-31, 26-29-32 연결

33, 34 = 아웃심 선의 경사를 유지하며 31, 32에서 3/4" 연장

35 = 23에서 수직으로 1/4" 내림

36 = 19에서 수직으로 1/8" 내림

33-35, 34-36 연결

18-37, 22-38 = 5/8"

21-38-35, 17-37-36 연결

11-39 앞 너치 = (앞판 패턴 46-95 + 12~15mm 이즈)

11-40 뒤 너치 = (뒤판 패턴 20-35 + 12~15mm 이즈)

신체

66사이즈

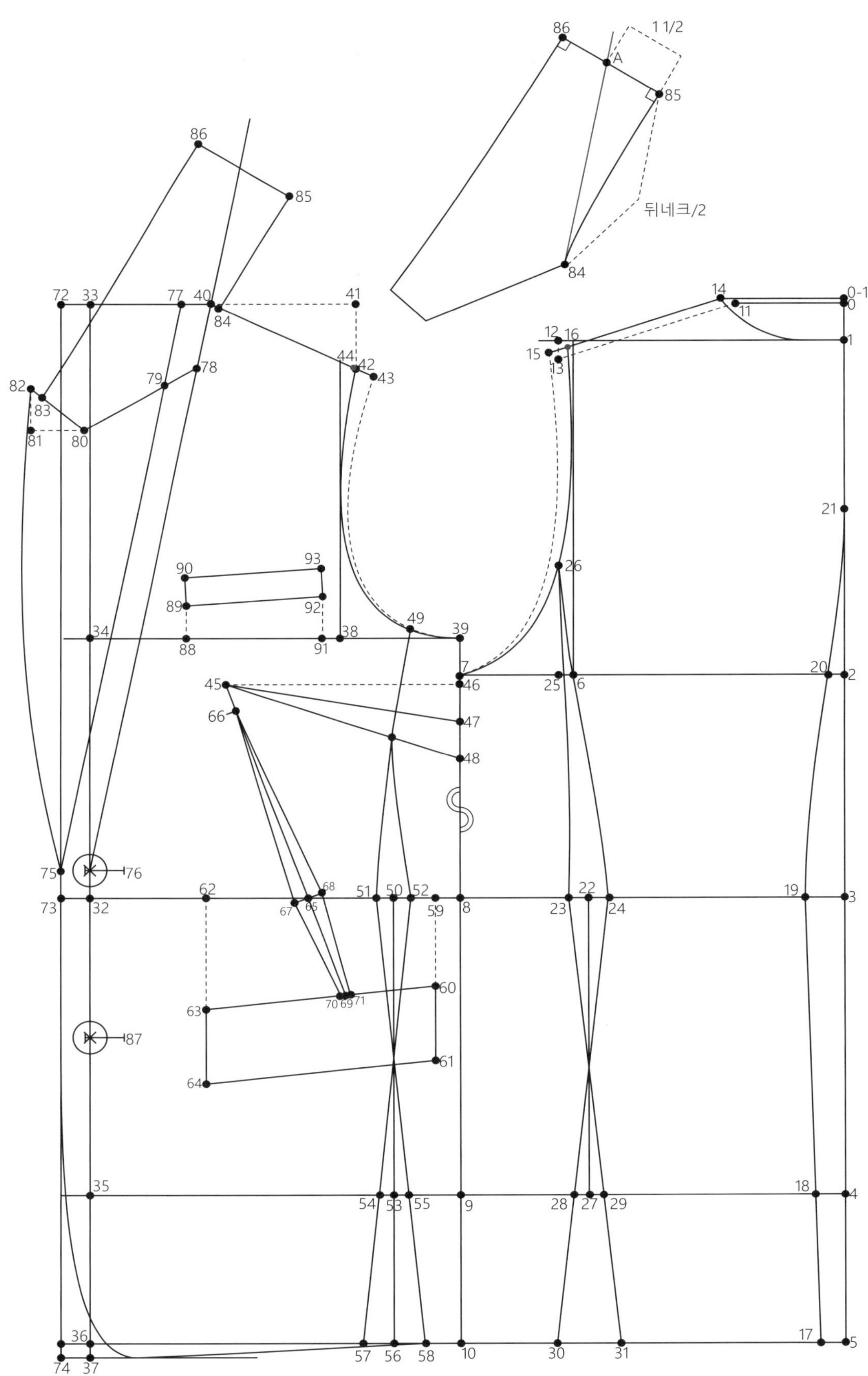

뒤판

1-2 진동 깊이 = 9"

1-3 등길이 = 15"

3-4 힙선 위치 = 8"

4-5 = 4"

2-6 뒤품 = 66의 뒤품 7 1/4"에서 6 7/8"로 수정 (파워숄더 고려)

2-7 뒤판 가슴선 길이 = 9 3/4"

7-8-9-10 = 수직선을 내려 밑단까지 연결

1-0 = 1"

1-12 (55 어깨너비) = 7 1/4"

12-13 = 1/2"

11-13 연결

0 ~ 0-1 = 1/8"

0-1 ~ 14 = 3 1/8"

11-13 〉14-15 평행이동 14-15 = 4 5/8"가 되도록 15점 생성

16 = 14-15 선상 15에서 1/2" 떨어진 지점 (파워숄더 고려)

16-7 암홀 생성

5-17 = 5/8"

4-18 = 3/4"

3-19 = 1"

2-20 = 3/8"

21 = 1-2의 중심

뒤 중심선 연결 17-18-19-20-21

19-22 = 5 1/2"

22-23, 22-24 = 1/2"

6-25 = 3/8"

26 = 25에서 수직선을 올려 암홀과 만나는 지점

27 = 22에서 수직선을 내려 힙선과 만나는 지점

27-28, 27-29 = 3/8"

26-23-29, 26-24-28 연결

30, 31 = 절개선을 밑단까지 동일한 기울기로 연장

앞판

8-32 = 9 1/2"

32-33 앞길이 = 16"

33-34 진동 깊이 = 9"

32-35 힙선 위치 = 8"

35 - 36 = 4"

36-37 앞내림 = 3/8"

34-38 앞품 = 66 앞품 7" - 5/8" = 6 3/8"

34-39 앞판 가슴선 길이 = 9 1/2"

33-40 앞목 너비 = 3 1/8"

40-41 = 3 3/4"

41-42 = 1 3/4"

40-42 연결

43 = 40-42 경사 선상 40에서 뒤판 어깨선 길이(14-15)와 같은 지점

44 = 40-43선상 어깨선 길이(14-16)와 같은 지점

44-39 암홀 생성

45 BP(유장 9 3/4", 유폭의 절반 3 1/2")

46 = 45에서 수평선을 그어 옆선과 만나는 지점

46-47 다트 경사 = 1"

47-48 = 1"

45-47 연결

45-48 연결

49 = 암홀 선상 39에서 1 1/4" 떨어진 지점

8-50 = 1 3/4"

50-51, 50-52 = 1.1cm

53 = 50에서 힙선까지 수직선을 내림

53-54, 53-55 = 3/8"

56 = 53에서 밑단선까지 수직선을 내림

49-51-55, 49-52-54 연결

57, 58 = 밑단까지 절개선 연장

신체

66사이즈

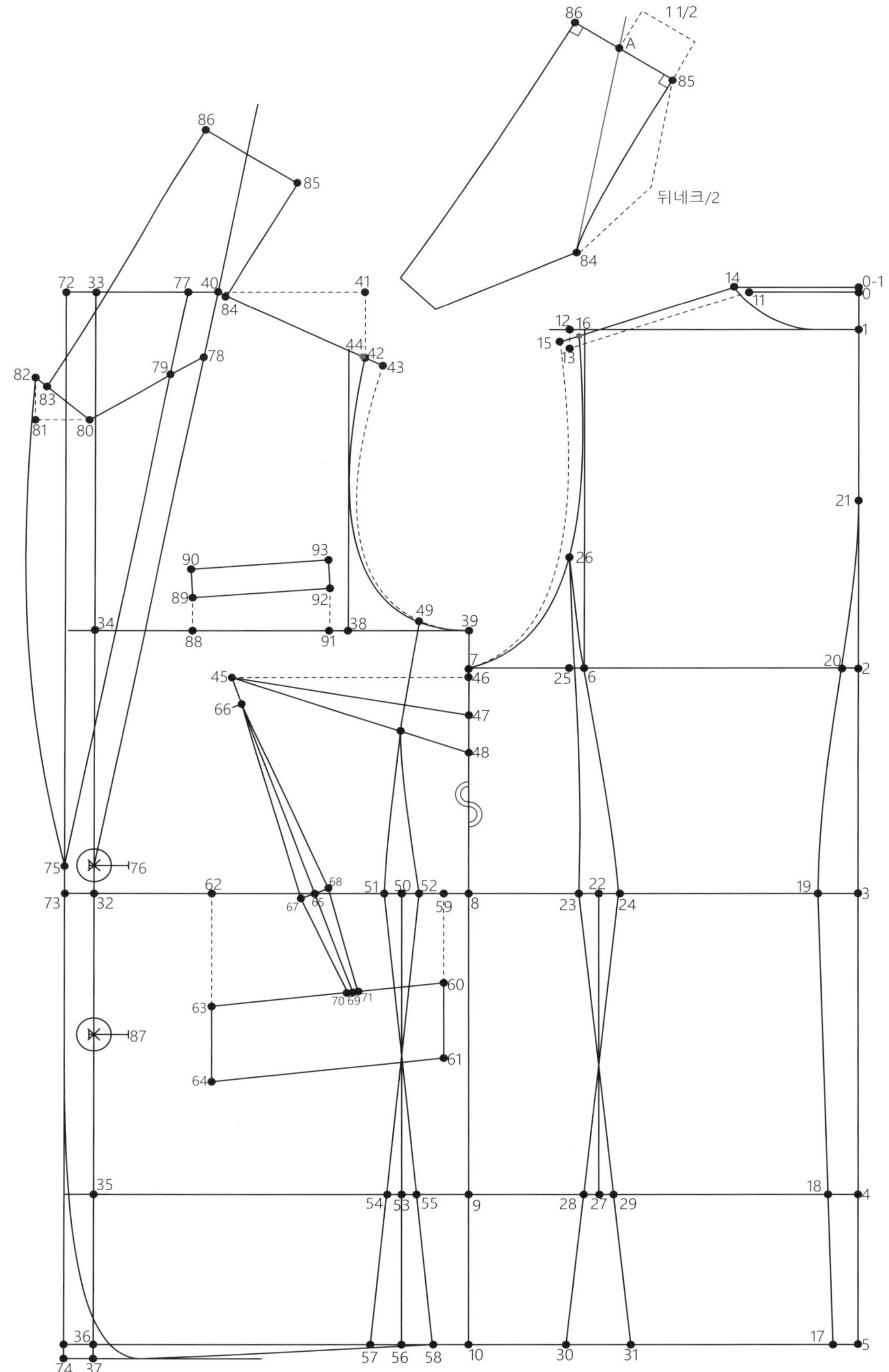

주머니

8-59 = 5/8"

59-60 = 2 3/8"

60-61 = 2"

32-62 = 3"

62-63 = 3"

63-64 = 2"

63-64-61-60 연결

사선 다트

62-65 = 2 5/8"

45-65 연결

66 = 45-65선상 45에서 3/4" 떨어진 지점

67, 68 = 65-66 기울기 선상 65에 직각을 맞춰 좌우 3/8"
떨어진 지점

69 = 66-65 기울기를 유지하며 주머니와 만나도록 65에서 선
분 연장

주머니 선상 69-70 , 69-71 = 1/8"

66-67-70 연결

66-68-71 연결

33-72, 32-73, 37-74 여밈 = 3/4"

73-75 라펠 끝 = 3/4"

75-76 단추 1 = 3/4"

75-77 연결

 76-40 연결

78 = 40-76 선상 40에서 1 3/4" 떨어진 지점

79 = 77-75 선상 77에서 2 1/4" 떨어진 지점

78-79 연결

80 = 78-79 연장선상 78에서 3 3/8" 떨어진 지점

80-81 = 1 3/8"

81-82 = 1 1/8"

80-82 연결

83 = 80-82 선상 82에서 3/8" 떨어진 지점

칼라 각도 생성

84 = 어깨선상 40에서 1/4" 떨어진 지점

A점 = 보조 선과 만나는 지점

직각과 뒤 네크/2 조건을 유지하여 A점과 85점의 거리가 1
1/2" 가 되도록 칼라 각도 생성 (A-85-84)

85-86 = 2 3/4"

86-83 연결

87 단추 2 = 76에서 수직선을 내려 4 1/2" 떨어진 지점

웰트

34-88 = 2 1/2"

88-89 = 7/8"

90 = 89에서 수직으로 3/4"올라가고 좌측으로 2mm 나간 지
점

88-91 = 3 1/2"

91-92 = 1 1/8"

93 = 92에서 수직으로 3/4"올라가고 좌측으로 2mm 나간 지
점

89-90-93-92 연결

스펙

소매산 6"

소매기장 22"

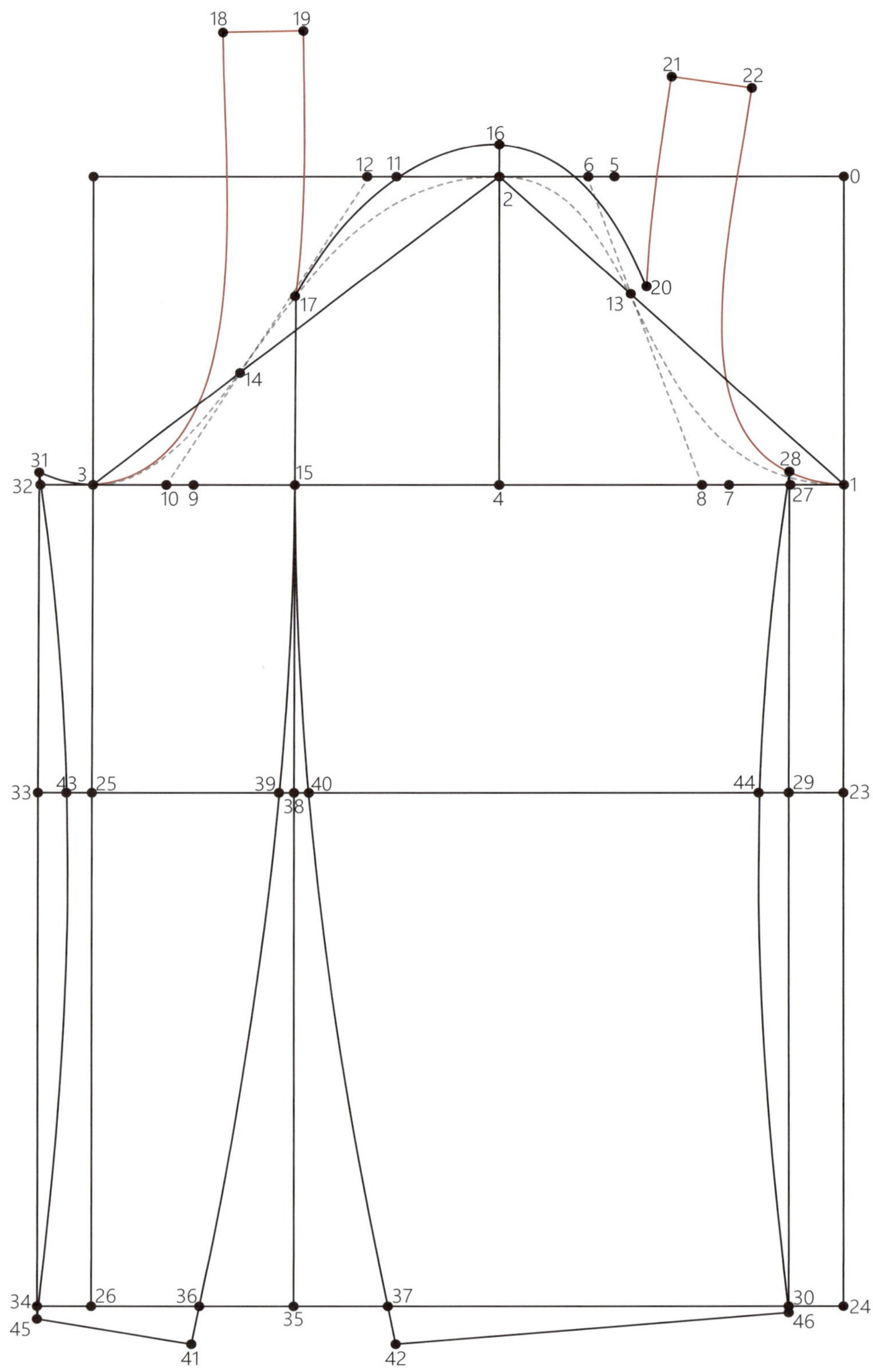

소매

0-1 소매산 = 암홀 둘레/3 = 약 6"

0점과 1점에서 수평선을 연장한다.

1-2 앞 보조선 = 앞 암홀 길이 - 1/4"

2-3 뒤 보조선 = 뒤 암홀 길이 - 3/8"

** 이즈 감소를 위해 보조 선의 길이를 줄여준다.

4 = 2점에서 소매통 선까지 수직선을 내림

2-5, 1-7 = 1-4의 3등분

2-11, 3-9 = 3-4의 4등분

5, 7, 11, 9 좌측으로 1/2" 이동 = 6, 8, 12, 10

6-8 연결

12-10 연결

13 = 1-2와 6-8의 교점

14 = 2-3과 12-10의 교점

13, 14 교점을 이용하여 소매달림선 그리기

15 = 3-4의 중심

2-16 = 5/8"

다음조건을 만족하도록 17, 18, 19의 위치를 잡는다.

17점 = 15를 기준으로 Y축 선상에 존재

17-16 소매달림선 재생성

3-18 = 뒤판 암홀길이

18-19 = 1 1/2"

17-19 = 17-16

다음 조건을 만족하도록 20, 21, 22의 위치를 잡는다.

20점, 21점, 22점

1-22 = 앞판 암홀 길이

21(직각)-22(직각) = 1 1/2"

16-20 = 20-21

0-23 팔꿈치 선 = 12"

0-24 소매 기장 = 22"

23, 24점에서 소매통 폭만큼 수평선 연장 = 25, 26

1-27 = 1"

28 = 27에서 수직선을 올려 소매달림선과 만나는 지점

29, 30 = 27에서 수직선을 내려 팔꿈치, 밑단 선과 만나는 지점

1-28-27-29-30-24-23-1 〉 3-31-32-33-34-26-25-3 이동

35 = 15에서 수직선을 내려 밑단까지 내린 지점

35-36, 35-37 = 1 3/4"

38 = 15에서 수직선을 내려 팔꿈치선까지 내린 지점

38-39, 38-40 = 1/4"

17-15-39-36, 17-15-40-37 연결

41, 42 = 좌우 아웃심 선의 경사를 유지하며 36, 37에서 3/4" 연장

33-43, 29-44 = 1/2"

34-45 = 1/4"

30-46 = 1/8"

41-45, 42-46 연결

31-43-45, 28-44-46 연결

**

18, 19, 21, 22점의 위치는 2-16의 높이를 조정해서 맞춰줄 수도 있다.

20점 또한 길이 맞춤을 위해 위치 조정이 가능하다.

free size

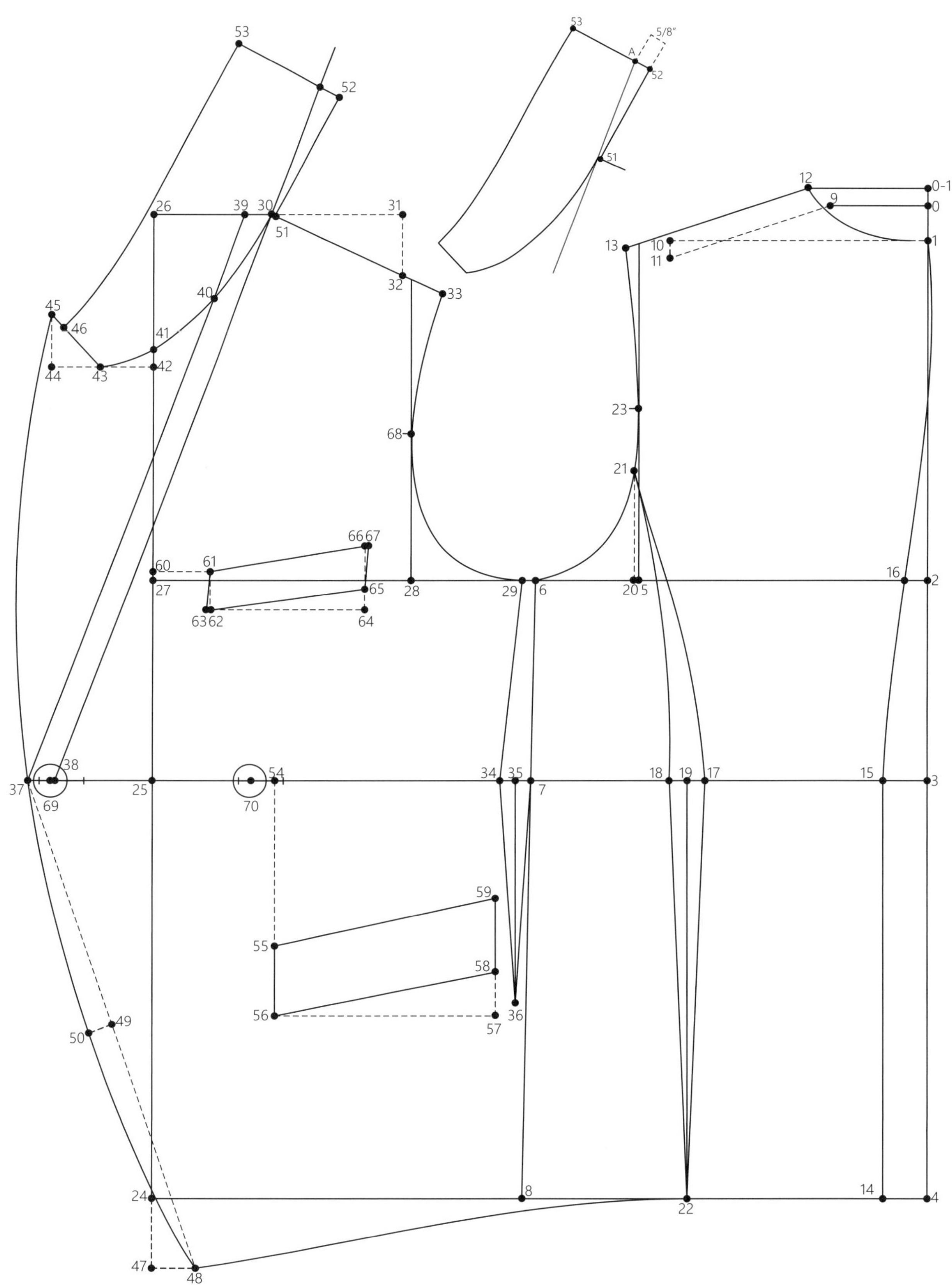

뒤판

1-2 진동 깊이 = 9 3/4"

1-3 등길이 = 15 1/2"

1-4 총장 = 27 1/2"

2-5 뒤품 = 8 1/8"

2-6 뒤판 가슴선 길이 = 11" (앞판보다 1/2" 길게 놓는다.)

3-7 = 11 1/8"

4-8 = 11 3/8"

6-7-8 연결

1-0 = 1"

0-9 = 2 3/4"

어깨경사

1-10 = 7 1/4" (55 어깨너비/2 = 7 1/4")

10-11 = 1/2"

9-11 연결

0 ~ 0-1 = 1/4"

0-1 ~ 12 = 3 3/8"

9-11 어깨선을 12점으로 평행이동

평행이동한 선상에서 12-13 = 5 3/8"

어깨너비 = 17"

13-6 암홀 생성

4-14, 3-15 = 1 1/4"

오버핏임으로 체형의 다트량보다 더 넓게 파 주었다.

2-16 = 5/8"

뒤 중심선 연결 14-15-16-1 (뒤 중심 등굽을 약간 넣어준다)

15-17 = 5"

17-18 = 1"

19 = 17-18 중심

5-20 = 1/4"

21 = 20에서 수직선을 올려 암홀과 맞닿는 점

22 = 19에서 수직선을 내려 힙선까지 연결

21-18-22, 21-17-22 연결

23 = 암홀 선상 13점에서 4 5/8" 떨어진 지점에 암홀너치 생성

free size

5/8"
0-1
0
1
9
12
13
10
11
53
52
A
51
26 39 30 31
40 41 42 43 44 45 46
32 33
23
21
68
66 67
60 61 65
27 28 29 6 20 5
62 63 64
16 2
38
37 69
25 54 70
34 35 7
18 19 17
15 3
59
55
58
56 57 36
49
50
24
8 22
14 4
47 48

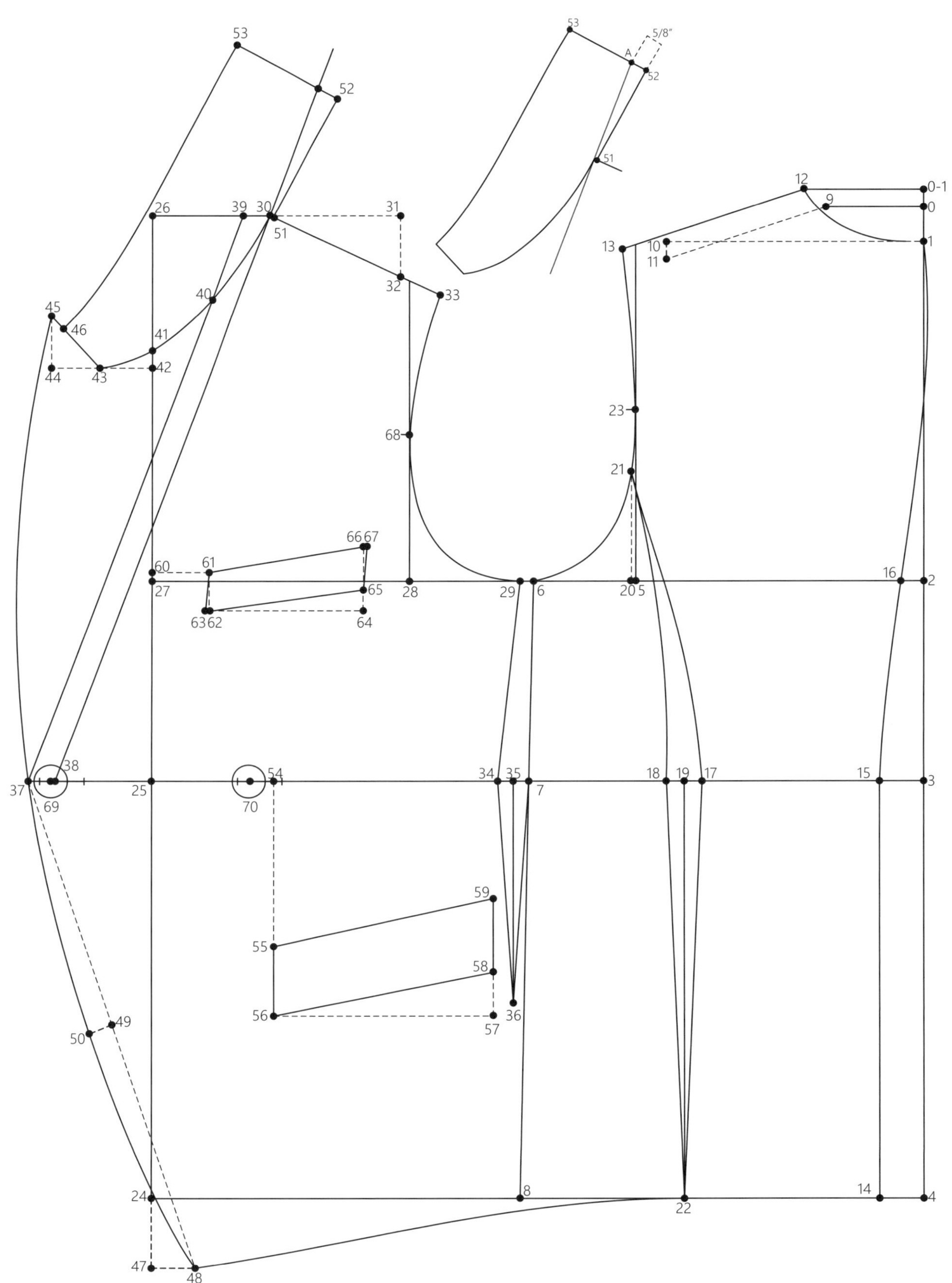

앞판

8-24 =10 1/2" (8-14 거리보다 3/8"를 키워놓는다.)

25 = 24에서 수직선을 올려 허리선 위치까지 연장

25-26 앞길이 = 16 1/4"

26-27 진동 깊이 = 10 1/2"

27-28 앞품 = 7 3/8"

27-29 앞판 가슴선 길이 = 10 1/2"

29-6 공간은 다트로 처리한다.

26-30 앞목 너비 3 3/8"

어깨 경사

30-31 = 3 3/4"

31-32 = 1 3/4"

30-32 연장선상 뒤 어깨선 길이에 맞춰 33생성

33-29 암홀 생성

7-34 다트 = 7/8"

35 = 7-34 중심

35-36 = 6 3/8"

34-36, 7-36 연결

25-37 여밈 = 3 1/2"

37-38 = 3/4

30-39 = 3/4"

37-39 연결 (꺾임선)

38-30 연결 (보조선)

40 = 37-39 선상 39에서 2 5/8" 떨어진 지점

26-41 = 3 7/8"

41-42 = 1/2"

42-43 = 1 1/2"

30-40-41-43 자연스럽게 연결

45 라펠 포인트 = 43에서 수평으로 1 3/8", 수직으로 1 1/2" 올라간 지점

43-45 연결

46 = 43-45 선상 45점에서 1/2" 떨어진 지점

밑단

47 = 24에서 수직선을 내려 2" 떨어진 지점

47-48 = 1 1/4"

37-48 연결

49 = 37-48 중심

50 = 49에서 직각으로 3/4" 나간 지점

37-50-48 자연스럽게 연결

칼라 각도 생성 (높은 스탠드)

51 = 어깨선상 30에서 1/4" 떨어진 지점

A점 = 보조 선과 만나는 지점

직각과 뒤 네크/2 조건을 유지하여 A점과 52점의 거리가 5/8"

가 되도록 칼라 각도 생성 (A-52-51)

52-53 = 3 1/4"

46-53 연결

플랩

25-54 = 3 1/2"

55 = 54에서 수직으로 4 3/4" 내려간 지점

56 = 55에서 수직으로 2" 내려간 지점

57 = 56에서 수평으로 6 1/4" 떨어진 지점

58 = 57에서 수직으로 1 1/4" 올라간 지점

59 = 58에서 수직으로 2 1/8" 올라간 지점

55-56-58-59 연결

웰트

60 = 27에서 수직으로 1/4" 올라간 지점

61 = 60에서 수평으로 1 5/8" 떨어진 지점

62 = 61에서 수직으로 1 1/8" 내려간 지점

63 = 62에서 좌측 수평으로 2mm 떨어진 지점

64 = 62에서 수평으로 4 1/2" 떨어진 지점

65 = 64에서 수직으로 5/8" 올라간 지점

66 = 65에서 수직으로 1 1/4" 올라간 지점

67 = 66에서 우측 수평으로 2mm 떨어진 지점

63-61-67-65 연결

68 = 암홀 선상 어깨 점 33에서 4 1/8" 떨어진 지점 암홀너치 생성

25-69 단추 1 = 27/8"

25-70 단추 2 = 2 7/8"

소매산 7"

소매기장 22"

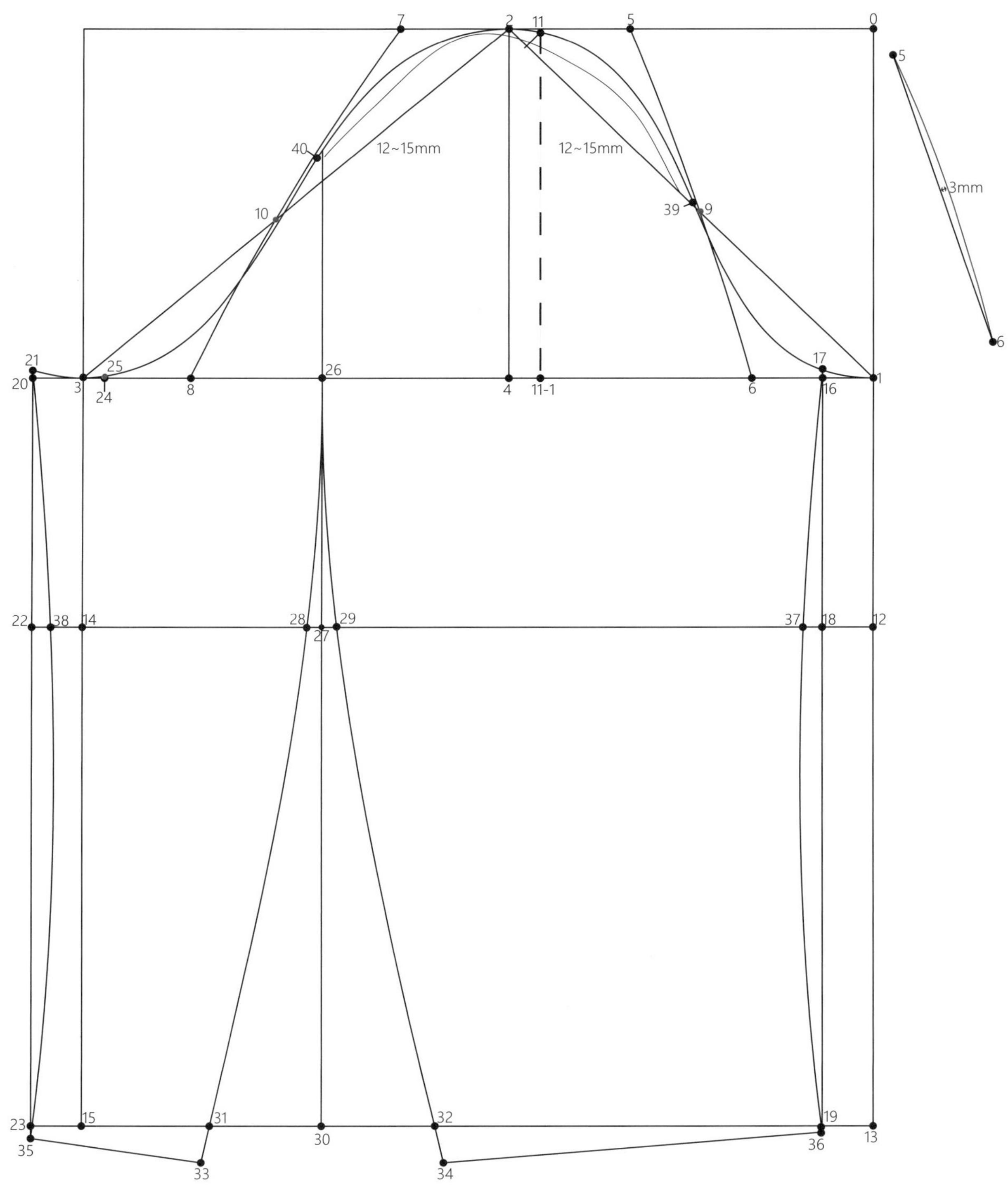

소매

0-1 소매산 = 암홀 둘레/3 = 약 7"

0점과 1점에서 수평선을 연장한다.

1-2 앞 보조선 = 앞 암홀 길이

2-3 뒤 보조선 = 뒤 암홀 길이 + 1/8"

4 = 2점에서 소매통 선까지 수직선을 내림

2-5, 1-6 = 1-4의 3등분

2-7, 3-8 = 3-4의 4등분

5-6, 7-8 연결

앞, 뒤 보조선은 그림과 같이 3mm 정도 곡을 만들어준다.

9 = 5-6과 1-2의 교점

10 = 7-8과 2-3의 교점

9와 10 교점을 이용하여 소매 달림선 그리기

11 (중심너치) 2-11 = 1/2"

0-12 팔꿈치선 = 12", 0-13 소매기장 = 22"

12, 13점에서 소매통 폭만큼 수평선 연장 = 14, 15, 1-16 = 1"

17 =16에서 수직선을 위로 올려 소매달림선과 만나는 지점

18 ,19 = 17에서 수직선을 내려 팔꿈치, 밑단 선과 만나는 지점

1-17-16-18-19-13-12-1 영역 뒤로 이동 = 3-20-21-22-23-15-14-3

소매통 선상 3-24 = 1/2"

25 = 24에서 수직선을 올려 소매달림선과 만나는 지점

26 = 24 ~ 11-1의 중심

27 = 26에서 팔꿈치선까지 수직선을 내림

27-28, 27-29 = 1/4"

30 = 27에서 밑단선까지 수직선을 내림

30-31, 30-32 = 2 1/4"

26-28-31, 26-29-32 연결 (아웃심생성)

32, 33 = 아웃심 선의 경사를 유지하며 30,31에서 3/4" 연장

34 = 23에서 수직으로 1/4" 내림

35 = 19에서 수직으로 1/8" 내림

32-34, 33-35 연결

18-36, 22-37 = 5/8"

21-37-34, 17-36-35 연결

11-39 앞 너치 = (앞판 패턴 33-68 + 12~15mm 이즈)

11-40 뒤 너치 = (뒤판 패턴 13-23 + 12~15mm 이즈)

free size

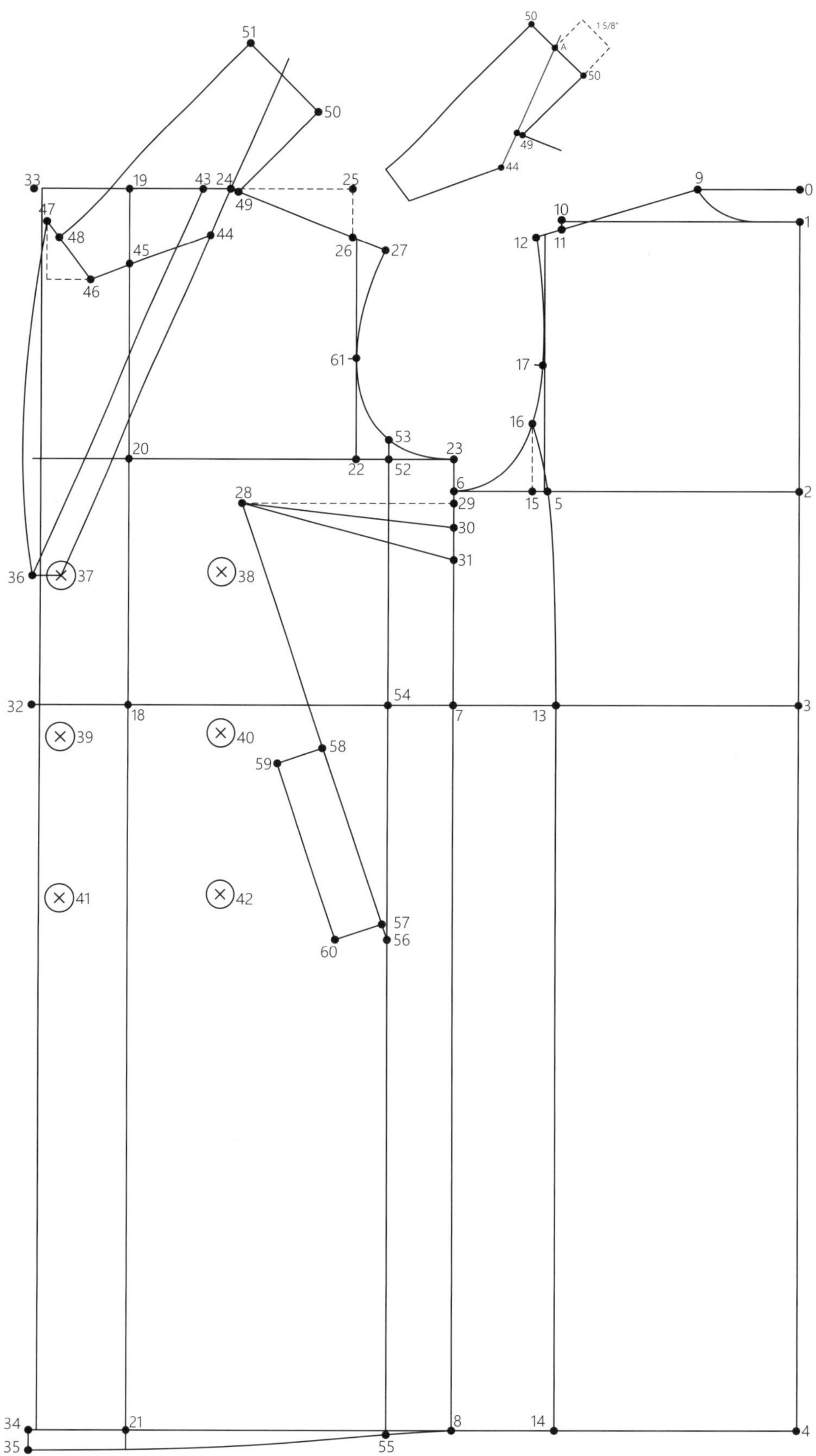

뒤판

1-2 진동 깊이 = 8 3/8"

1-3 등길이 = 15"

1-4 총장(뒷목점) = 37 1/2"

2-5 뒤품 = 7 3/4"

2-6 뒤판 가슴선 길이 = 10 1/2" – 앞판보다 1/2" 길게 놓는다.

3-7 = 10 1/2"

4-8 = 10 1/2"

6-7-8 연결

1-0 = 1"

0-9 뒷목너비 = 3 1/8"

1-10 = 7 1/4" (55 어깨너비/2 = 7 1/4")

10 – 11 = 1/4"

9-11 연결

12 = 어깨선상 11에서 2cm 연장

12 – 6 암홀 생성

7-13 = 3 1/8"

8-14 = 3 1/8"

5-15 = 3/8"

16 = 15에서 수직선을 올려 암홀과 맞닿는 지점

16-13-14 자연스럽게 연결

17 = 암홀 선상 12점에서 4" 떨어진 지점에 암홀너치 생성

**

트임은 생략하였다.

앞판

7-18 = 10"

18-19 앞길이 = 16"

19-20 진동 깊이 = 8 3/8"

21 = 18에서 수직선을 밑단선까지 내림

20-22 앞품 = 7"

20-23 앞판 가슴선 길이 = 10"

23-8 수직선을 밑단선까지 내림

19-24 앞목 너비 3 1/8"

어깨 경사

24-25 = 3 3/4"

25-26 = 1 1/2"

24-26 연장선상 뒤 어깨선 길이에 맞춰 27 생성

27-23 암홀 생성

28 BP (유장 9 3/4, 유폭의 절반 3 1/2")

29 = 28에서 수평선을 옆선까지 연결

29-30 다트 경사 = 3/4"

30-31 다트폭 = 1"

28-30, 28-31 연결

18-32 여밈 = 3"

32-33 = 16"

32-34 밑단까지 연결

34-35 앞내림 = 5/8"

35-8 자연스럽게 연결

32-36 = 4"

36-37 단추 1 = 7/8"

38 단추 2 = 37에서 수평으로 5", 수직으로 1/8" 올라간 지점

39 단추 3 = 37에서 수직으로 5" 내려간 지점

이하 간격 동일

**

생크 단추의 경우 뿌리를 감으면 무게와 중력으로 쳐져 보이므로 1/8"을 미리 올려주었다.

free size

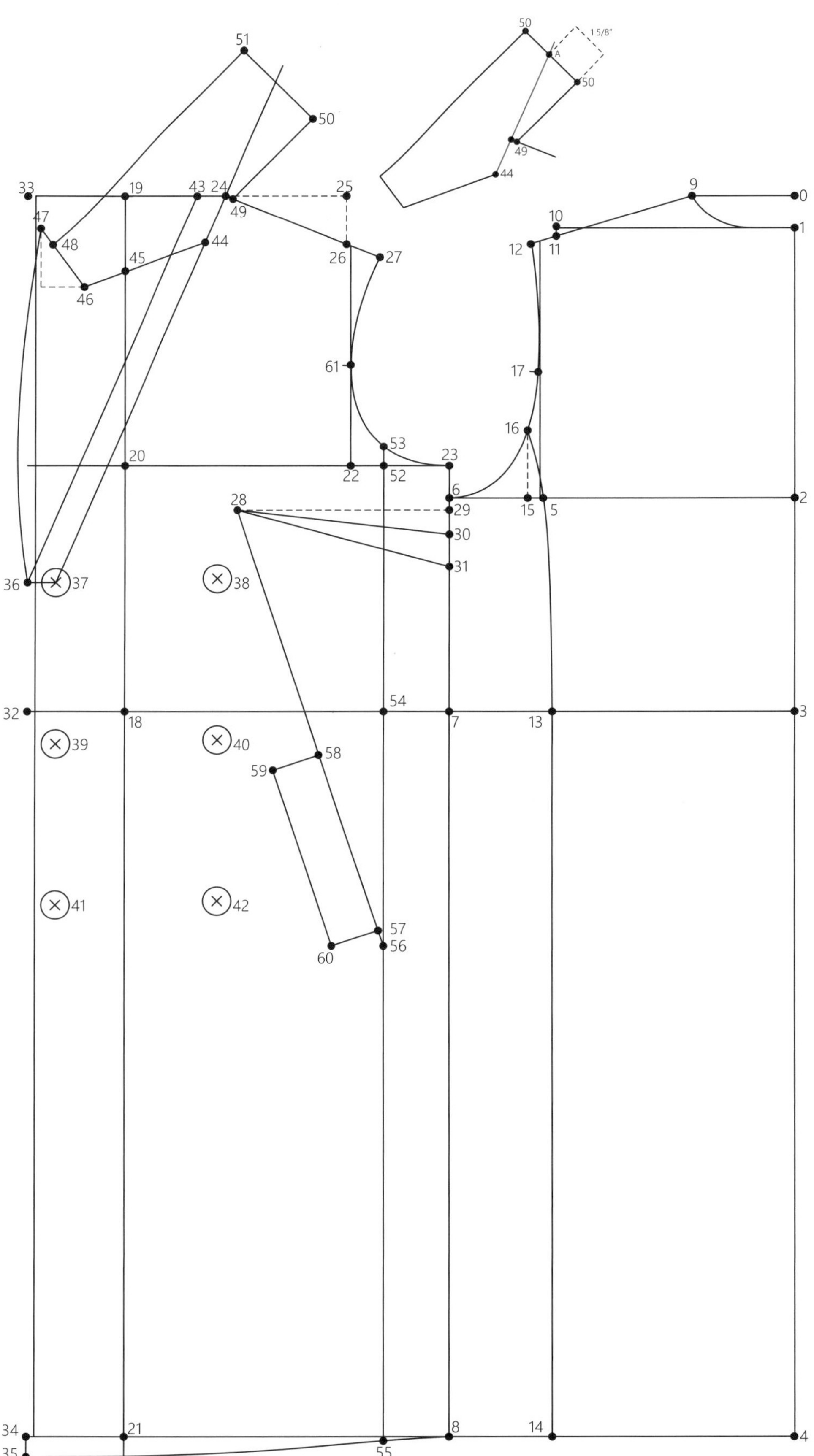

24-43 = 7/8"

36-43 연결 (꺾임선)

37-24 연결 (보조선)

44 = 37-24 선상 24에서 1 1/2" 떨어진 지점

19-45 = 2 3/8"

44-45 연결

46 = 44-45 연장선상 44에서 4" 떨어진 지점

47 = 46에서 수평으로 1 1/4", 수직으로 1 7/8" 올라간 지점

47-46 연결

47-48 = 5/8"

49= 어깨선 선상 24점에서 1/4" 떨어진 지점

칼라 각도 생성

A점 = 보조 선과 만나는 지점

직각과 뒤 네크/2 조건을 유지하여 A점과 50점의 거리가 1

5/8"가 되도록 칼라 각 도생성 (A-50-49)

51= 49-50선에 직각을 맞춰 50에서 3" 연장

51-48 연결

23-52 = 2"

53, 54, 55 = 52에서 수직선을 위아래로 연장해 암홀, 허리,

밑단선과 만나는 지점

사선 주머니

54-56 = 7 1/4"

28-56 연결

57 = 28-56 연결선상 56에서 1/2" 떨어진 지점

58 = 28-56 연결선상 57에서 5 3/4" 떨어진 지점 (주머니

폭)

59, 60 = 28-56 선상 57, 58에서 직각을 맞춰 2" 평행이동

한 점

58-59-60-57 연결

61 = 암홀선상 어깨점 27에서 3 1/2" 떨어진 지점 암홀너치 생

성

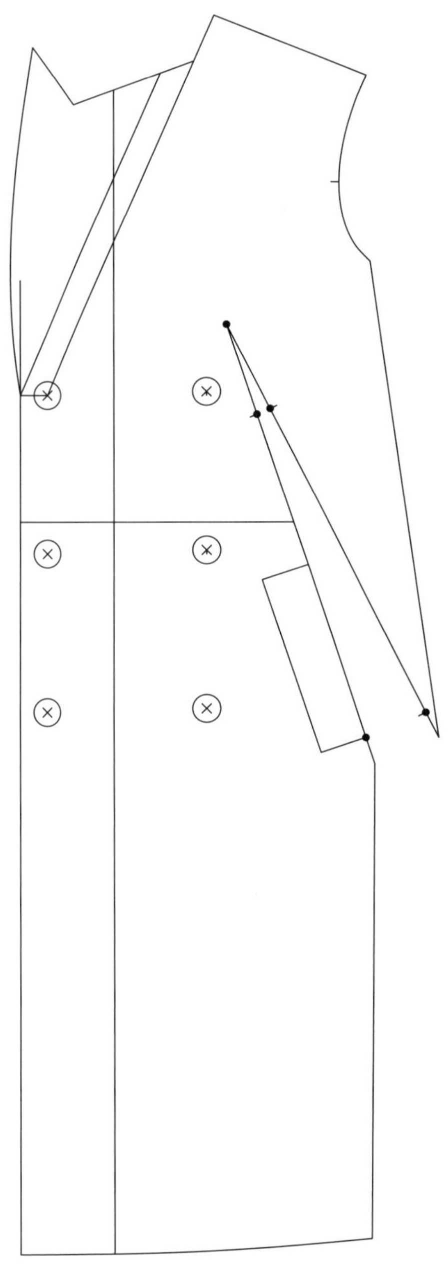

**

너치까지는 다트봉제

너치이후의 영역은 입술을 만드는데 사용한다.

소매산 5 7/8"
소매기장 22"

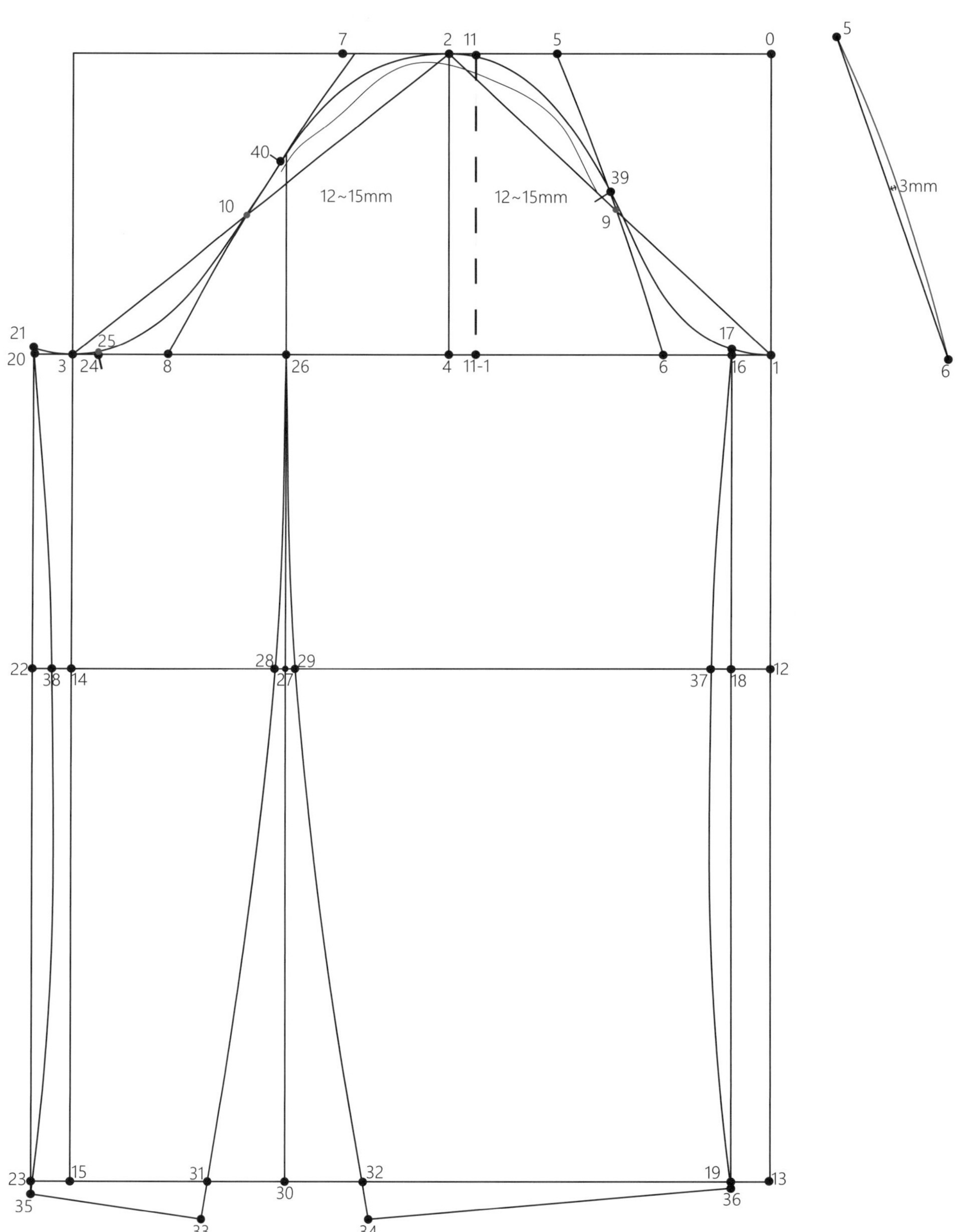

소매

0-1 소매산 = 암홀 둘레/3 = 약 5 7/8"

0점과 1점에서 수평선을 연장한다.

1-2 앞 보조선 = 앞 암홀 길이

2-3 뒤 보조선 = 뒤 암홀 길이 + 1/8"

4 = 2점에서 소매통 선까지 수직선을 내림

2-5, 1-6 = 1-4의 3등분

2-7, 3-8 = 3-4의 4등분

5-6, 7-8 연결

앞, 뒤 보조선은 그림과 같이 3mm 정도 곡을 만들어준다.

9 = 5-6과 1-2의 교점, 10 = 7-8과 2-3의 교점

9와 10 교점을 이용하여 소매달림선 그리기

11 (중심너치) 2-11 = 1/2"

0-12 팔꿈치선 = 12", 0-13 소매기장 = 22"

12, 13점에서 소매통 폭만큼 수평선 연장 = 14, 15, 1-16 = 3/4"

17 = 16에서 수직선을 위로 올려 소매달림선과 만나는 지점

18, 20 = 17에서 수직선을 내려 팔꿈치, 밑단선과 만나는 지점

1-17-16-18-19-13-12-1 영역 뒤로 이동 = 3-21-20-22-23-15-14-3

소매통선상 3-24 = 1/2"

25 암홀너치 = 24에서 수직선을 올려 소매달림선과 만나는 지점

26 = 24 ~ 11-1의 중심

27 = 26에서 수직선을 내려 팔꿈치선까지 연장

27-28, 27-29 = 1/4"

30 = 27에서 수직선을 내려 기장까지 연결

30-31, 30-32 = 1 1/2"

26-28-31, 26-29-32 연결 (아웃심생성)

33, 34 = 아웃심 선의 경사를 유지하며 31, 32에서 3/4" 연장

35 = 23에서 수직으로 1/4" 내림

36 = 19에서 수직으로 1/8" 내림

33-35, 34-36 연결

18-37, 22-38 = 5/8"

21-38-35, 17-37-36 연결

11-39 앞 너치 = (앞판 패턴 27-61 + 12~15mm 이즈)

11-40 뒤 너치 = (뒤판 패턴 12-17 + 12~15mm 이즈)

신체

55사이즈

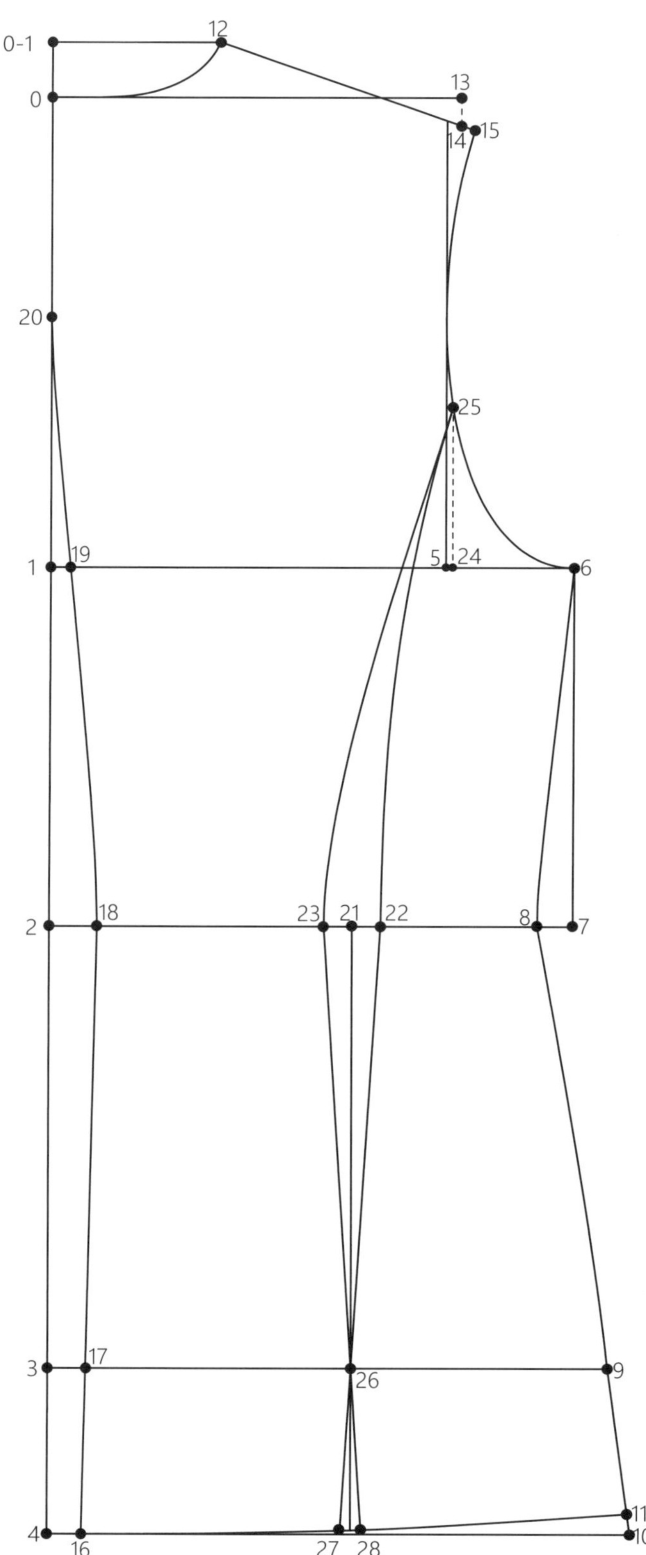

뒤판

0-1 진동 깊이 = 8 1/2"

0-2 등길이 = 15"

2-3 힙선 위치 = 8"

3-4 = 3"

1-5 뒤품 = 7"

1-6 뒤판 가슴선 길이 = 유상동/4 + 3/4" = 9 1/4"

6-7 허리선 위치까지 수직선을 내림

7-8 = 5/8"

3-9 = 9 7/8"

8-9 연결

9- 10 = 밑단까지 8-9선의 기울기를 유지하며 자연스럽게 연장

10-11 밑단 정리 = 3/8"

11-4 자연스럽게 연결

0~ 0-1 = 1" (55 뒷목점-옆목점 사이길이)

0-1 ~ 12 = 3

0-13 = 55 어깨너비/2 = 7 1/4"

13-14 = 1/2"

12-14 연결

12-14 연장선상 14-15 = 1/4"

15-6 암홀 생성

4-16 = 5/8"

3-17 = 1.7cm

2-18 = 7/8"

1-19 = 3/8"

20 = 0-1의 중심

16-17-18-19-20 연결

18-21 = 4 1/2"

21-23, 21-22 = 1/2"

5-24 = 1/8"

25 = 24에서 수직선을 올려 암홀과 만나는 점

26 = 21에서 수직선을 내려 힙선까지 연장

25-23-26, 25-22-26 연결

27, 28 = 26에서 절개선 연장선상 밑단과 만나는 지점

신체

55사이즈

7/8"
A
38
뒤네크/2
12
39
38
34 0 37 12 13
14
15
30
1 6 29 7
16 17
18
19
20
22 23 21 27 26 28 44 9
35 2 41 8
42 45
40
43 46
24 31 10
3
11
4
36 5 25 33 32

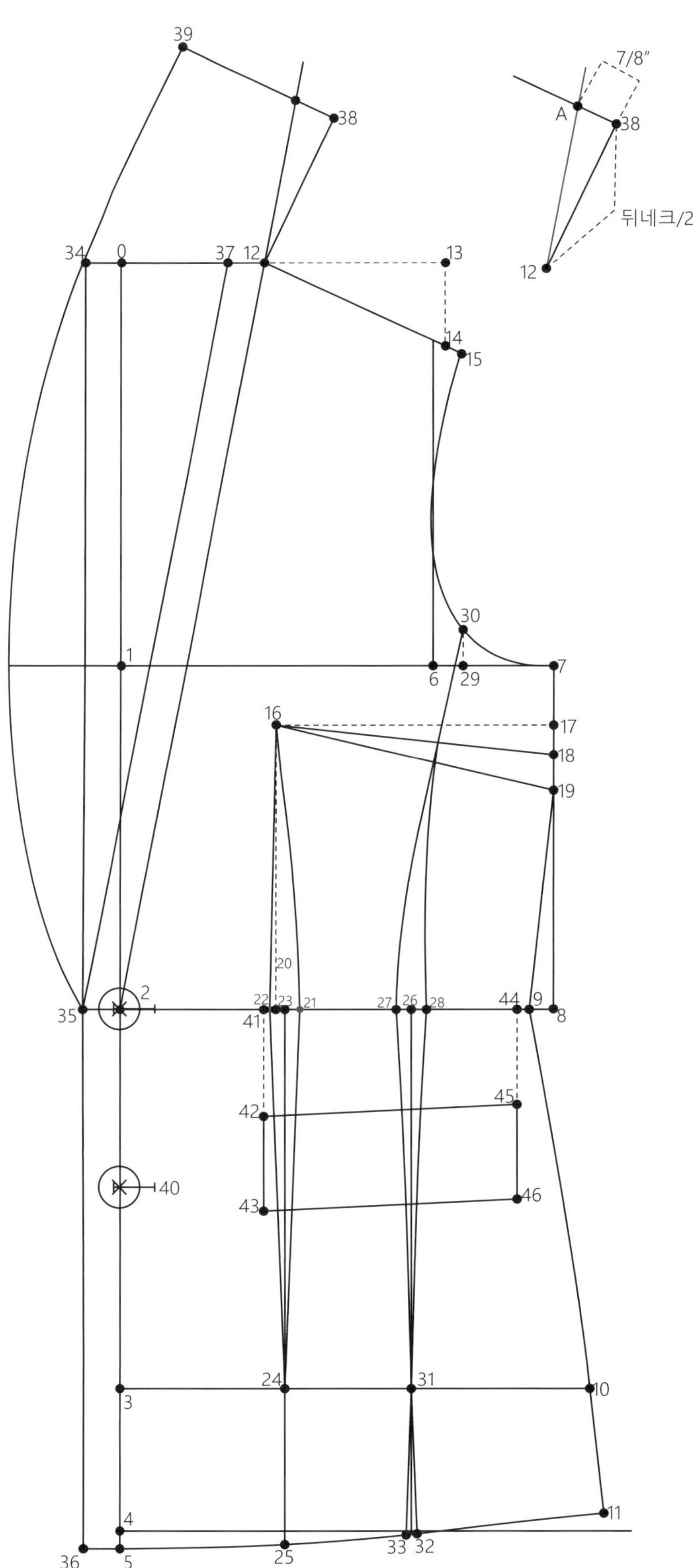

앞판

0-1 진동 깊이 = 8 1/2"

0-2 앞길이 = 15 3/4"

2-3 힙선 위치 = 8"

3-4 = 3"

4-5 앞내림 =1/2"

1-6 앞품= 6 1/2"

1-7 앞판 가슴선 길이 = 상동/4 + 3/4" = 9"

7-8 허리선 위치까지 수직선을 내림

8-9 = 1/2"

3-10 = 9 3/4"

9-10 연결

11 = 9-10의 기울기 연장선상 뒤판 옆선길이와 같도록 연장

0-12 앞목 너비 = 3"

12-13 = 3 3/4"

 13-14 = 1 3/4"

12-15 = 12-14 연장선상 뒤판 어깨선의 길이와 같은 지점

15-7 암홀 생성

16점 BP = (유장 9 3/4" 유폭의 절반 3 1/4")

16-17 = 수평선을 옆선까지 연장

17-18 = 5/8"

18-19 = 3/4"

16-18, 16-19 다트 연결

20 = 16점에서 허리선까지 수직선을 내림

20-21 = 1/2"

20-22 = 1/8"

23 = 21-22 중심

24 = 23에서 힙선까지 수직선을 내림

22-24, 21-24 연결 (홀쭉하게)

25 = 다트선 밑단까지 연장

23-26 = 2 5/8"

26-27, 26-28 = 0.8cm

7-29 = 1 7/8"

30= 29에서 수직선을 올려 암홀과 만나는 지점

31 = 26에서 힙선까지 수직선을 내림

30-27-31, 30-28-31 연결

27-31, 28-31 기울기 연장선상 32, 33 생성

0-34, 2-35, 5-36 여밈 = 3/4"

12-37 = 3/4"

35-37, 2-12 연결

칼라 각도 생성

A점 = 보조 선과 만나는 지점

직각과 뒤 네크/2 조건을 유지하여 A점과 38점의 거리가 7/8"

가 되도록 칼라 각도 생성 (A-38-12)

38-39(직각) = 3 1/2"

39-35 자연스럽게 숄 모양을 그려준다.

2 = 단추 1

2-40 = 단추 2 = 3 3/4"

22-41 = 1/8"

41-42 = 2 1/4"

42-43 = 2"

9-44 = 1/4"

44-45 = 2

45-46 = 2"

42-43-46-45 주머니 연결

43, 46 모서리는 굴려줄 수 있다.

두장소매는 제도방식이 동일함으로 생략하였다.

신체

55사이즈

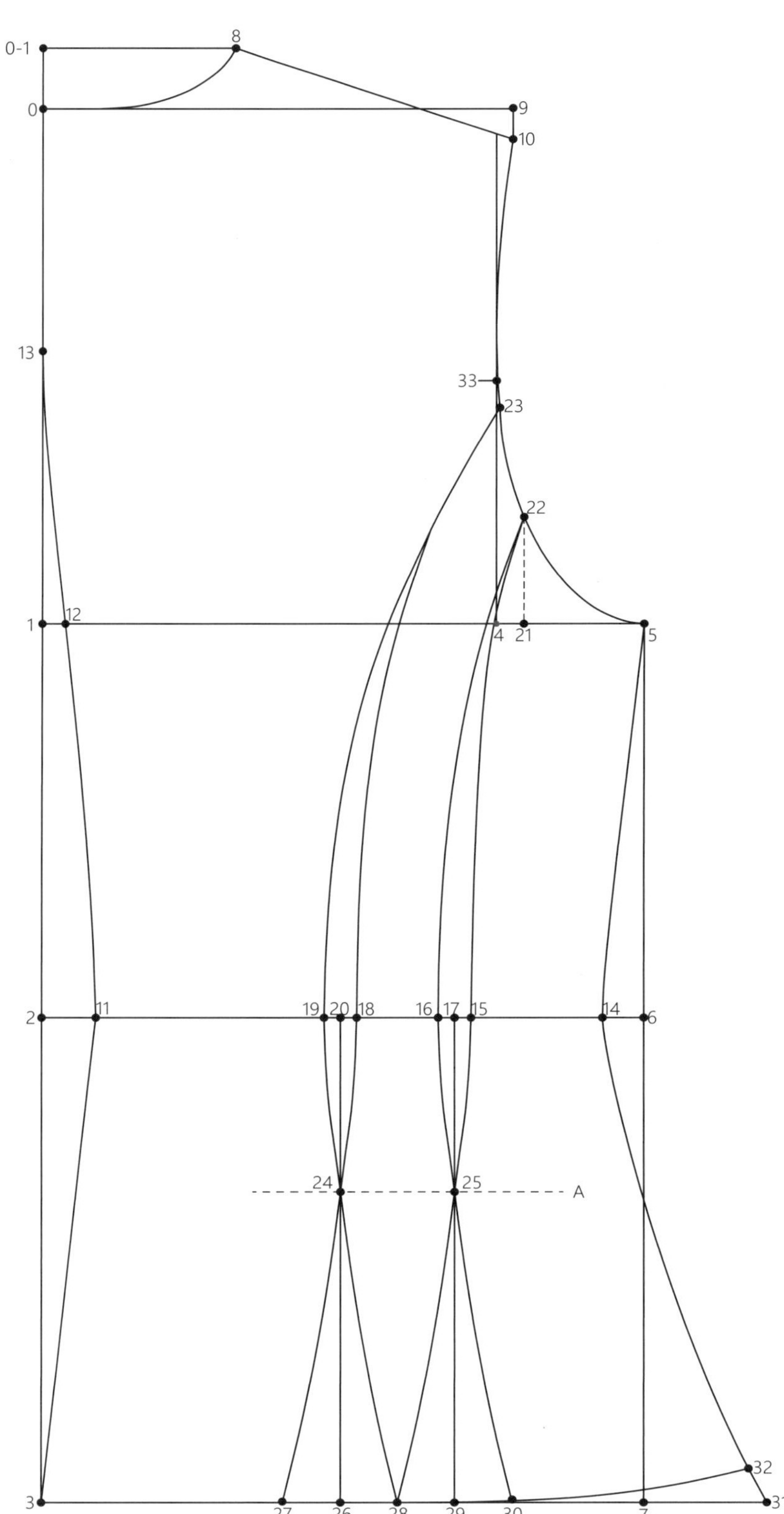

뒤판

0-1 진동 깊이 = 8 1/2"

0-2 등길이 = 15"

2-3 힙선 위치 = 8"

1-4 뒤품 = 7"

1-5 뒤판 가슴선 길이 = 9 1/4"

5-6 허리선 위치까지 수직선을 내림

6-7 힙선 위치까지 수직선을 내림

0 ~ 0-1 = 1", 0-1 ~ 8 = 3"

0-9 = 7 1/4"

9-10 = 1/2", 10-5 암홀 생성

2-11 = 7/8"

1-12 = 3/8"

13 = 0-1의 중심, 뒤 중심선 13-12-11-3 연결

6-14 = 5/8", 14-15 = 2"

15-16 = 5/8", 17 = 15-16의 중심

16-18 = 1 1/4", 18-19 = 1/2"

20 = 18-19의 중심, 4-21 = 1/2"

22 = 21에서 수직선을 올려 암홀과 만나는 지점

23 = 절개 선의 위치가 너무 위로 올라가지 않도록 위치를 정해주었다.

A = 허리선에서 밑으로 2 7/8" 평행이동한 가상의 선

24, 25 = 20, 17에서 A선까지 수직선을 내려 만나는 지점

26, 29 = 24, 25에서 밑단까지 수직선을 내려 만나는 지점

26-27, 26-28, 28-29, 29-30 = 7/8"

** 벌림 양이 동일해야 흐름이 안정적이다.

23-19-24-28, 23-18-24-27 연결

22-16-25-30, 22-15-25-28 연결

7-31 = 1 7/8"

14-31 연결

32 밑단 정리 = 14-32 선상 31에서 5/8" 떨어진 지점

14-32 곡라인은 16-30 곡라인과 유사하게 잡는다.

33 = 암홀선상 10에서 4" 떨어진 지점

신체

55사이즈

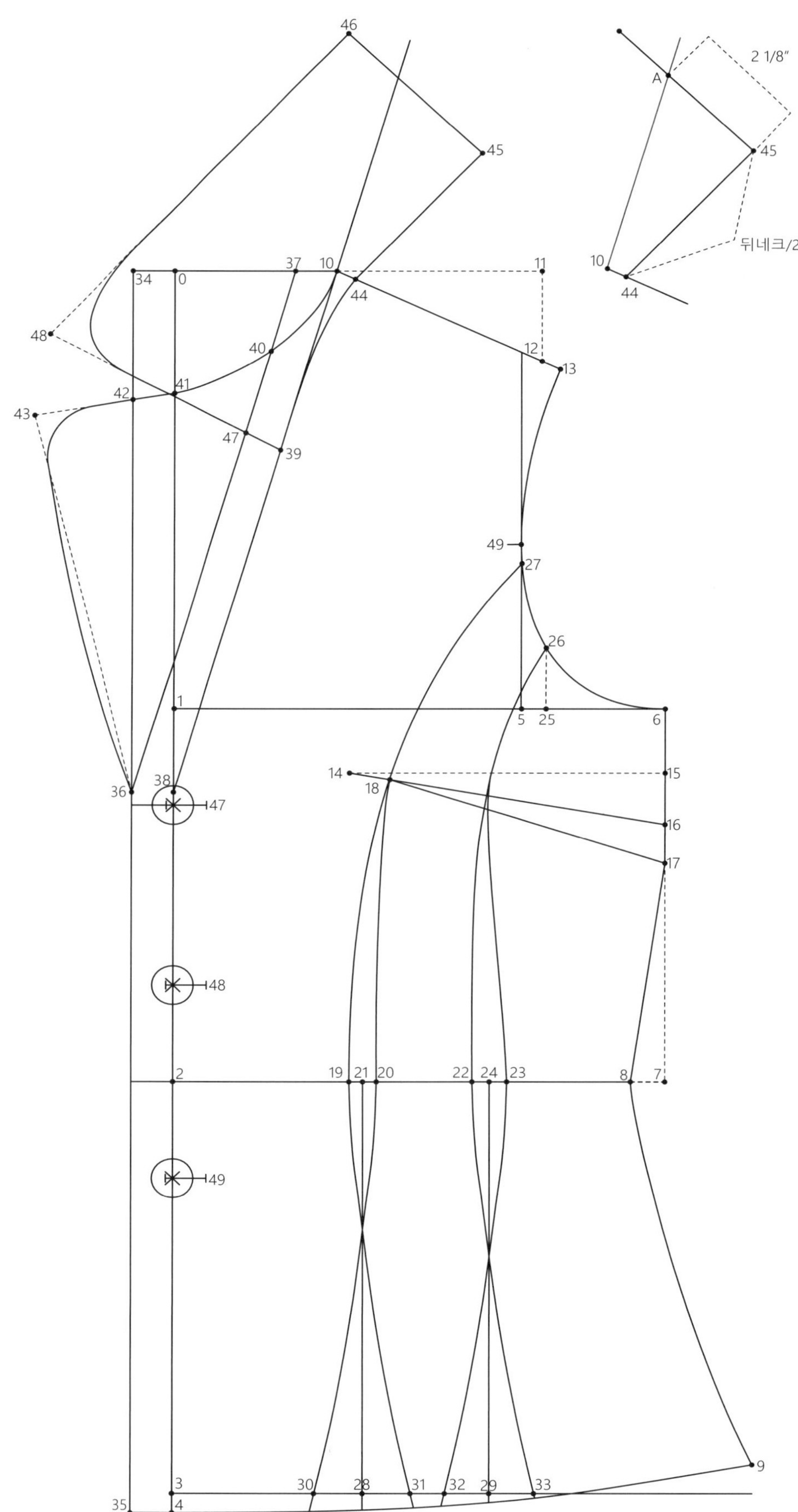

앞판

0-1 진동 깊이 = 8 1/2"

0-2 앞길이 = 15 3/4"

2-3 힙선 위치 = 8"

3-4 앞내림 = 3/8"

1-5 앞품 = 6 3/8"

1-6 앞판 가슴선 길이 = 9"

6-7 허리선 위치까지 수직선을 내림

7-8 = 5/8"

8-9 = 뒤판 옆선 커브 복사

4-9 밑단 자연스럽게 연결

0-10 = 3"

10-11 = 3 3/4"

11-12 = 1 3/4"

10-12 연결

13 = 10-12 연장선상 뒤판 어깨선의 길이와 같은 지점

13-6 암홀 생성

14 BP (유장 9 3/4, 유폭의 절반 3 1/4")

14-15 = 옆선까지 수평선 연결

15-16 = 1"

16-17 = 3/4"

14-16 연결

18 = 14-16 선상 3/4" 떨어진 지점, 18-17 연결

** 3/4" 이상 떨어지면 BP를 너무 벗어남으로 좋지 않다.

허리 다트

2-19 = 3 1/4"

19-20 = 1/2"

21 = 19-20의 중심

20-22 = 1 3/4"

22-23 = 5/8"

24 = 22-23의 중심

5-25 = 1/2"

26 = 25에서 수직선을 올려 암홀과 만나는 지점

27 = 암홀선상 노출이 적은 위치로 지정

28, 29 = 21,24에서 수직선을 내려 밑단까지 연결

28-30, 28-31, 29-32, 29-33 = 7/8"

27-18-19-31, 27-18-20-30 연결

26-22-33, 26-23-32 연결

(허리선 밑 절개선의 곡률은 뒤판과 동일하다.)

0-34 여밈 = 3/4"

35 = 34에서 앞 내림 위치까지 수직선을 내림

34-36 = 10 1/8"

10-37 = 3/4"

36-38 = 3/4"

36-37, 38-10 연결

39 = 10-38 선상 10에서 3 5/8" 떨어진 지점

40 = 36-37 선상 37에서 1 5/8" 떨어진 지점

0-41 = 2 3/8"

34-42 = 2 1/2"

10-40-41-42 네크라인 연결

43 = 41-42 기울기 선상 42에서 1 7/8" 떨어진 지점

43-36 라펠 연결 (라펠 포인트 둥글게)

44 = 어깨선상 10에서 3/8" 떨어진 지점

칼라 각도 생성

A점 = 보조 선과 만나는 지점

직각과 뒤 네크/2 조건을 유지하여 A점과 45점의 거리가 2 1/8" 가 되도록 칼라 각도 생성 (A-45-44)

45-46 = 3 3/8"

47 = 36-37 선상 37에서 3 1/4" 떨어진 지점

48 칼라 포인트 = 39-47 연장선과 46에 직각으로 뻗어나가는 연장선이 교차하는 지점 (모서리는 굴려줄 수 있다.)

45-46-48-39-10 연결

**

39-44 자연스럽게 연결

칼라 앞목 (39-44)을 몸판 10-39위치로 공그르기)

스펙

소매산 5 3/4"

소매기장 22"

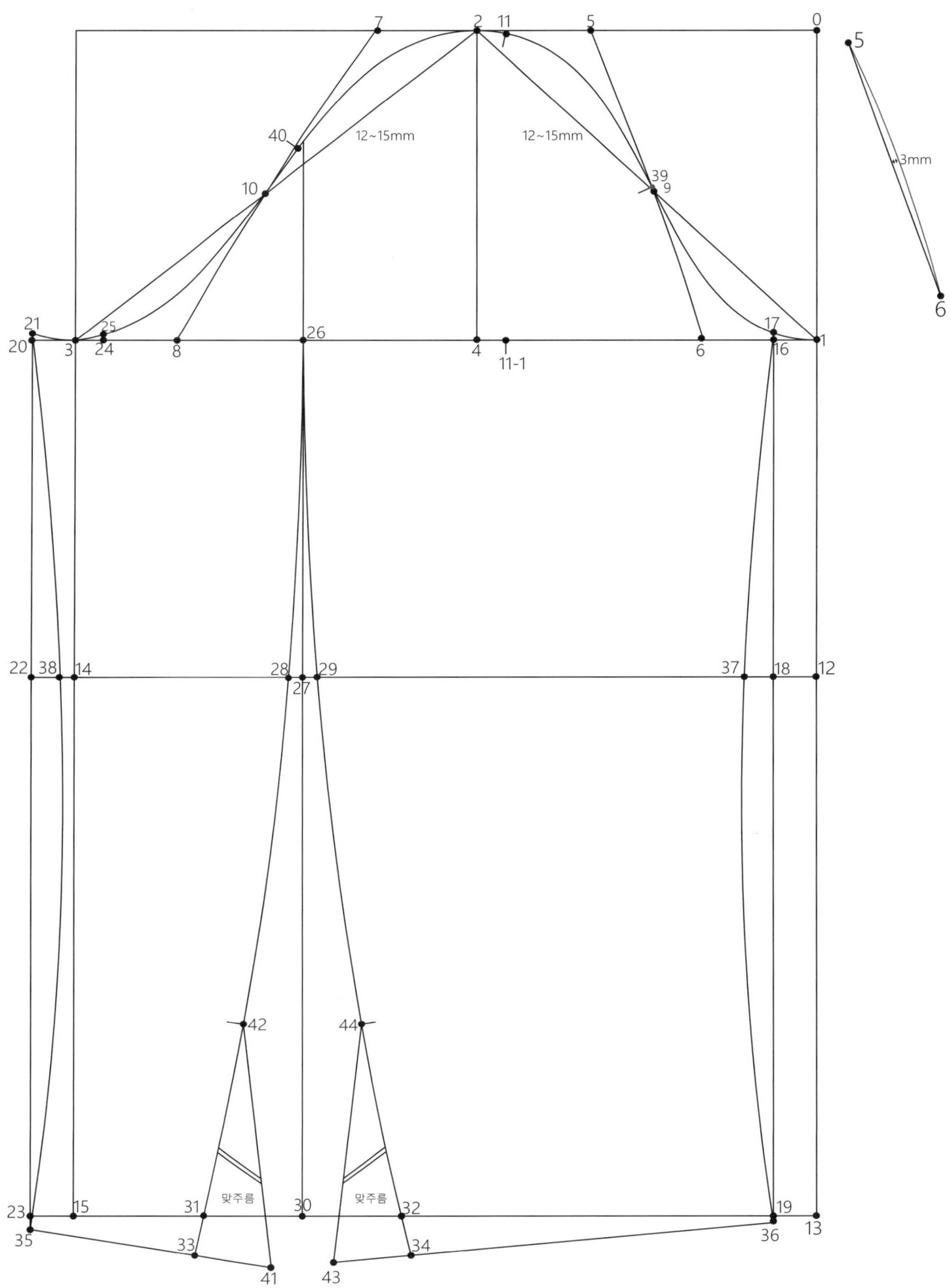

소매

0-1 소매산 = 암홀 둘레/3 = 약 5 3/4"

0점과 1점에서 수평선을 연장한다.

1-2 앞 보조선 = 앞 암홀 길이

2-3 뒤 보조선 = 뒤 암홀 길이 + 1/8"

4 = 2점에서 소매통선까지 수직선을 내림

2-5, 1-6 = 1-4의 3등분

2-7, 3-8 = 3-4의 4등분

5-6, 7-8 연결

앞, 뒤 보조선은 그림과 같이 3mm 정도 곡을 만들어준다.

9 = 5-6과 1-2의 교점

10 = 7-8과 2-3의 교점

9와 10 교점을 이용하여 소매 그리기

11 (중심너치) 2-11 = 1/2"

0-12 팔꿈치선 = 12"

0-13 총장 = 22"

12, 13점에서 소매통만큼 수평선 연장 = 14,15

1-16 = 3/4"

17 = 16에서 수직선을 위로 올려 소매 달림 선과 만나는 지점

18, 19 = 17에서 수직선을 내려 팔꿈치, 밑단 선과 만나는 지점

1-17-16-18-19-13-12-1 영역 뒤로 이동 = 3-21-20-22-23-15-14-3

4 ～ 11-1 = 1/2" (소매 중심너치이동으로 몸판 겨드랑점과 붙는 지점이 달라진다.)

소매통선상 3-24 = 1/2"

25 = 24에서 수직선을 올려 소매달림선과 만나는 지점

26 = 24 ～ 11-1의 중심

27 = 26에서 팔꿈치선까지 수직선을 내림

27-28, 27-29 = 1/4"

30 = 27에서 밑단까지 수직선을 내림

30-31, 30-32 = 1 3/4"

26-28-31, 26-29-32 연결

33, 34 = 좌우 아웃심 선의 경사를 유지하며 31, 32에서 3/4" 연장

35 = 23에서 수직으로 1/4" 내림

36 = 19에서 수직으로 1/8" 내림

33-35, 34-36 연결

18-37, 22-38 = 5/8"

21-38-35, 17-37-36 연결

11-39 앞 너치 = (앞판 패턴 13-49 + 12～15mm 이즈)

11-40 뒤 너치 = (뒤판 패턴 10-33 + 12～15mm 이즈)

맞주름 생성

41, 43 = 35-33, 36-34 연장선상 1 3/8" 연장

42, 44 = 아웃심 33, 34 선상 4 3/8" 떨어진 지점

42-41-33 연결

44-43-34 연결

**

아웃 심의 위치를 겨드랑이 안쪽으로 움직여 노출을 피해줄 수 있다.

소맷단의 맞주름은 일정량을 잡아주게 되면 팔목의 여유가 생겨 편안하다.

암홀 둘레/3으로 소매산의 높이를 잡는다는 것은 정소매산보다 높이가 낮을 가능성이 높다. 소매 또한 약간 팔이 들려있는 상태로 달리게 되는데 중력으로 다시 쳐지게 될 때 인심이 꺾어지는 현상이 나타난다. 소매통은 확보해야 되고 인심이 꺾어지는 모양이 보기 좋지 않다면 암홀 하단이랑 박히는 소매 부근에 이즈를 넣어주면 볼륨이 약간 생기면서 인심이 꺾어져 보다 자연스럽게 꺾어져 보일 수 있다. 그러나 소매하단 이즈의 볼륨은 소매가 날렵해 보이지 않을 수 있다.

신체

55사이즈

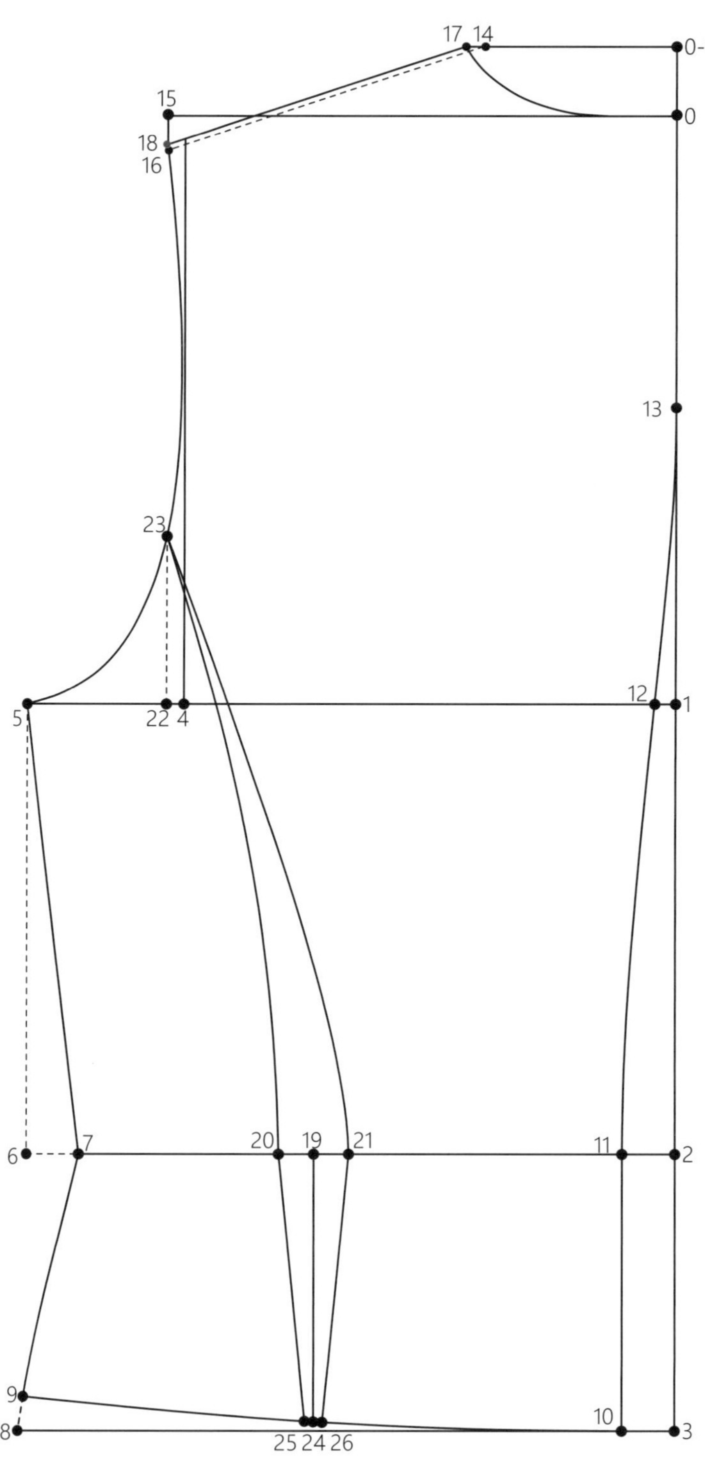

뒤판

0-1 진동 깊이 = 8 1/2"

0-2 등길이 = 15"

2-3 = 4"

1-4 뒤품 = 7"

1-5 뒤판 가슴선 길이 = 9 1/4"

5-6 허리선 위치까지 수직선을 내림

6-7 = 3/4"

3-8 = 9 3/8"

7-8 연결

8-9 밑단 정리 = 1/2"

3-9 밑단 자연스럽게 연결

3-10 = 3/4"

2-11 = 3/4"

1-12 = 1/4"

13 = 0-1의 중심

뒤 중심 10-11-12-13 연결

7-19 = 3 3/8"

19-20, 19-21 = 1/2"

4-22 = 1/4"

23 = 22에서 수직선을 올려 암홀과 만나는 지점

24 = 19에서 수직선을 내려 밑단과 만나는 지점

밑단 선상 24-25, 24-26 = 1/8"

23-20-25, 23-21-26 연결

**

사이바절개선은 팔을 내렸을 때 가려지도록 너무 위로 올려 잡지 않는다.

좌우 사이바 절개선 곡률의 차이가 심하면 이즈가 많이 들어가므로 조정이 필요할 수 있다.

앞판 사이바의 경우는 이즈를 BP 쪽으로 처리해 주는 것이 자연스럽다.

신체

55사이즈

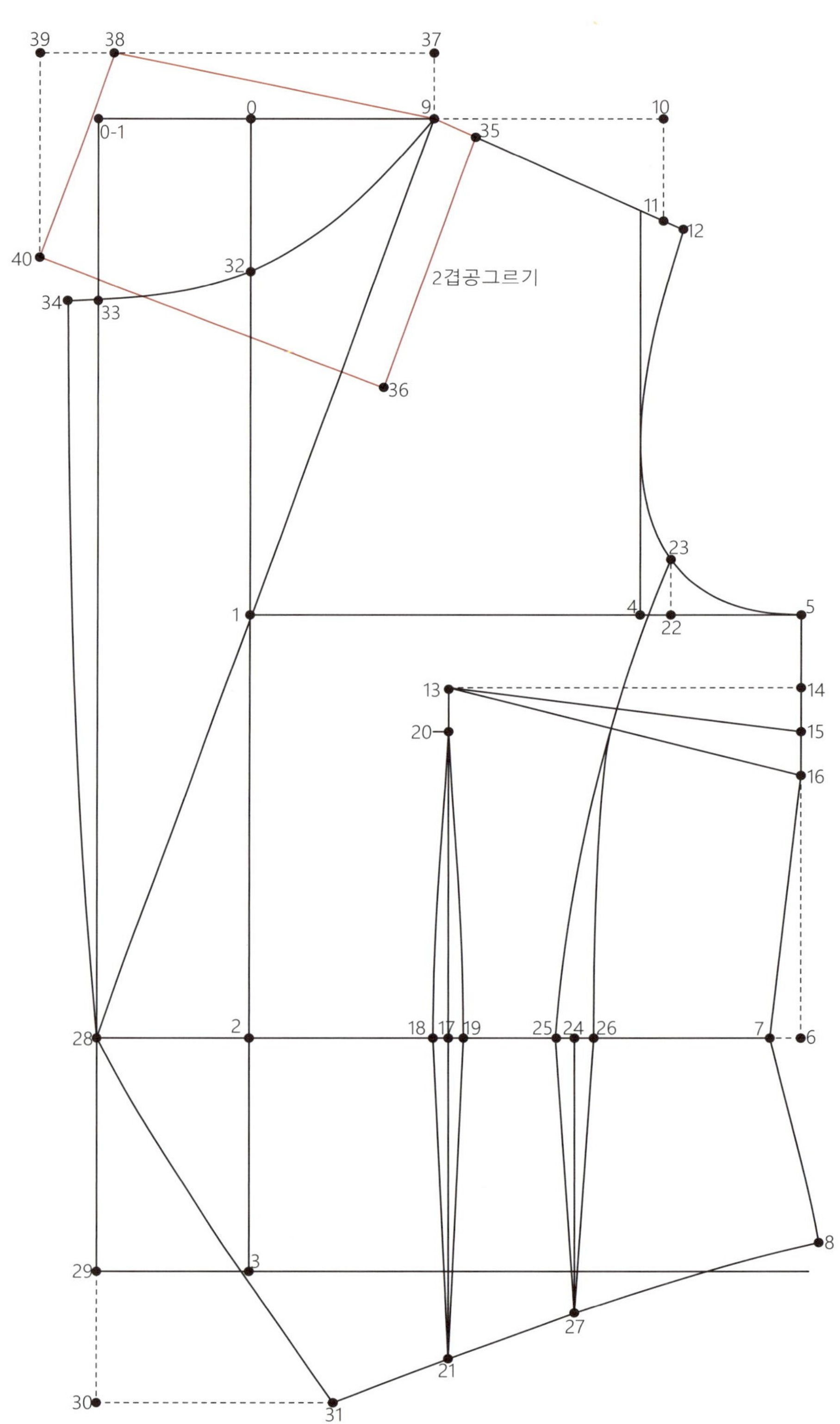

앞판

0-1 진동 깊이 = 8 1/2"

0-2 앞길이 = 15 3/4"

2-3 = 4"

1-4 앞품 = 6 3/8"

1-5 앞판 가슴선 길이 = 9"

5-6 허리선 위치까지 수직선을 내림

6-7 = 1/2"

7-8 = 뒤판 옆선 커브 그대로 복사

0-9 = 3"

9-10 = 3 3/4"

10-11 = 1 3/4"

9-11 연결

12 = 9-11 연장선상 뒤판 어깨선의 길이와 같은 지점

12-5 암홀 생성

13 BP (유장 9 3/4, 유폭의 절반 3 1/4")

13-14 옆선까지 수평선 연장

14-15 = 3/4"

15-16 = 3/4"

13-15, 13-16 다트 연결

17 = 13에서 수직선을 내려 허리 선과 만나는 지점

17-18, 17-19 = 1/4"

20 = 13에서 수직으로 3/4" 내려간 지점

17-21 = 5 1/2"

20-18-21, 20-19-21 연결

4-22 = 1/2"

23 = 22에서 수직선을 올려 암홀과 만나는 지점

17-24 = 2"

24-25, 24-26 = 8mm

24-27 = 4 3/4"

23-25-27, 23-26-27 연결

2-28 = 2 1/2"

3-29 = 2 1/2"

29-30 = 2 1/4"

30-31 = 3 7/8"

28-31-21-27-8 자연스럽게 연결

0 ~ 0-1, 2-28, 3-29 여밈 = 2 1/2"

0-32 = 2 5/8"

0-1 ~ 33 = 3 1/8"

9-32-33 네크라인 연결

33-34 (33에서 네크와 자연스럽도록 연장) = 1/2"

34-28 연결

어깨선상 9-35 = 3/4"

35에서 9-28 기울기로 35-36의 거리가 4 1/2" 되도록 36 생성

9-37 = 1 1/8"

37-38 = 5 1/4"

38-39 = 1 1/4"

39-40 = 3 1/2"

38-40-36-35-9-38 칼라 연결

칼라 35-36 라인 = 2겹 공그르기

스펙

소매산 5 7/8"

소매기장 22"

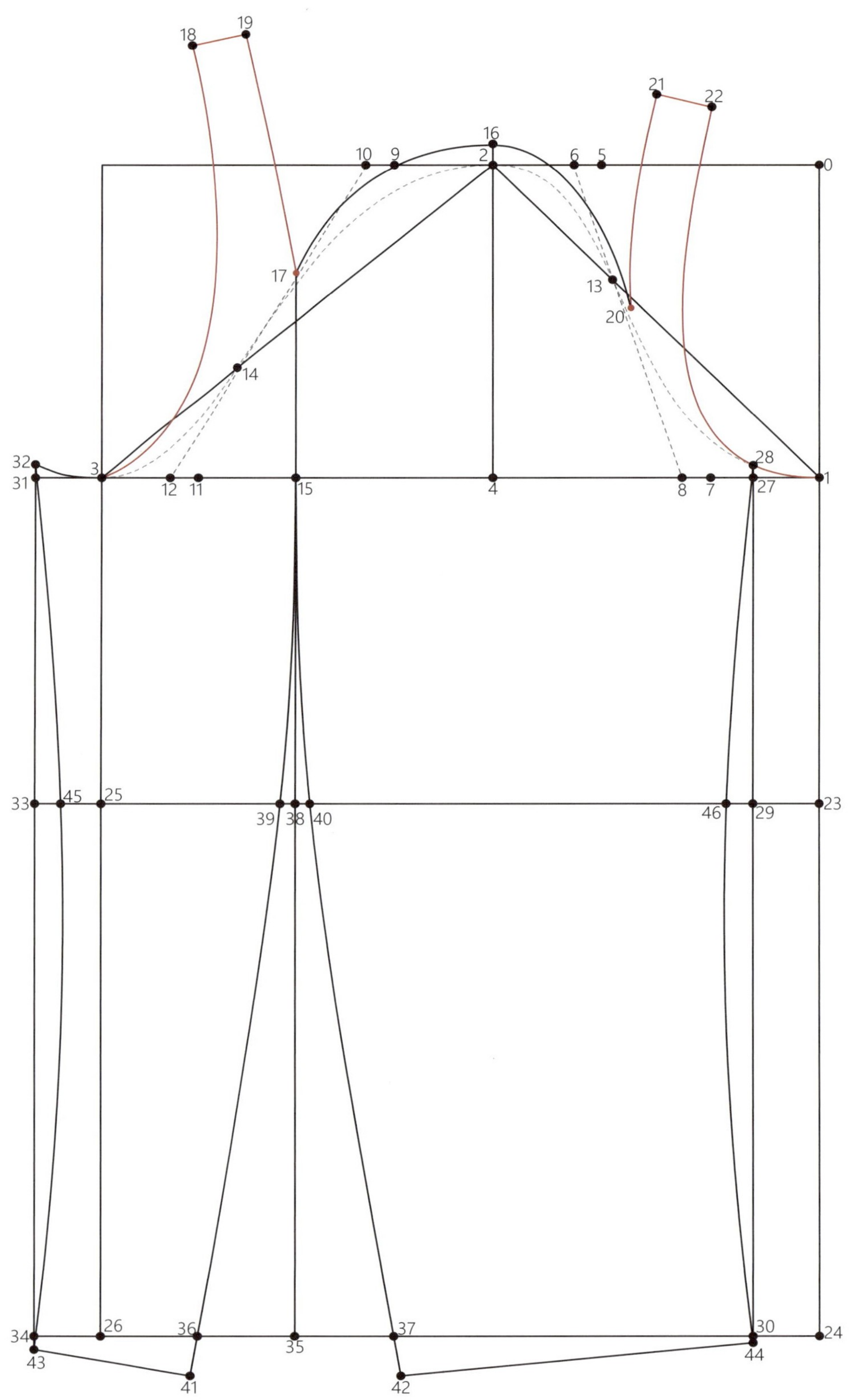

소매

0-1 소매산 = 암홀 둘레/3 = 약 5 7/8"

0점과 1점에서 수평선을 연장한다.

1-2 앞 보조선 = 앞 암홀 길이

2-3 뒤 보조선 = 뒤 암홀 길이 + 1/8"

4 = 2점에서 소매통선까지 수직선을 내림

2-5, 1-7 = 1-4의 3등분

2-9, 3-11 = 3-4의 4등분

5, 7, 9, 11 좌측으로 1/2" 이동 = 6, 8, 10, 12

6-8, 12-10 연결

13 = 1-2와 6-8의 교점

14 = 2-3과 10-12의 교점

13, 14 교점을 이용하여 소매달림선 그리기

15 = 3-4의 중심

2-16 = 3/8"

다음 조건을 만족하도록 17, 18, 19의 위치를 잡는다.

17점 = 15를 기준으로 Y축 선상에 존재

17-16 소매달림선 재생성

3-18 = 뒤판 암홀 길이

18-19 = 1"

17-19 = 17-16

다음 조건을 만족하도록 20, 21, 22의 위치를 잡는다.

1-22 = 앞판 암홀 길이

21-22 = 1"

16-20 = 20-21

0-23 팔꿈치선 = 12"

0-24 총장 = 22"

23, 24점에서 소매통 폭만큼 수평선 연장 = 25, 26

1-27 = 1 1/8"

28 = 27에서 수직선을 올려 소매달림선과 만나는 지점

29, 30 = 27에서 팔꿈치, 밑단선까지 수직선을 내려 만나는 지점

1-28-27-29-30-24-23-1 〉 3-32-31-33-34-26-25-3 이동

35 = 15에서 수직선을 내려 밑단과 만나는 지점

35-36, 35-37 = 1 3/4"

38 = 15에서 수직선을 내려 팔꿈치 선과 만나는 지점

38-39, 38-40 = 1/4"

17-15-39-36, 17-15-40-37 연결

41, 42 = 좌우 아웃심 선의 경사를 유지하며 36, 37에서 3/4" 연장

34-43 = 1/4"

30-44 = 1/8"

43-41, 44-42 연결

33-45, 29-46 = 1/2"

32-45-43, 28-46-44 연결

신체

66사이즈

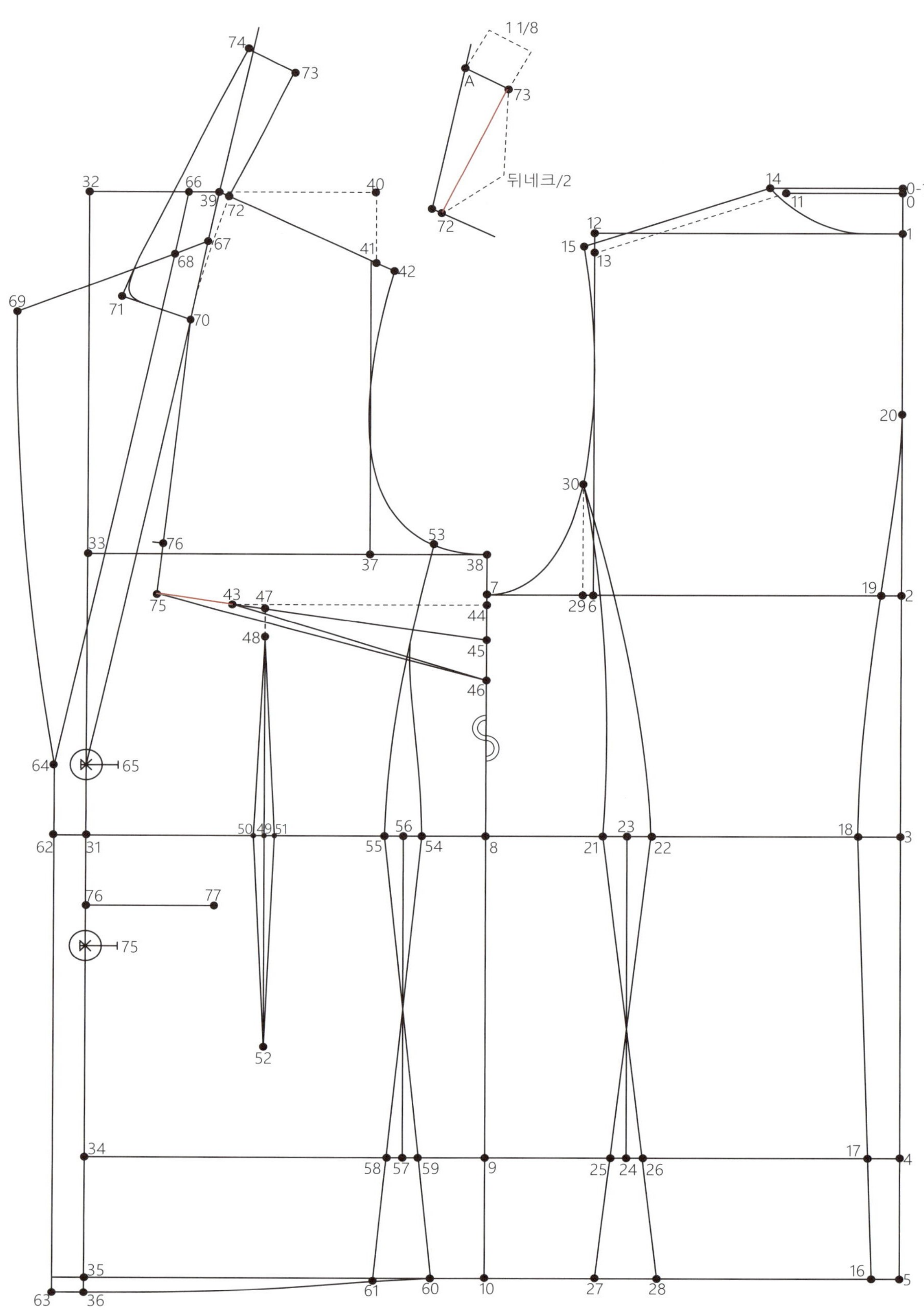

뒤판

1-2 진동 깊이 = 9

1-3 등길이 = 15"

3-4 = 8"

4-5 = 3"

2-6 뒤품 = 7 1/4"

2-7 뒤판 가슴선 길이 = 9 3/4"

7-8-9-10 수직선을 내려 밑단까지 연결

1-0 = 1"

0-11 = 2 3/4"

1-12 (55 어깨너비) = 7 1/4"

12-13 = 1/2"

11-13 연결

0 ~ 0-1 = 1/8"

0-1 ~ 14 = 3 1/8"

11-13 어깨선을 14점에 맞춰 평행이동

15 = 평행이동된 어깨선을 기준으로 14에서 4 5/8" 나간 지점

15-7 암홀 생성

5-16 = 5/8"

4-17 = 3/4"

3-18 = 1"

2-19 = 1/2"

20 = 1-2의 중심

16-17-18-19-20 뒤 중심선 연결

8-21 = 2 3/4"

21-22 = 1 1/8"

23 = 21-22 중심

24 = 23에서 수직선을 내려 힙선과 만나는 점

24-25, 24-26 = 3/8"

27, 28 = 절개선 기울기를 유지하며 절개선을 밑단까지 연장

6-29 = 1/4"

30 = 29에서 수직선을 올려 암홀과 만나는 지점

30-21-26-28, 30-22-25-27 연결

앞판

8-31 = 9 1/2"

31-32 앞길이 = 16"

32-33 진동 깊이 = 9"

31-34 힙선 위치 = 8"

34 - 35 = 3"

35-36 앞 내림 = 3/8"

33-37 앞품 = 6 3/4"

33-38 = 9 1/2"

32-39 앞목 너비 3 1/8"

어깨 경사

39-40 = 3 3/4"

40-41 = 1 3/4"

39-41 연결

39-41 연장선상 뒤 어깨선 길이에 맞춰 42 생성

42-38 암홀 생성

43 = BP (유장 10 1/4", 유폭의 절반 3 1/2")

(유장에 여유가 있다.)

44 = 43에서 수평선을 옆선까지 연장

44-45 = 7/8"

45-46 = 1"

43-45, 43-46 허리 다트 연결

47 = 43-45 선상 43에서 3/4" 떨어진 지점

47-48(수직) = 3/4"

49 = 48에서 수직선을 내려 허리선과 만나는 지점

49-50, 49-51 = 1/4"

49-52 = 5 1/4"

48-50-52, 48-51-52 연결

53 = 암홀 선상 38에서 1 1/4" 떨어진 지점

8-54 = 1 1/2", 54-55 = 7/8"

56 = 54-55의 중심

57 = 56에서 수직선을 내려 힙선과 만나는 지점

신체

66사이즈

74
73
1 1/8
A
73
뒤네크/2
72
32
66
39
72
40
67
68
41
42
71
70
69
14
0-1
0
11
12
15
13
1
20
30
53
33
76
37
38
7
19
2
29
6
75
43
47
44
45
46
48
S
64
65
50 49 51
56
55
54
8
23
21
22
18
3
62
31
76
77
75
52
34
58
57
59
9
25
24
26
17
4
35
36
63
61
60
10
27
28
16
5

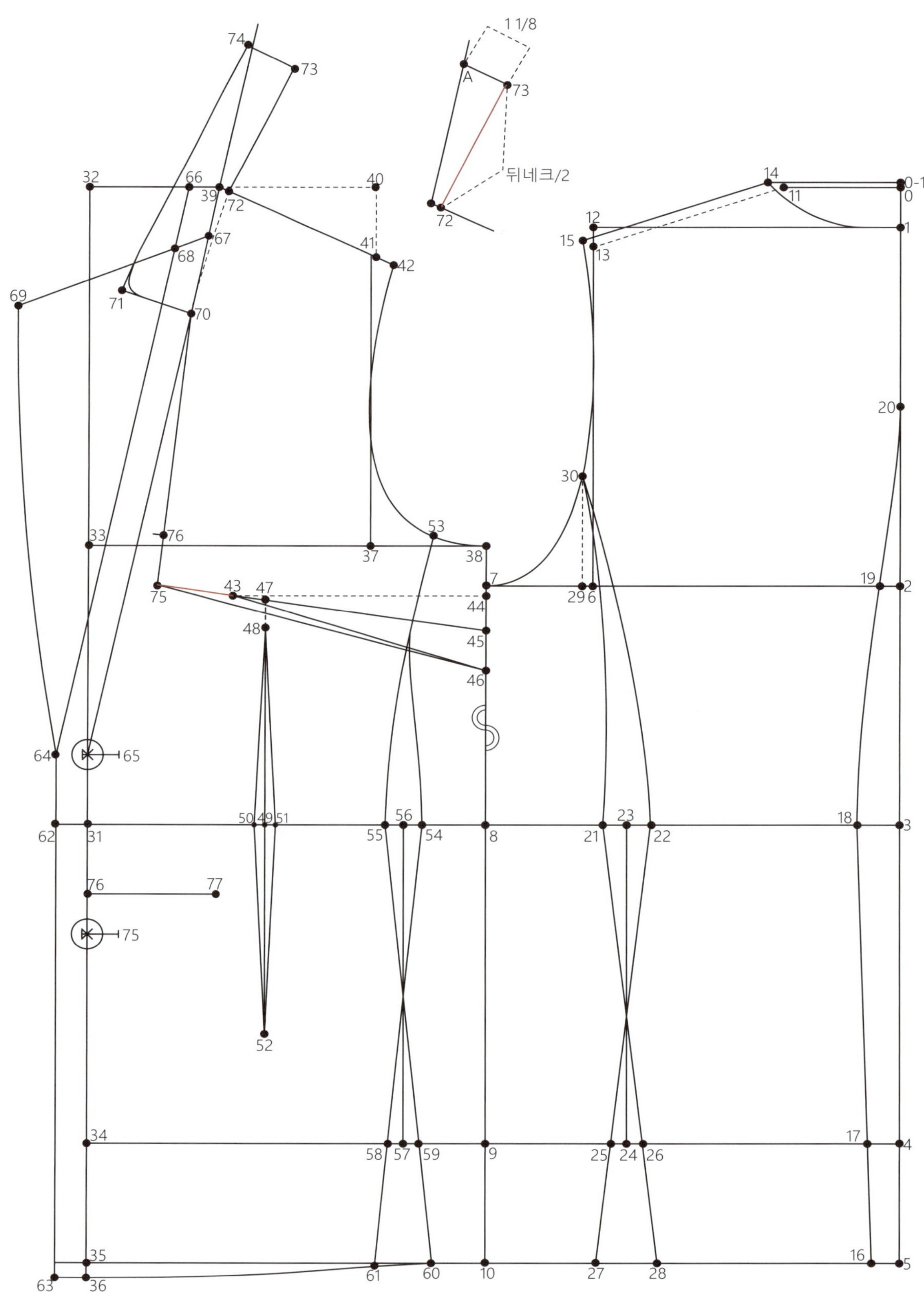

57-58, 57-59 = 3/8"

60, 61 = 절개선의 기울기를 유지하며 밑단까지 연장

31-62, 36-63 여밈 = 3/4"

62-64 = 1 3/4"

64-65 첫 번째 단추 = 3/4"

39-66 = 3/4"

64-66 연결

39-65 연결

67 = 39-65 선상 39에서 1 1/4" 떨어진 지점

68 = 66-64 선상 66에서 1 1/2" 떨어진 지점

67-68 연결

69 = 67-68 연장선상 68에서 4" 떨어진 지점

69-64 라펠 그리기

70 = 39-65 선상 39에서 3 1/4" 떨어진 지점

71 = 70-65 선상 70에 직각을 맞춰 1 3/4" 떨어진 지점

72 = 어깨선상 39에서 1/4" 떨어진 지점

칼라 각도 생성

A점 = 보조 선과 만나는 지점

직각과 뒤 네크/2 조건을 유지하여 A점과 73점의 거리가 1 1/8"가 되도록 칼라 각도 생성 (A-73-72)

73-74 = 1 1/4"

칼라 70-71-74-73-72-70 연결

칼라 70-72 라인 - 2겹 공그르기

75 =단추 2 = 65에서 4 1/2" 내려간 지점

주머니 위치 가이드 포인트 생성

75-76 = 1"

76-77 = 3 1/8"

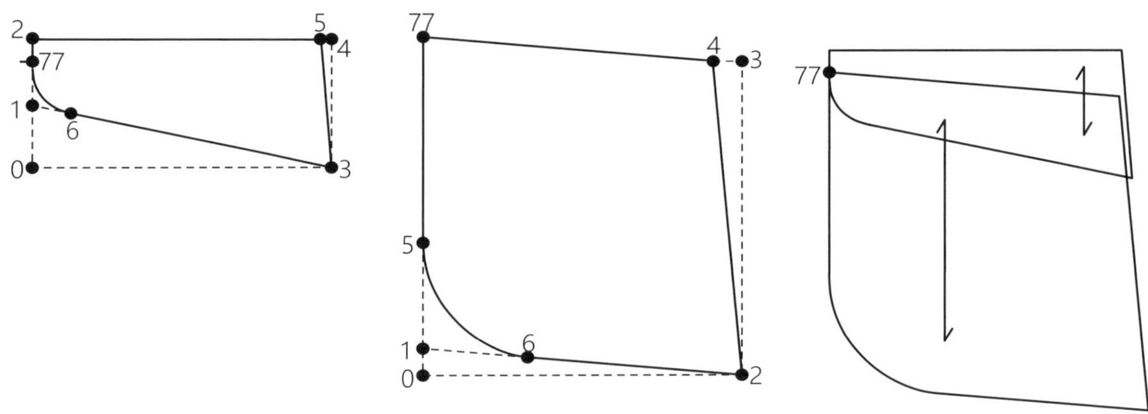

뚜껑 주머니

0-1= 1 3/8"

1-2 = 1 1/2"

0-3 = 6 1/2"

3-4 = 2 7/8"

4-5 = 1/4"

1-3 연결

6 = 1-3 선상 7/8" 떨어진 지점

2-77 = 1/2"

77 = 몸판 패턴 주머니 가이드 포인트

2-77-6-3-5 주머니 연결

아웃 포켓

0-1 = 5/8"

0-2 = 6 3/4"

2-3 = 7"

3-4 = 5/8"

1-77 = 7"

1-5 = 2 3/8"

1-2 연결

6 = 1-2 선상 1에서 2 1/4" 떨어진 지점

77-5-6-2-4 연결

**소매는 저자의 기본 두장소매 방식으로 제도한다.

신체

55사이즈

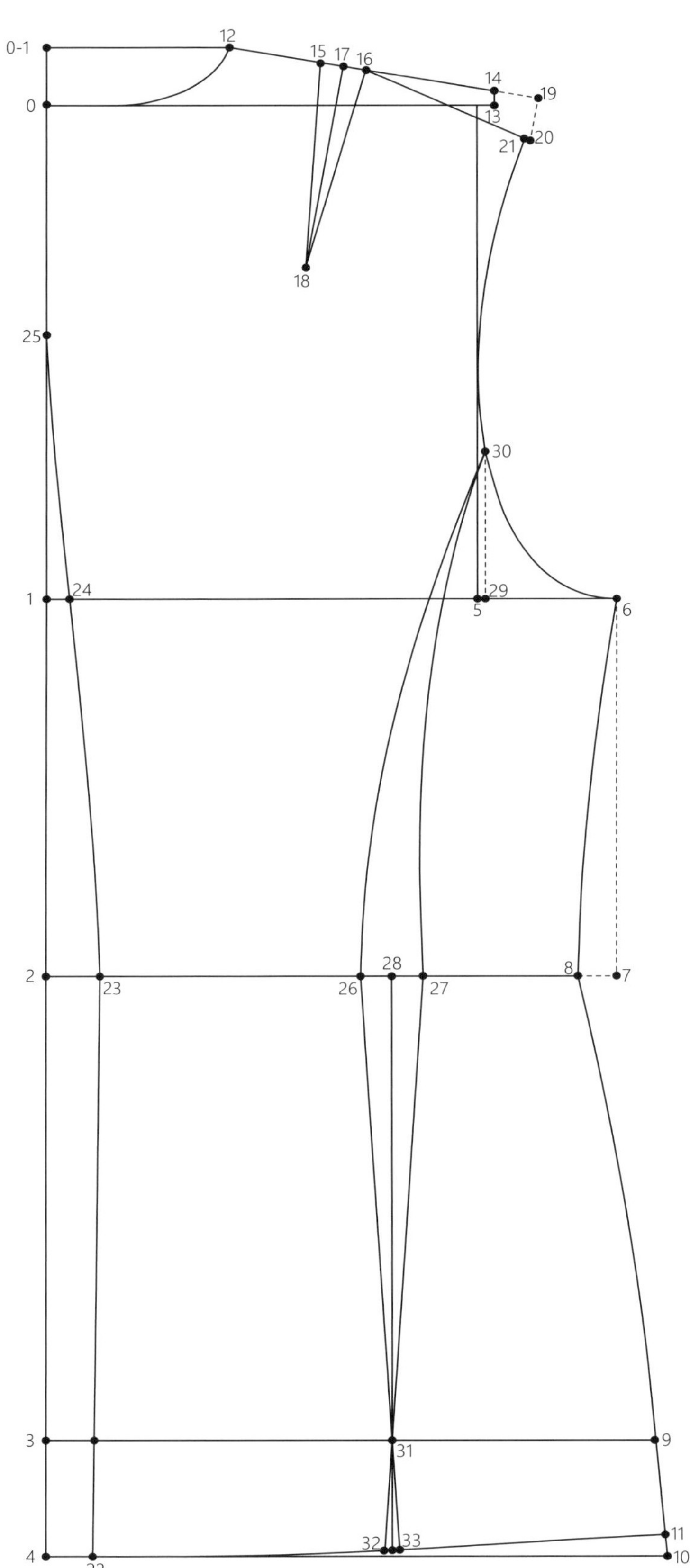

뒤판

0-1 진동 깊이 = 8 1/2"

0-2 등길이 = 15"

2-3 힙선 위치 = 8"

3-4 = 2", 1-5 뒤품 = 7"

1-6 뒤판 가슴선 길이 = 9 1/4"

6-7 = 수직선을 허리선 위치까지 내림

7-8 = 5/8", 3-9 = 9 7/8", 8-9 연결

10 = 8-9의 기울기 연장선상 9에서 밑단선까지 연장

11 밑단 정리 = 8-10 선상 10에서 3/8" 떨어진 지점

0 ~ 0-1 = 1" , 0-1 ~ 12 = 3"

0-13 = 7 1/4"

13-14 = 1/4", 12-14 연결

15 = 12-14 선상 12에서 1 1/2" 떨어진 지점

어깨선상 15-16 = 3/4"

17 = 15-16의 중심

17-18(직각) = 3 1/2", 15-18, 16-18 연결

19 = 어깨선상 14에서 3/4" 연장

20 = 14-19 선상 19에 직각을 맞춰 3/4" 연장

16-20 연결

21 = 16-19 길이에 맞춰 16-20 선상 21 생성

21-6 암홀 생성

4-22 = 3/4", 2-23 = 7/8"

1-24 = 3/8", 25 = 0-1의 중심

22-23-24-25 연결

23-26 = 4 1/4"

26-27 = 1"

28 = 26-27의 중심

5-29 = 1/8"

30 = 29에서 수직선을 올려 암홀과 만나는 지점

31 = 28에서 힙선까지 수직선을 내림

30-26-31, 30-27-31 연결

32, 33 = 31에서 절개 선의 기울기를 유지하며 밑단까지 연장

신체

55사이즈

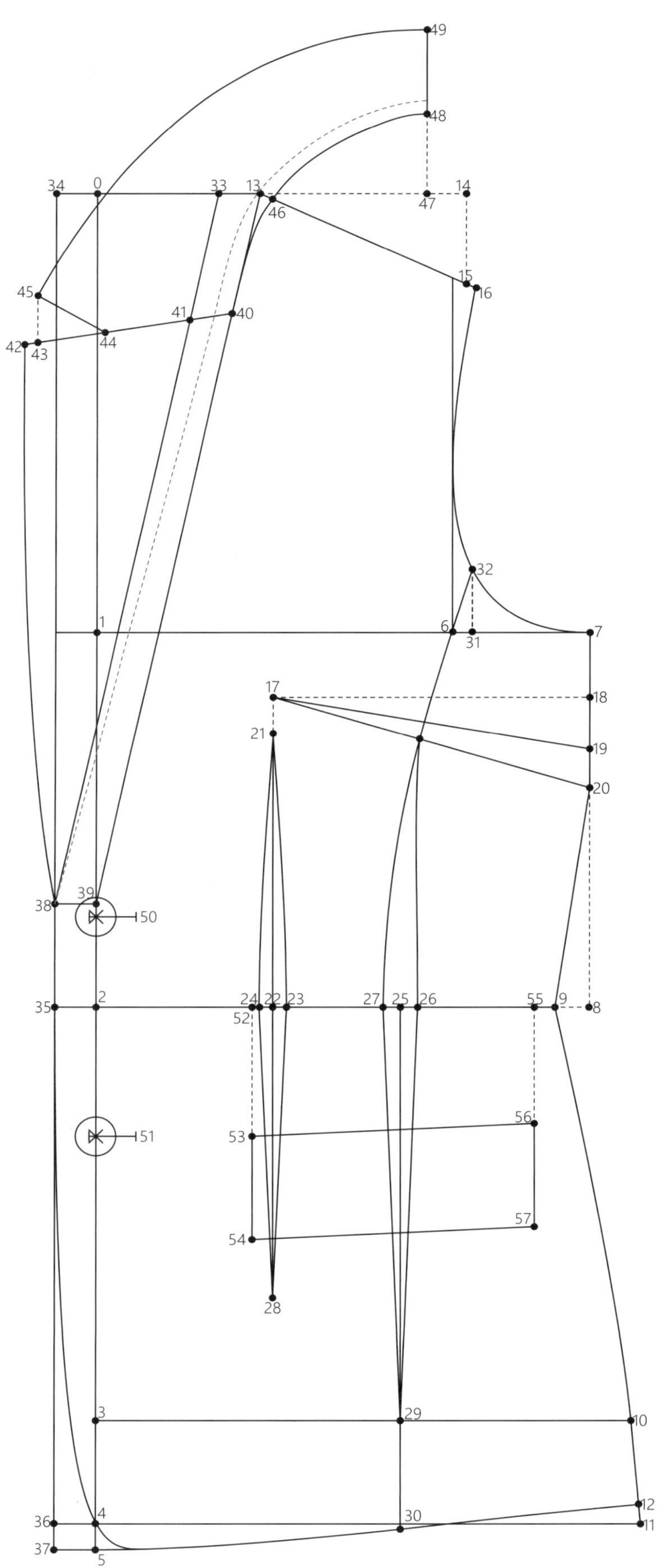

앞판

0-1 진동 깊이 = 8 1/2"

0-2 앞길이 = 15 3/4"

2-3 = 8"

3-4 = 2"

4-5 앞내림 = 1/2"

1-6 앞품 = 6 1/2"

1-7 앞판 가슴선 길이 = 9"

8 = 7에서 허리선까지 수직선을 내림

8-9 = 5/8"

3-10 = 9 3/4"

9-10 연결

11 = 9-10 선상 10에서 밑단까지 연장

12 밑단 정리 = 9-11 선상 11에서 3/8" 떨어진 지점

0-13 = 3"

13-14 = 3 3/4"

14-15 = 1 3/4"

13-15 연결

16 = 13-15 연장선상 뒤 어깨선의 길이와 같은 지점

16-7 암홀 생성

17 BP (유장 9 3/4", 유폭의 절반 3 1/4")

18 = 17에서 옆선까지 수평선 연장

18-19 = 1"

19-20 = 3/4"

17-19, 17-20 다트 연결

21 = 17에서 수직으로 3/4" 내려간 지점

22 = 17에서 수직으로 허리선까지 내린 지점

22-23, 22-24 = 1/4"

23-25 = 2"

25-26, 25-27 = 8mm

22-28 = 5 5/8"

29, 30 = 25에서 힙선, 밑단선까지 수직선을 내림

6-31 = 3/8"

32 = 31에서 수직선을 올려 암홀과 만나는 지점

32-27-29, 32-26-29 연결

13-33 = 3/4"

0-34, 2-35, 4-36, 5-37 = 3/4"

35-38 라펠 끝 = 2"

38-39 = 3/4"

33-38, 13-39 연결

40 = 13-39 선상 13에서 2 3/8" 떨어진 지점

41 = 33-38 선상 33에서 2 1/2" 떨어진 지점

42 = 40-41 기울기 선상 40에서 3 7/8" 떨어진 지점

43 = 40-42 선상 42에서 1/4" 떨어진 지점

44 = 40-42 선상 42에서 1 1/2" 떨어진 지점

45 = 43에서 수직으로 7/8" 올림

46 = 어깨선상 13에서 1/4" 떨어진 지점

13-47 = 3"

47-48 = 1 1/2"

48-46-40 자연스럽게 연결

48-49 = 1 5/8"

45-49 자연스럽게 연결

50 = 단추 1 = 39에서 1/4" 내려간 지점

51 = 단추 2 = 50에서 4 1/4" 내려간 지점

뚜껑 주머니

24-52 = 1/8"

52-53 = 2 1/2"

53-54 = 2"

9-55 = 3/8"

55-56 = 2 1/4", 56-57 = 2"

53-54-57-56 주머니 연결

밑단

점 4를 지나도록 굴림을 만들어주었다.

**가슴다트는 다트정리 후 옆선을 다시 부드럽게 그려주기 전 단계
까지만 제도에 표현하였다.

스펙

소매산 5 3/4"

소매기장 22"

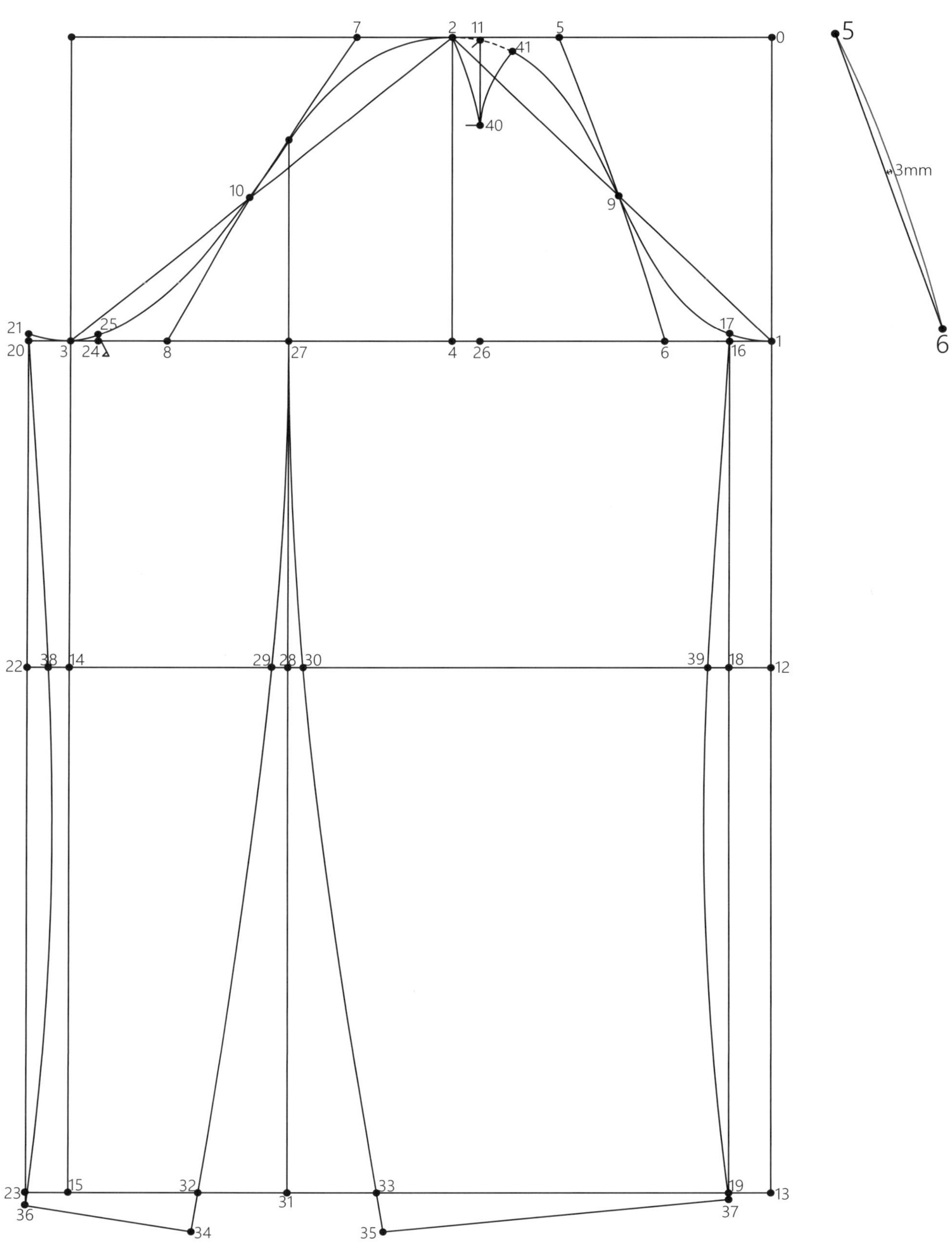

소매

0-1 소매산 = 암홀 둘레/3 = 약 5 3/4"

0점과 1점에서 수평선을 연장한다.

1-2 앞 보조선 = 앞 암홀 길이

2-3 뒤 보조선 = 뒤 암홀 길이

3-24 = 1/2"

25(너치) = 24에서 수직선을 올려 소매달림선과 만나는 지점

4-26 = 1/2"

27 = 24와 26의 중심

28 = 27에서 팔꿈치선까지 수직선을 내림

4 = 2점에서 소매통선까지 수직선을 내림

2-5, 1-6 = 1-4의 3등분

2-7, 3-8 = 3-4의 4등분

5-6, 7-8 연결

앞, 뒤 보조선은 그림과 같이 3mm 정도 곡을 만들어준다.

28-29, 28-30 = 1/4"

31 = 28에서 밑단선까지 수직선을 내림

31-32, 31-33 = 1 5/8"

27-29-32, 27-30-33 연결

34, 35 = 아웃심 선의 경사를 유지하며 32, 33에서 3/4" 연장

9 = 5-6과 1-2의 교점

10 = 7-8과 2-3의 교점

9와 10 교점을 이용하여 소매 그리기

36 = 23에서 수직으로 1/4" 내림

37 = 19에서 수직으로 1/8" 내림

36-34, 37-35 연결

18-39, 22-38 = 5/8"

21-38-36, 17-39-37 연결

2-11 = 1/2"

0-12 팔꿈치선 = 12"

0-13 소매기장 = 22"

12, 13점에서 소매통 폭만큼 수평선 연장 = 14, 15

1-16 = 3/4"

11-40(수직) = 1 5/8"

11-41 (소매 달림 선상) = 5/8"

2-40, 40-41 연결

17 = 16에서 수직선을 위로 올려 소매달림선과 만나는 지점

18, 20 = 17에서 수직선을 내려 팔꿈치, 밑단 선과 만나는 지점

1-17-16-18-19-13-12-1 영역 뒤로 이동 = 3-21-20-22-23-15-14-3

**

다트의 폭과 길이는 이즈 감소와 적절한 볼륨을 기준으로 설정하였다.

신체

55사이즈

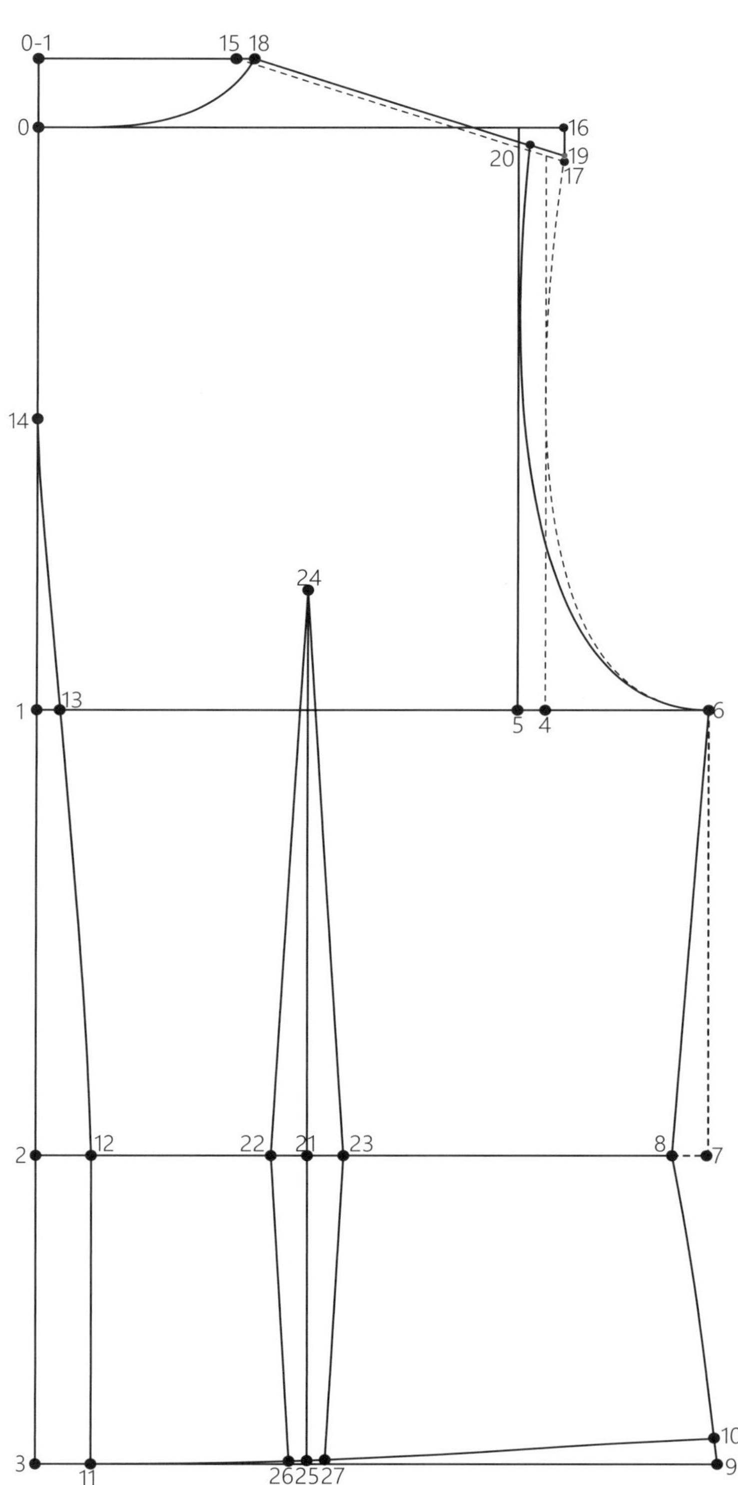

뒤판

0-1 진동 깊이 = 8 1/2"

0-2 등길이 = 15"

2-3 = 4 1/2"

1-4 뒤품 = 7"

1-5 뒤품 변경 = 6 5/8"

1-6 뒤판 가슴선 길이 = 9 1/4"

6-7 허리선까지 수직선을 내림

7-8 = 1/2"

3-9 = 9 3/8"

8-9 연결

9-10 밑단 정리 = 3/8"

3-10 밑단 자연스럽게 연결

3-11, 2-12 = 3/4"

1-13 = 1/4"

14 = 0-1의 중심

뒤 중심 11-12-13-14 연결

0 ～ 0-1 = 1"

0-1 ～ 15 = 2 3/4"

0-16 = 7 1/4"

16-17 = 1/2"

15-17 연결

0-1 ～ 18 = 3"

18점을 기준으로 15-17 평행이동 18-19 = 4 1/2"

20 = 18-19 선상 19에서 1/2" 떨어진 점

20-6 암홀 생성

12-21 = 3"

21-22, 21-23 = 1/2"

21-24 = 8 1/4"

25 = 21에서 수직선을 내려 밑단과 만나는 지점

25-26, 25-27 = 1/4"

허리 다트 연결

신체

55사이즈

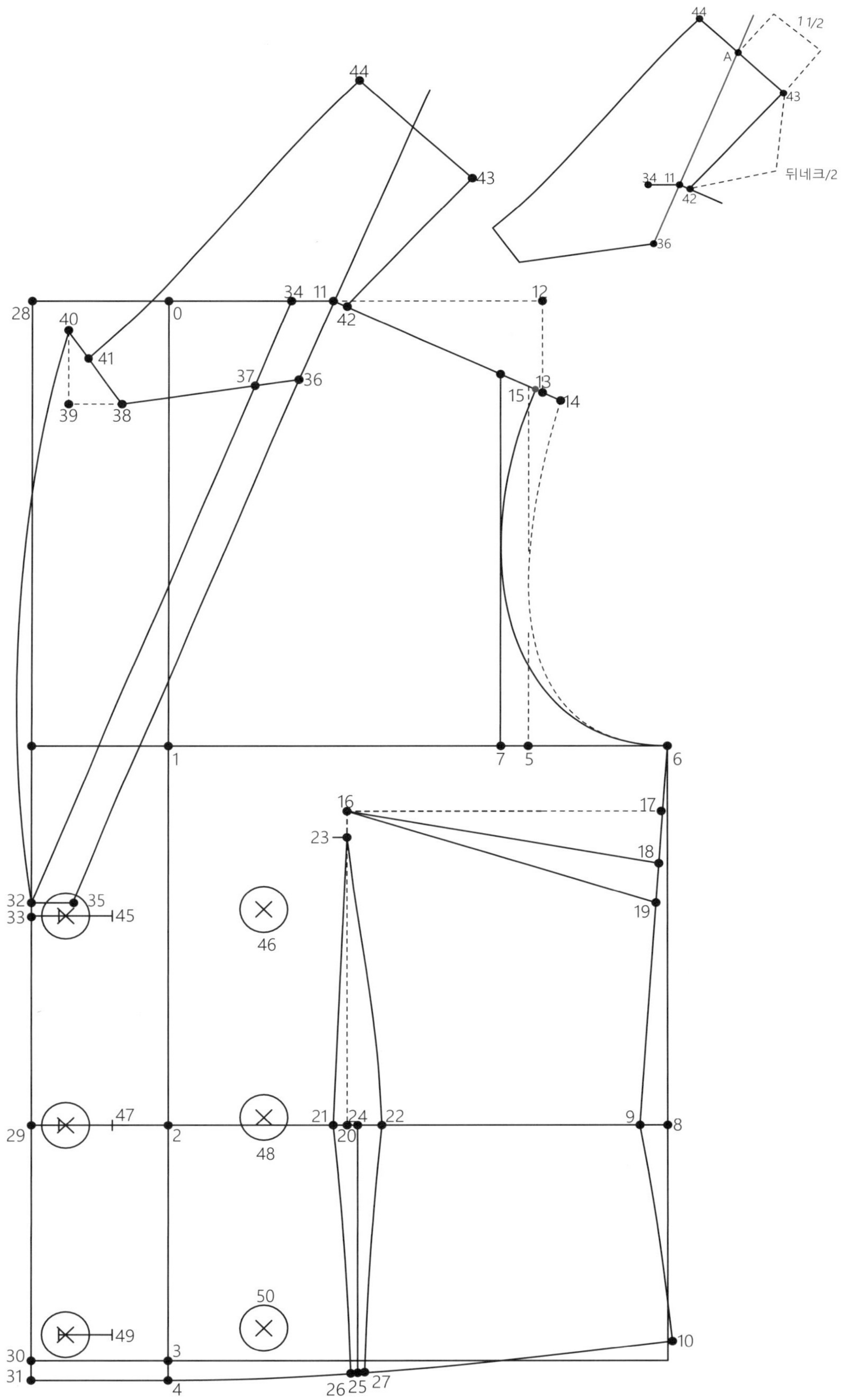

앞판

0-1 진동 깊이 = 8 1/2"

0-2 앞길이 = 15 3/4"

2-3 = 4 1/2"

3-4 앞내림 = 3/8"

1-5 앞품 = 6 1/2"

1-6 앞판 가슴선 길이 = 9"

1-7 수정 앞품 = 6"

6-8 = 허리선 위치까지 수직선을 내림

8-9 = 1/2"

6-9 연결

9-10 = 뒤판 옆선 커브 그대로 복사

4-10 밑단 자연스럽게 연결

0-11 = 3"

11-12 = 3 3/4"

12-13 = 1 3/4"

11-13 연결

14 = 11-13 연결선상 뒤판 어깨선(18-19)의 길이와 같은 곳

11 - 15 = 수정 뒤판 어깨선(18-20)의 길이와 같은 지점

15 - 6 암홀 생성

16 BP (유장 9 3/4, 유폭의 절반 3 1/4")

16-17 옆선까지 수평선 연장

옆선 선상 17-18 = 1"

옆선 선상 18-19 = 3/4"

16-18, 16-19 다트 생성

20 = 16에서 수직선을 내려 허리 선과 만나는 지점

20-21 = 1/4" 20-22 = 5/8"

23 = 16에서 수직으로 3/4" 내린 지점

24 = 21-22의 중심

25 = 24에서 수직선을 내려 밑단 선과 만나는 지점

25-26, 25-27 = 1/8"

0-28, 2-29, 3-30, 4-31 여밈 분 = 2 1/2"

29-32 = 4 1/4"

32-33 = 1/4"

11-34 = 3/4"

32-35 = 3/4"

34-32, 11-35 연결

36 = 11-35 선상 11에서 1 5/8" 떨어진 지점

37 = 34-32 선상 34에서 1 3/4" 떨어진 지점

36-37 연결

38 = 36-37 연장선상 36에서 3 1/4" 떨어진 지점

38-39 = 1"

39-40 = 1 3/8"

38-40 연결

41 = 38-40 선상 40에서 5/8" 떨어진 지점

42 = 어깨선상 11에서 1/4" 떨어진 지점

칼라 각도 생성

A점 = 보조 선과 만나는 지점

직각과 뒤 네크/2 조건을 유지하여 A점과 43점의 거리가 1

1/2"가 되도록 칼라 각도 생성 (A-43-42)

43-44 (직각) = 2 3/4"

44-41 연결

45 단추 1 = 33에서 5/8" 떨어진 지점

46 단추 2 = 45에서 수평으로 3 5/8" 떨어지고 수직으로

1/8" 올라간 지점

47 단추 3 = 45에서 수직으로 4" 내려간 지점

48 단추 4 = 47에서 수평으로 3 5/8" 떨어지고 수직으로 1/8"

올라간 지점

49 단추 5 = 47에서 수직으로 4" 내려간 지점

50 단추 6 = 49에서 수평으로 3 5/8" 떨어지고 수직으로 1/8"

올라간 지점

**

허리다트 좌우변의 길이차이는 이즈로 처리한다.

스펙

소매산 6"

소매기장 22"

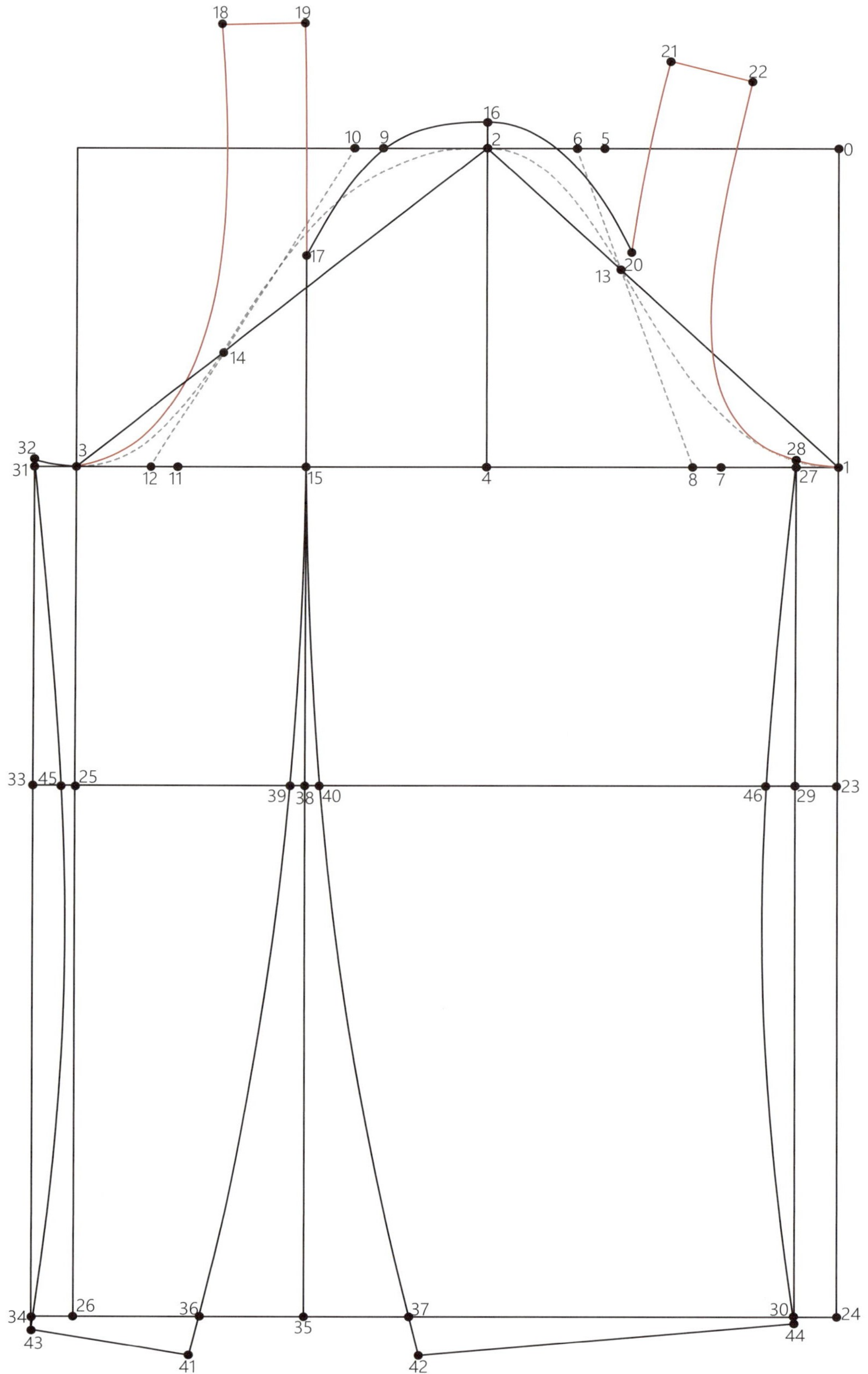

소매

0-1 소매산 = 암홀 둘레/3 = 약 6"

0점과 1점에서 수평선을 연장한다.

1-2 앞 보조선 = 앞 암홀 길이

2-3 뒤 보조선 = 뒤 암홀 길이 + 1/8"

4 = 2점에서 소매통선까지 수직선을 내림

2-5, 1-7 = 1-4의 3등분

2-9, 3-11 = 3-4의 4등분

5, 7, 9, 11 좌측으로 1/2" 이동 = 6, 8, 10, 12

6-8, 10-12 연결

13 = 1-2와 6-8의 교점

14 = 2-3과 12-10의 교점

13. 14를 이용하여 소매달림선 그리기

15 = 3-4의 중심

2-16 = 1/2"

다음 조건을 만족하도록 17, 18, 19의 위치를 잡는다.

17점 = 15를 기준으로 Y축 선상에 존재

17-16 소매달림선 재생성

3-18 = 뒤판 암홀 길이

18-19 = 1 1/2"

17-19 = 17-16

다음 조건을 만족하도록 20, 21, 22의 위치를 잡는다.

20점, 21점, 22점

1-22 = 앞판 암홀 길이

21-22 = 1 1/2"

16-20 = 20-21

0-23 팔꿈치선 = 12"

0-24 소매기장 = 22"

23, 24점에서 소매통 폭만큼 수평선 연장 = 25, 26

1-27 = 3/4"

28 = 27에서 수직선을 올려 소매달림선과 만나는 지점

29, 30 = 27에서 팔꿈치, 밑단선까지 연장하여 만나는 지점

1-28-27-29-30-24-23-1 〉 3-32-31-33-34-26-25-3 이동

35 = 15에서 수직선을 내려 밑단 선과 만나는 지점

35-36, 35-37 = 1 7/8"

38 = 15에서 수직선을 내려 팔꿈치 선과 만나는 지점

38-39, 38-40 = 1/4"

17-15-39-36, 17-15-40-37 연결

41, 42 = 좌우 아웃심 선의 경사를 유지하며 36, 37에서 3/4" 연장

34-43 = 1/4"

30-44 = 1/8"

43-41, 44-42 연결

33-45, 29-46 = 1/2"

32-45-43, 28-46-44 연결

신체

66사이즈

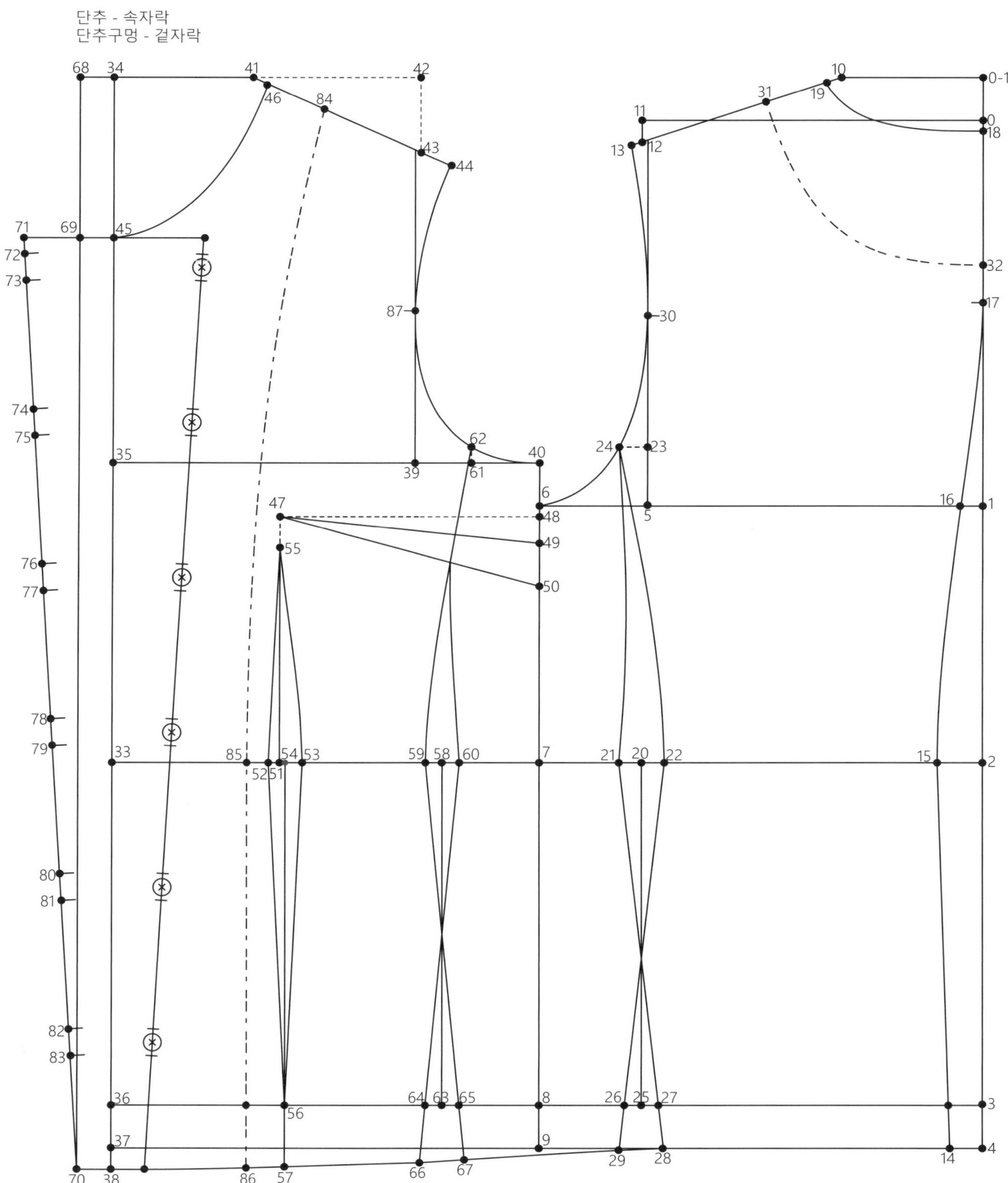

뒤판

0-1 진동 깊이 = 9

0-2 등길이 = 15"

2-3 힙선 위치 = 8"

3-4 = 1"

1-5 뒤품 = 7 3/8"

1-6 뒤판 가슴선 길이 = 9 3/4"

6-7-8-9 밑단까지 수직선을 내림

0 ~ 0-1 = 1"

0-10 = 3 1/8"

0-11 = 7 1/2", 11-12 = 1/2"

10-12 연결

13 = 10-12 선상 12에서 1/4" 연장 (이즈)

13-6 암홀 생성

4-14 = 3/4"

2-15 = 1"

1-16 = 1/2"

17 = 0-1의 중심

뒤 중심선 연결 14-15-16-17

0-18 = 1/4"

19 = 어깨선상 10에서 3/8" 떨어진 지점

네크 연결 – 칼라가 여유 있게 달리도록 뒷목과 옆목을 더 파주
었다.

15-20 = 6 1/2"

20-21, 20-22 = 1/2"

5-23 = 1 3/8"

24 = 23에서 수평선을 그어 암홀과 만나는 지점

25 = 20에서 힙선까지 수직선을 내림

25-26, 25-27 = 3/8" (힙 둘레 부족분을 채워준다)

24-22-26, 24-21-27 연결

28, 29 = 절개선 밑단까지 연장

30 = 암홀 선상 13에서 4" 떨어진 지점

31 = 어깨 선상 19에서 1 3/8" 떨어진 지점

18-32 = 3 1/8"

31-32 연결 (뒷목 안단)

앞판

7-33 = 9 1/2"

33-34 앞길이 = 16"

34-35 진동 깊이 = 9"

33-36 힙선 위치 = 8"

36 – 37 = 1"

37-38 앞내림 = 1/2"

28-38 자연스럽게 밑단 연결

35-39 앞품 = 6 3/4"

35-40 앞판 가슴선 길이 = 9 1/2"

34-41 앞목 너비 3 1/8"

어깨 경사

41-42 = 3 3/4"

42-43 = 1 3/4"

41-43 연장선상 (뒤 어깨선길이 – 뒤 어깨 이즈)에 맞춰 44
생성

44-40 암홀 생성

34-45 앞목 깊이 = 3 3/4"

46 = 어깨선상 41에서 3/8" 떨어진 지점

45-46 네크라인 연결

47 BP (유장 10 1/4", 유폭의 절반 3 3/4")

48 = 47에서 옆선까지 수평선 연장

48-49 다트 경사 5/8"

49-50 = 1"

47-49, 47-50 연결

51 = 47에서 허리선까지 수직선을 내림

51-52 = 1/4"

51-53 = 3/4"

54 = 52-53의 중심

55 = 47에서 수직으로 3/4" 내려간 지점

56 = 54에서 수직으로 힙선까지 내려간 지점

57 = 56에서 밑단까지 수직선을 내림

신체

66사이즈

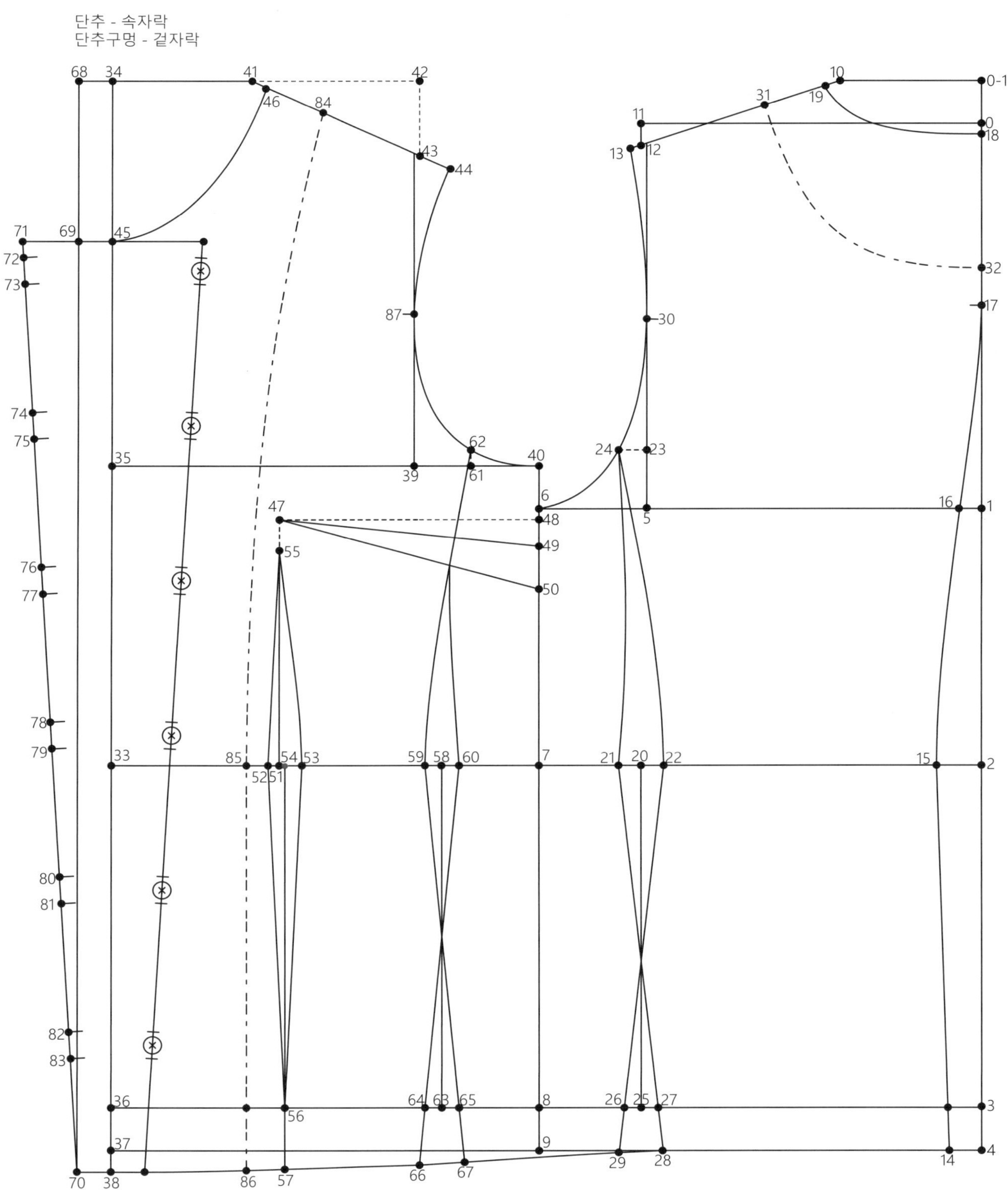

사이바

53-58 = 3 1/8"

58-59, 58-60 = 3/8"

40-61 = 1 1/4"

62 = 61에서 수직선을 올려 암홀과 만나는 지점

63 = 58에서 힙선까지 수직선을 내림

63-64, 63-65 = 3/8" (힙둘레 부족분을 채워준다)

66, 67 = 밑단까지 절개선 연장

62-59-65-67, 62-60-64-66 연결

34-68, 45-69, 38-70 = 3/4"

69-71 (수평) = 1 1/4"

70-71 연결

70-71 선상 71-72 = 3/8"

70-71 선상 72-73 = 5/8"

70-71 선상 73-74 = 3"

단추, 단춧구멍 간격 이하 동일 – 83까지

70-71 라인 45-38축으로 반전 후 단추 표시

84 = 어깨선상 46에서 1 3/8" 떨어진 지점

33-85 = 3"

밑단 선상 38-86 = 3"

84-85-86 안단 연결

87 = 암홀 선상 44에서 3 1/2" 떨어진 지점

**

칼라가 편안하게 달리도록 뒷목점을 더 파 주었다.

단춧구멍은 되돌아 박기를 이용하여 만든다.

단춧구멍의 사이즈는 단추의 지름, 두께에 따라 여유를 조정해 줄 수 있다.

원단이 뻑뻑한 경우 단춧구멍의 여유가 충분하여야 단추를 채울 때도 편안한다.

뒤판 안단의 영역은 라벨의 크기에 따라 달라질 수 있다.

스펙

소매산 6"

소매기장 22"

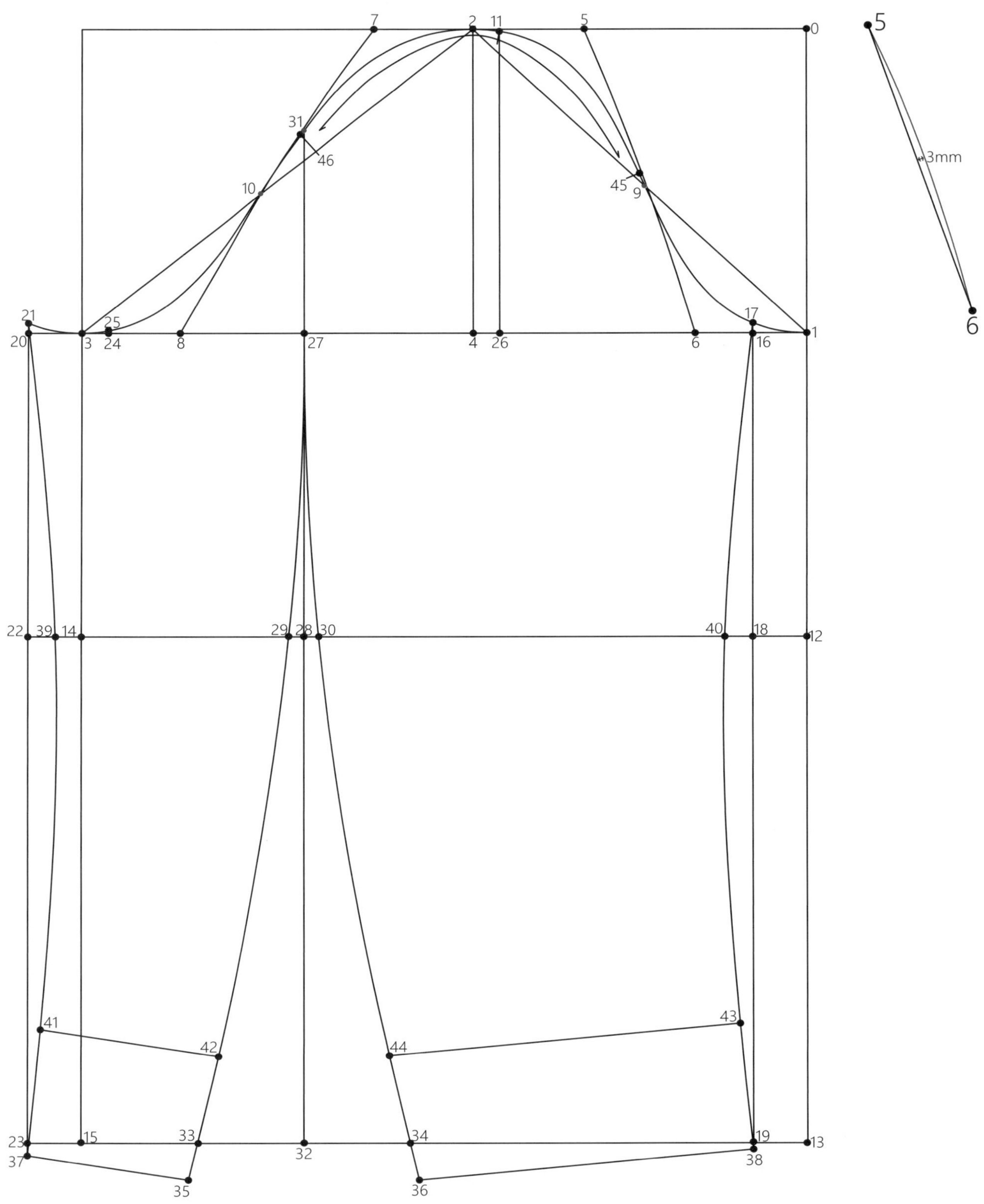

소매

0-1 소매산 = 암홀 둘레/3 = 약 6"

0점과 1점에서 수평선을 연장한다.

1-2 앞 보조선 = 앞 암홀 길이

2-3 뒤 보조선 = 뒤 암홀 길이 + 1/8"

4 = 2점에서 소매통 선까지 수직선을 내림

2-5, 1-6 = 1-4의 3등분, 2-7, 3-8 = 3-4의 4등분

5-6, 7-8 연결

9 = 5-6과 1-2의 교점, 10 = 7-8과 2-3의 교점

9와 10 교점을 이용하여 소매 그리기

11 (중심너치) 2-11 = 1/2"

0-12 팔꿈치선 = 12", 0-13 소매기장 = 22"

12, 13점에서 소매통 폭만큼 수평선 연장 = 14,15

1-16 = 1"

17 =16에서 수직선을 위로 올려 소매달림선과 만나는 지점

18, 19 = 17에서 수직선을 내려 팔꿈치, 밑단 선과 만나는 지점

1-17-16-18-19-13-12-1 영역 뒤로 이동 = 3-21-20-22-23-15-14-3

소매달림선 선상 3 – 24 = 1/2"

25 = 24에서 수직선을 올려 소매달림선과 만나는 지점

4-26 = 1/2", 27 = 24-26 중심

28 = 27에서 수직선을 내려 팔꿈치 선과 만나는 지점

28-29, 28-30 = 1/4"

31 = 27에서 소매달림선까지 수직선을 올림

32 = 28에서 수직선을 내려 밑단 선과 만나는 지점

32-33, 32-34 = 2"

27-29-33, 27-30-34 연결

35, 36 = 아웃심 선의 경사를 유지하여 33, 34에서 3/4" 연장

37 = 23에서 수직으로 1/4" 내림, 38 = 19에서 수직으로 1/8" 내림

35-37, 36-38 연결

18-40, 22-39 = 5/8"

21-39-37, 17-40-38 연결

11-45 앞 너치 = (앞판 패턴 암홀너치+ 12~15mm 이즈)

11-46 뒤 너치 = (뒤판 패턴 암홀너치 + 12~15mm 이즈)

41-42, 43-44 = 35-37, 36-38 라인을 2 1/2" 평행이동 – 제 원단 솔 합봉위치

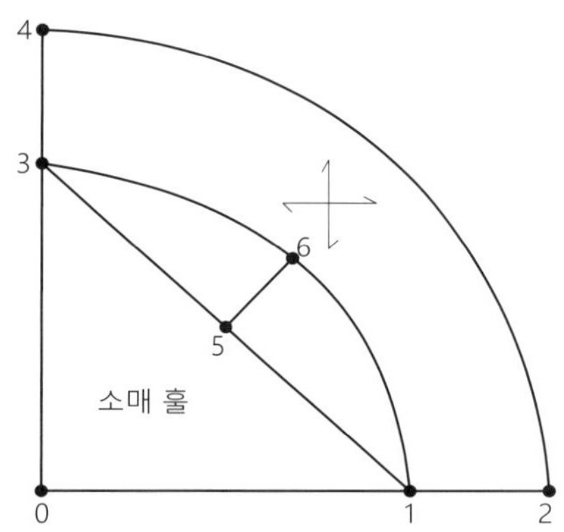

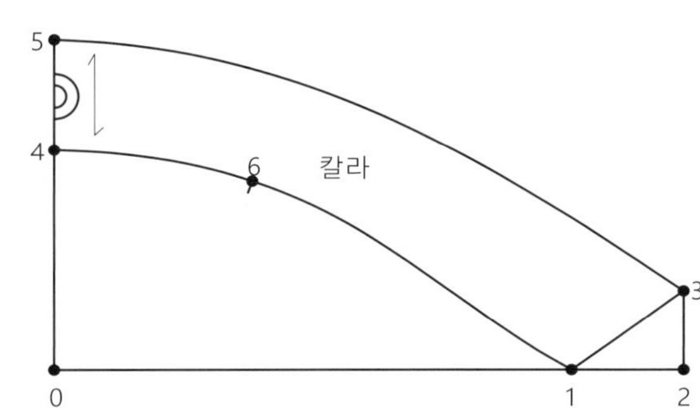

소매훌

0-1 = 6 1/2"　1-2 = 2 1/2"

0-3 = 6 1/8"　3-4 = 2 1/2"

5= 1-3의 중심 , 5-6(직각) = 1 3/4"

소매 패턴의 41-42 + 43-44의 길이는

소매훌 1-3의 길이와 같다.

칼라

0-1 = 9 7/8"　1-2 = 2 1/8"

2-3 = 1 5/8"　0-4 = 4 1/2"

4-5 = 2 1/4"

1-4, 5-3 연결

6 = 옆목점 너치

칼라 1-6 = 몸판 앞목 46-71, 칼라 4-6 = 몸판 뒷목 18-19

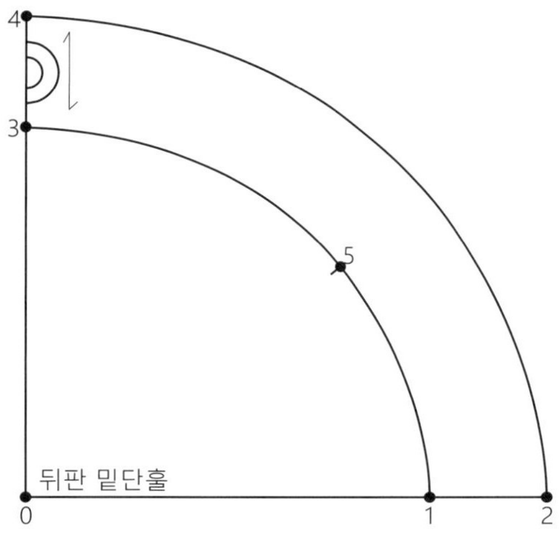

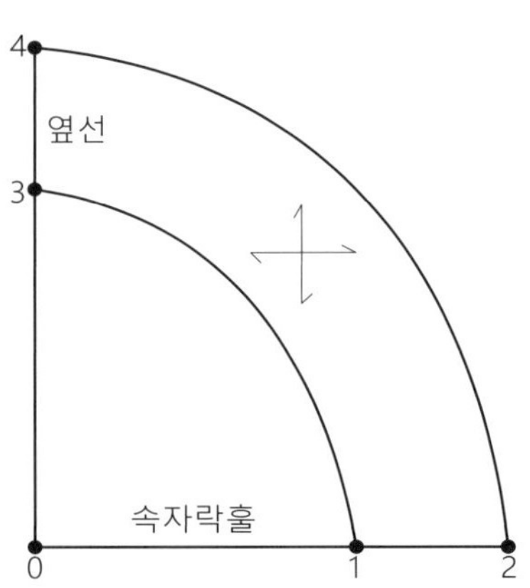

뒤판 밑단 훌

0-1 = 8 1/8"　1-2 = 2 3/8"

0-3 = 7 7/8"　3-4 = 2 3/8"

1-3, 4-2 자연스럽게 연결

3-5 = 몸판 14-29

5-1 = 몸판 28-66

앞판 속자락 훌

0-1 = 5"

1-2 = 2 3/8"

0-3 = 6"

3-4 = 2 3/8"

1-3 = 몸판 67-70

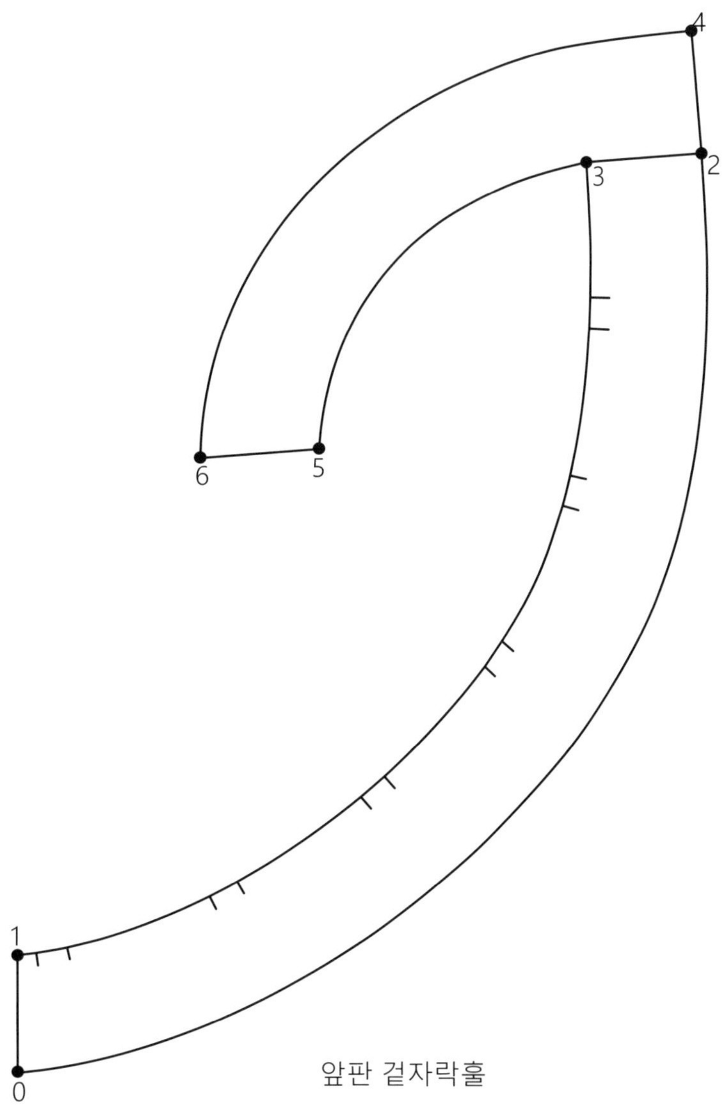

0-1 , 6-5 = 2 3/8"

겉자락 봉제 단춧구멍 위치에 맞춰 단춧구멍 표시를 해주었다.

훌의 정도에 따라 곡률이 달라지므로 원하는 분량에 따라 곡을 휘어준다.

1-3 = 몸판 70-71

3-5 = 몸판 70-67

신체

55사이즈

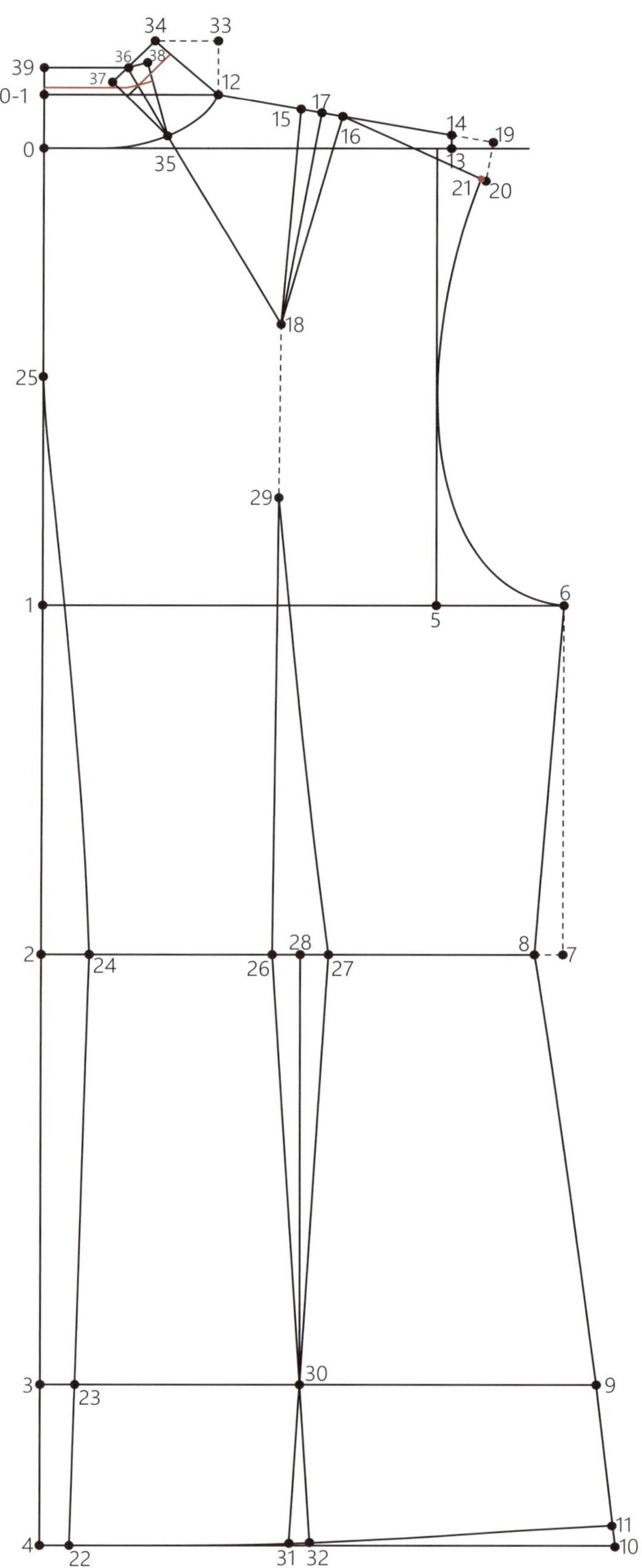

뒤판

0-1 진동 깊이 = 8 1/2"

0-2 등길이 = 15"

2-3 힙선 위치 = 8"

3-4 = 3"

1-5 뒤품 = 7"

1-6 뒤판 가슴선 길이 = 9 1/4"

6-7 = 허리선 위치까지 수직선을 내림

7-8 = 1/2"

3-9 = 9 3/4"

8-9 연결

10 = 8-9의 기울기 연장선상 밑단선까지 연장

11 밑단정리 = 8-10 선상 10에서 3/8" 떨어진 지점

0 ~ 0-1 = 1"

0-1 ~ 12 = 3 1/8"

0-13 = 7 1/4"

13-14 = 1/4"

12-14 연결

15 = 12-14 선상 12에서 1 1/2" 떨어진 지점

어깨선상 15-16 = 3/4"

17 = 15-16의 중심

17-18(직각) = 3 1/2"

15-18, 16-18 연결

어깨선상 14에서 3/4" 연장

20 = 14-19 선상 19에 직각을 맞춰 3/4"

21 = 16-19 길이에 맞춰 16-20 선상 21 생성

21-6 암홀 생성

4-22 = 1/2"

3-23 = 5/8"

2-24 = 7/8"

25 = 0-1의 중심

22-23-24-25 연결

24-26 = 3 1/4"

26-27 = 1"

28 = 26-27의 중심

18-26 직선 연결 (보조선)

18-26 선상 26-29 = 8 1/2"

30 = 28에서 힙선까지 수직선을 내림

29-26-30, 29-27-30 연결

31, 32 = 다트선 좌우 기울기를 유지하며 30에서 밑단까지 연장

12-33 = 1"

33-34 = 1 1/8"

12-34 연결

35 = 0-12 네크 선상 12에서 1 1/4" 떨어진 지점

18-35 직선 연결 (MP)

36 = 18-35 기울기를 따라 35에서 1 1/2" 연장

34-36 연결

37 = 34-36 선상 36에서 3/8" 연장

37-35 연결

35-38 = 35-37을 36-35축으로 대칭 복사

0-1 ~ 39 = 1/2"

38-36-39 연결

34-36-37 연결

추후 자연스럽게 곡으로 다듬어준다.

**

다트 mp를 이용하여 목 공간을 확보하였다.

38-36-39의 길이와 34-36-37 길이의 합은 기존 네크(12-0)의 길이보다 1/4" 이하로 적어야 목 움직임에 불편함이 없다.

패턴을 분리한 뒤 목라인을 부드럽게 다시 다듬어준다.

빨간 영역 - 제 원단 바이어스 감 바인딩, 바인딩 폭 = 3/8"

신체

55사이즈

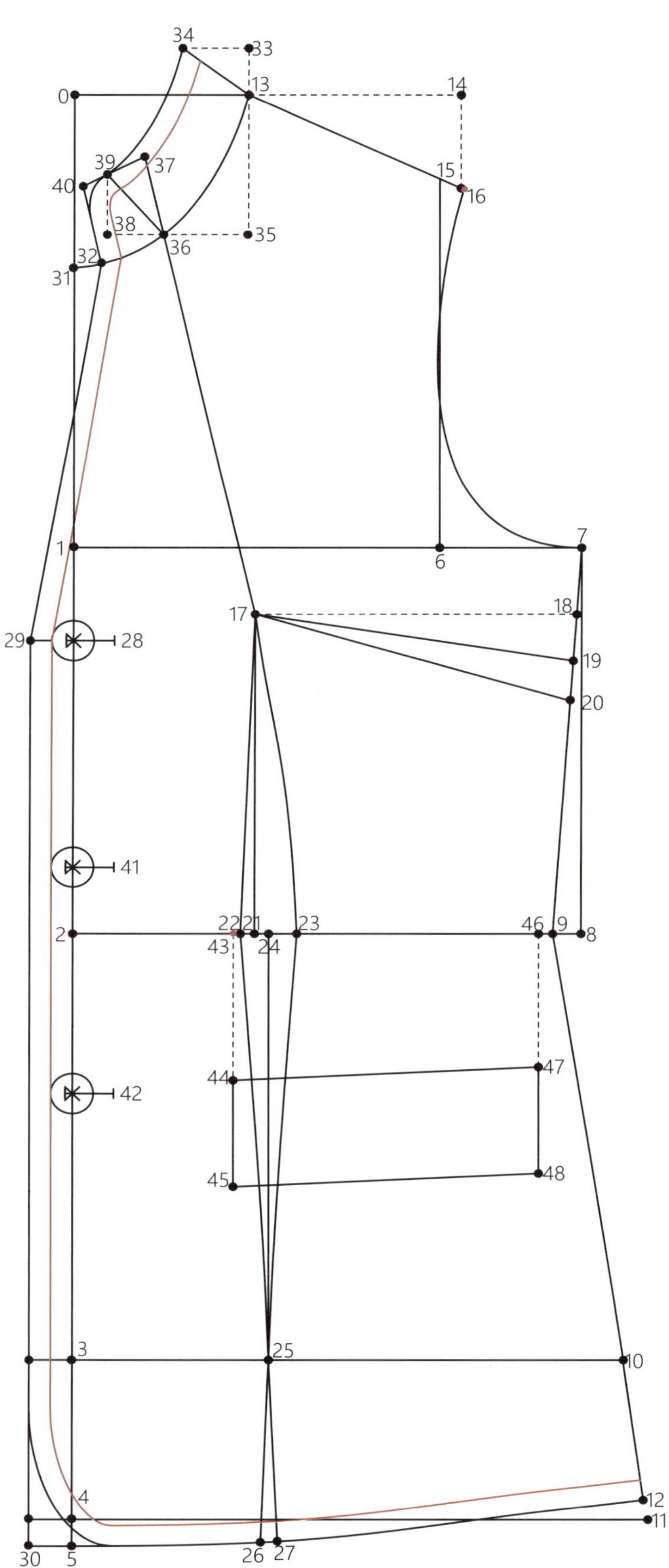

앞판

0-1 진동 깊이 = 8 1/2"

0-2 앞길이 = 15 3/4"

2-3 = 8"

3-4 = 3"

4-5 앞내림 = 1/2"

1-6 앞품 = 6 1/2"

1-7 앞판 가슴선 길이 = 9"

7-8 허리선 위치까지 수직선을 내림

8-9 = 1/2"

7-9 옆선 연결

3-10 = 9 3/4"

9-10 연결

10-11 = 9-10 라인을 밑단까지 자연스럽게 연결

옆선선상 11-12 = 3/8"

0-13 = 3 1/8"

13-14 = 3 3/4"

14-15 = 1 3/4", 13-15 연결

13-16 = 13-15 연장선상 뒤판 어깨선의 길이와 같은 지점

16 - 7 암홀 생성

17 BP (유장 9 3/4, 유폭의 절반 3 1/4")

17-18 옆선까지 수평선 연장

18-19 = 7/8"

19-20 = 3/4"

17-19, 17-20 다트 생성

21 = 17에 수직선을 내려 허리선과 만나는 지점

21-22 = 1/4" 21-23 = 3/4"

24 = 22-23의 중심

25 = 24에 수직선을 내려 힙선과 만나는 지점

17-22-25, 17-23-25 연결

26, 27 = 좌우 다트변과 동일한 기울기로 25에서 밑단까지 연

장

0-28 단추1 = 10 1/4"

28-29 = 3/4"

5-30 = 3/4"

29-30 연결 (자연스럽게 굴려준다.)

0-31 = 3 1/4"

13-31 네크라인 연결

31-32 = 네크라인 선상 1/2"

13-33 = 7/8"

33-34 = 1 1/8"

13-34 연결

13-35 = 2 5/8"

35-36 = 1 1/2", 17-36 연결

37 = 17-36 기울기연장으로 36에서 1 1/2" 연장한 지점

36-38 = 1"

38-39 = 1 1/8"

37-39 연결

40 = 37-39 연장선상 39에서 1/2" 떨어진 지점

32-40 연결

32-40-37-36 (40포인트는 약간 굴려준다)

34-39-36

41 단추2 = 28에서 수직으로 4 1/4" 내려간 지점

42 단추3 = 41에서 수직으로 4 1/4" 내려간 지점

22-43 = 1/8"

43-44 = 2 3/4", 44-45 = 2"

9-46 = 1/4", 46-47 = 2 1/2", 47-48 = 2"

44-45-48-47 연결

바인딩 폭 : 3/8"

**

40-37의 길이와 34-39의 길이의 합은 기존 네크(13-32)의 길

이보다 1/4" 이하로 적어야 목 움직임에 불편함이 없다.

소매는 저자의 기본 두장소매 방식으로 제도한다.

신체

55사이즈

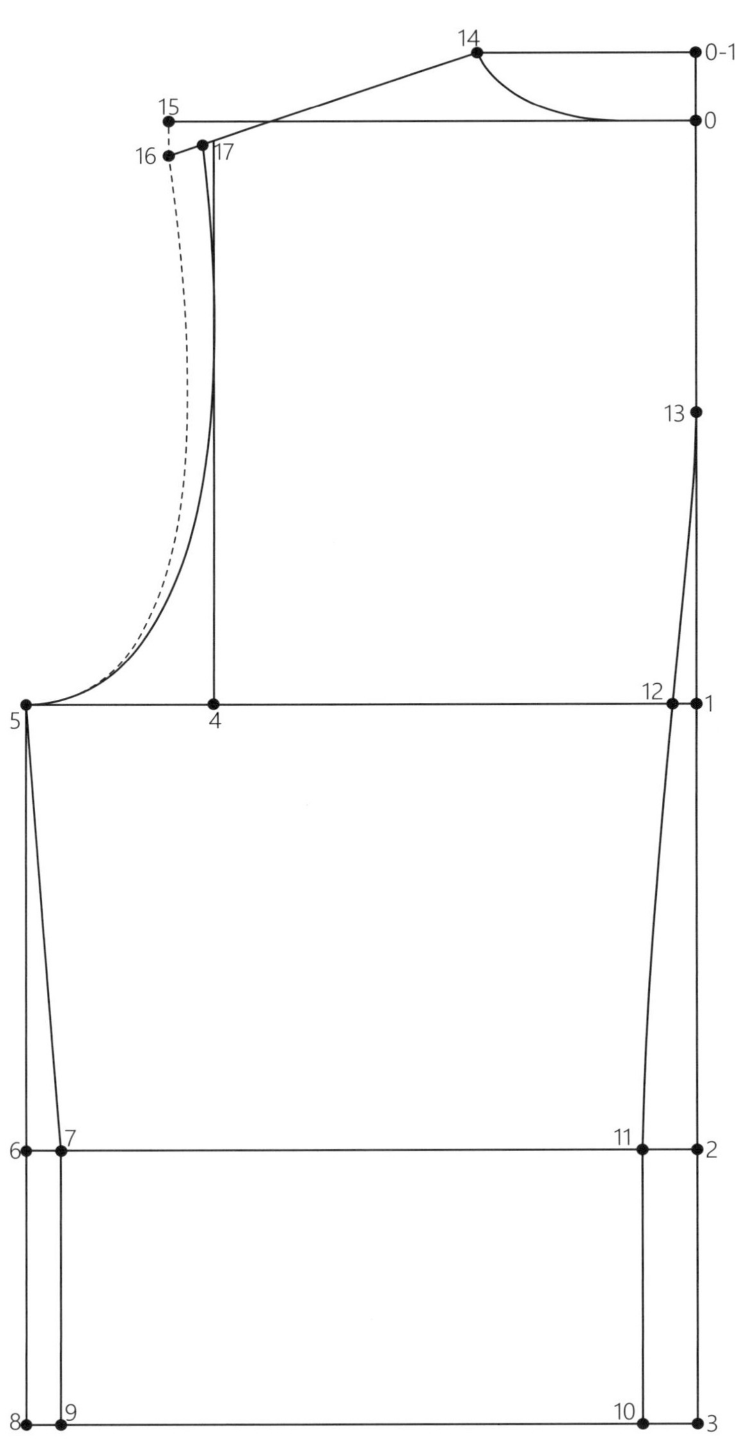

뒤판

0-1 진동 깊이 = 8 1/2"

0-2 등길이 = 15"

2-3 = 4"

1-4 줄어든 뒤품(파워숄더) = 6 5/8"

1-5 뒤판 가슴선 길이 = 9 1/4"

5-6 허리선까지 수직선을 내림

6-7 = 1/2"

3-8 = 9 1/4"

8-9 = 1/2"

5-7-9 연결

3-10 = 3/4"

2-11 = 3/4"

1-12 = 0.8cm

13 = 0-1 중심

10-11-12-13 뒤 중심선 연결

0 ~ 0-1 = 1"

0-1 ~ 14 = 3"

0-15 = 7 1/4"

15-16 = 1/2"

14-16 연결

어깨선상 16-17 = 1/2"

17-5 암홀 생성

신체

55사이즈

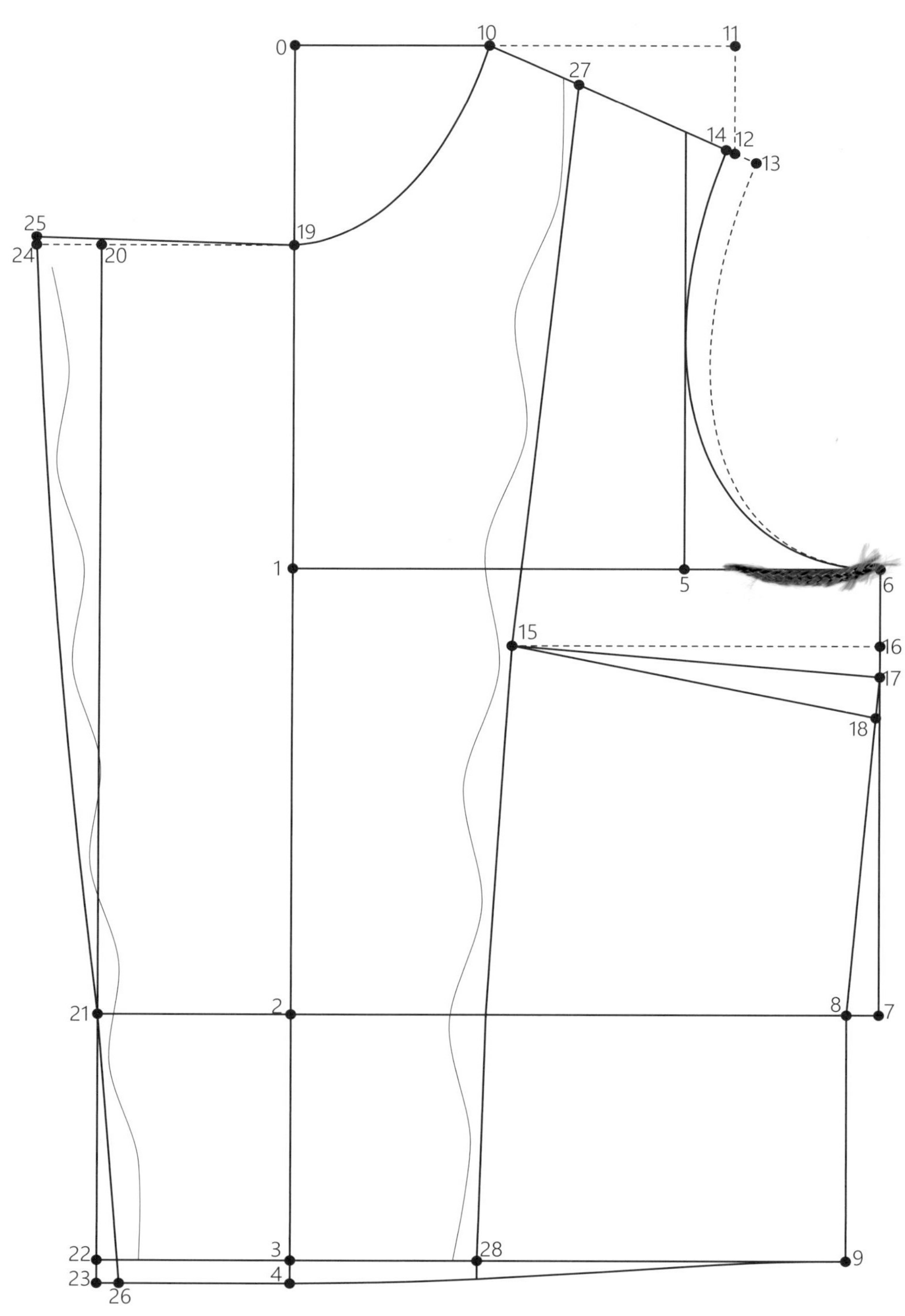

앞판

0-1 진동 깊이 = 8 1/2"

0-2 앞길이 = 15 3/4"

2-3 = 4"

3-4 앞내림 = 3/8"

1-5 줄어든 앞품(파워숄더) = 6"

1-6 앞판 가슴선 길이 = 9"

6-7 허리선까지 수직선을 내림

7-8 = 1/2"

3-9 = 8 1/2"

8-9 연결

4-9 밑단 자연스럽게 연결

0-10 = 3"

10-11 = 3 3/4"

11-12 = 1 3/4"

10-12 연결

10-13 = 10-12 선상 뒤판 어깨선(14-16)의 길이와 같은 지점

10-12 = 수정 뒤판 어깨선(14-17)의 길이와 같은 지점

14-6 암홀 생성

15 BP (유장 9 3/4, 유폭의 절반 3 1/4")

15-16 옆선까지 수평선 연결

16-17 = 1/2"

17-8 연결

옆선 선상 17-18 = 3/4"

15-17, 15-18 다트 생성

0-19 = 3 1/4"

10-19 네크라인 연결

19-20, 2-21, 3-22, 4-23 여밈 = 3"

20-24 = 1"

24-25 = 1/8"

23-26 = 3/8"

25-26 연결(지퍼)

27 = 어깨선상 10에서 1 1/2" 떨어진 지점

3-28 = 2 7/8"

스펙

소매산 6"

소매기장 22"

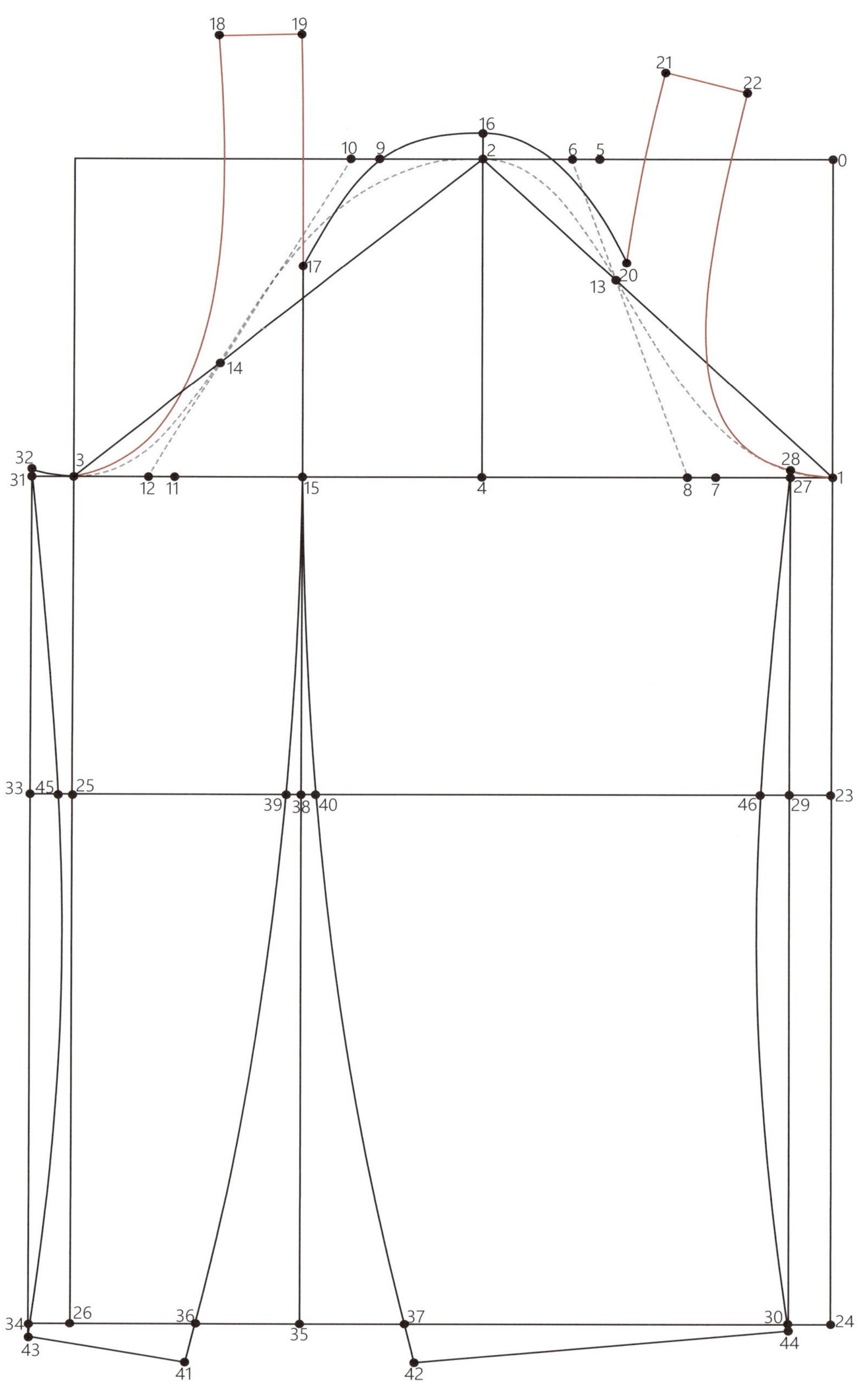

소매

0-1 소매산 = 암홀 둘레/3 = 약 6"

0점과 1점에서 수평선을 연장한다.

1-2 앞 보조선 = 앞 암홀 길이

2-3 뒤 보조선 = 뒤 암홀 길이 + 1/8"

4 = 2점에서 소매통선까지 수직선을 내림

2-5, 1-7 = 1-4의 3등분

2-9, 3-11 = 3-4의 4등분

5, 7, 9, 11 좌측으로 1/2" 이동 = 6, 8, 10, 12

6-8, 12-10 연결

13 = 1-2와 6-8의 교점

14 = 2-3과 12-10의 교점

13. 14를 이용하여 소매달림선 그리기

15 = 3-4의 중심

2-16 = 1/2"

다음 조건을 만족하도록 17, 18, 19의 위치를 잡는다.

17점 = 15를 기준으로 Y축 선상에 존재

17-16 소매달림선 재생성

3-18 = 뒤판 암홀 길이

18-19 = 1 1/2"

17-19 = 17-16

다음 조건을 만족하도록 20, 21, 22의 위치를 잡는다.

20점, 21점, 22점

1-22 = 앞판 암홀 길이

21-22 = 1 1/2"

16-20 = 20-21

0-23 팔꿈치선 = 12"

0-24 소매기장 = 22"

23, 24점에서 소매통 폭만큼 수평선 연장 = 25, 26

1-27 = 3/4"

28 = 27에서 수직선을 올려 소매달림선과 만나는 지점

29, 30 = 27에서 팔꿈치, 밑단선까지 연장하여 만나는 지점

1-28-27-29-30-24-23-1 〉 3-32-31-33-34-26-25-3 이동

35 = 15에서 수직선을 내려 밑단 선과 만나는 지점

35-36, 35-37 = 1 7/8"

38 = 15에서 수직선을 내려 팔꿈치 선과 만나는 지점

38-39, 38-40 = 1/4"

17-15-39-36, 17-15-40-37 연결

41, 42 = 좌우 아웃심 선의 경사를 유지하며 36, 37에서 3/4" 연장

34-43(수직) = 1/4"

30-44(수직) = 1/8"

43-41, 44-42 연결

33-45, 29-46 = 1/2"

32-45-43, 28-46-44 연결

**

바뀐 소매달린선의 커브는 암홀과 소매의 회전에 영향을 줄 수 있음으로 회전정도를 다시 검토한다.

32와 43, 28과 44의 세로결을 맞춘 이유는 체크에 유리하기 때문이다.

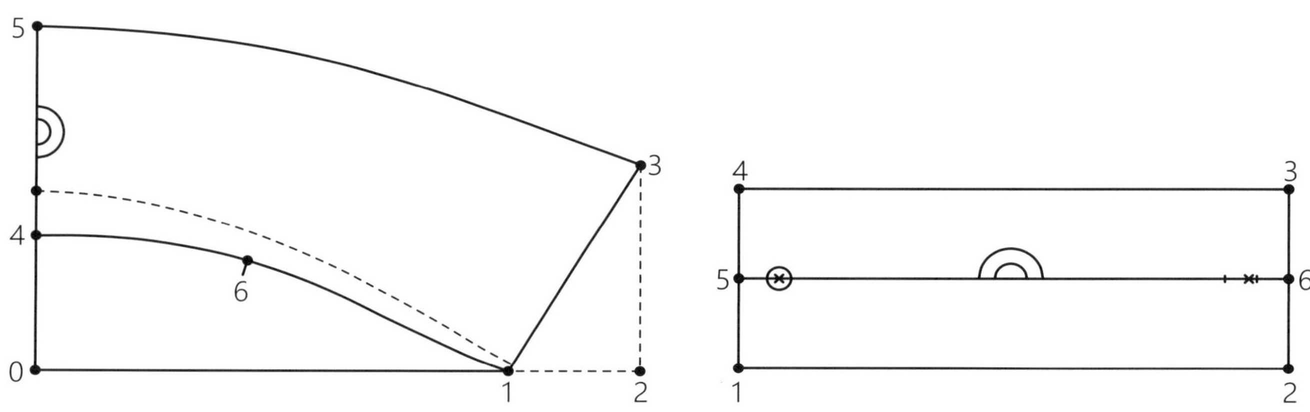

스탠(롤) 카라 제도

0-1 = 7 1/2"

1-2 = 2"

2-3 = 3 1/2"

0-4 = 2 1/4"

4-5 = 3 1/2"

1-4, 3-5 연결

6 = 옆목너치

점선 = 꺾임선 예측

커프스 제도

1-2 = 8 5/8"

1-4, 2-3 = 3"

5 = 1-4의 중심

6 = 2-3의 중심

신체

55사이즈

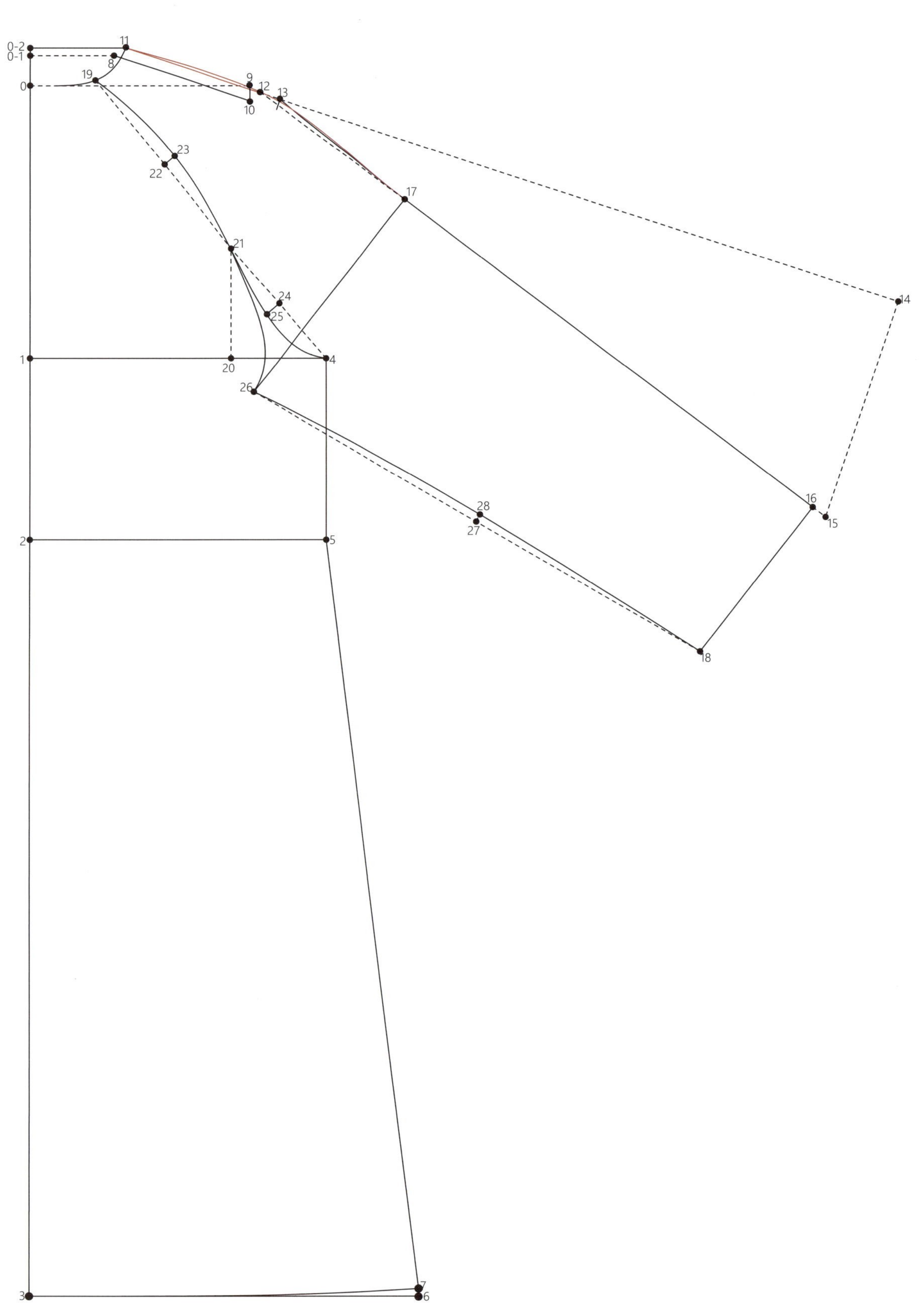

뒤판

0-1 진동 깊이 = 9"

0-2 등길이 = 15"

0-3 총장 = 40"

1-4 뒤판 가슴선 길이 = 9 3/4"

2-5 = 9 3/4"

3-6 = 12 3/4", 5-6 연결

7 밑단점 = 5-6 선상 6에서 1/4" 올라간 점

3-7 밑단 자연스럽게 연결

0 ～ 0-1 = 1"

0-1 ～ 0-2 = 1/4"

0-1 ～ 8 = 2 3/4"

0-9 = 55 어깨너비/2 = 7 1/4"

9-10 = 1/2", 8-10 연결

0-2 ～ 11 = 3 1/8", 0-11 네크 연결

8-10 어깨선을 11점에 맞춰 평행이동

12 = 평행이동한 어깨선상 11점에서 4 5/8" 떨어진 지점

13 = 평행이동한 어깨선상 12점에서 3/4" 연장 (말아지는 여유 분량)

14 = 11-13 선상 12에서 22" 떨어진 지점

15 = 13-14 선상 14에서 직각으로 7 1/2"

13-15 연결

16 = 13-15 선상 13에서 22" 떨어진 지점

12-17 소매산 설정 = 6"

18 = 13-16 선상 16에서 직각으로 6" 나간 지점

19 = 네크라인 선상 11점에서 1 1/2" 떨어진 지점

4-20 = 3 1/8", 20-21 = 3 5/8"

19-21, 21-4 연결, 22 = 19-21 중심

23 = 19-21 선상 22에서 직각으로 1/2"

24 = 4-21의 중심

25 = 4-21 선상 24에서 직각으로 1/2"

19-23-21-25-4 자연스럽게 연결

21-25-4 라인을 21점을 기준으로 반전시켜 본다. 26 생성

26-18 연결, 27 = 26-18의 중심

28 = 26-18 선상 27에서 직각으로 1/4"

26-28-18 연결

신체

55사이즈

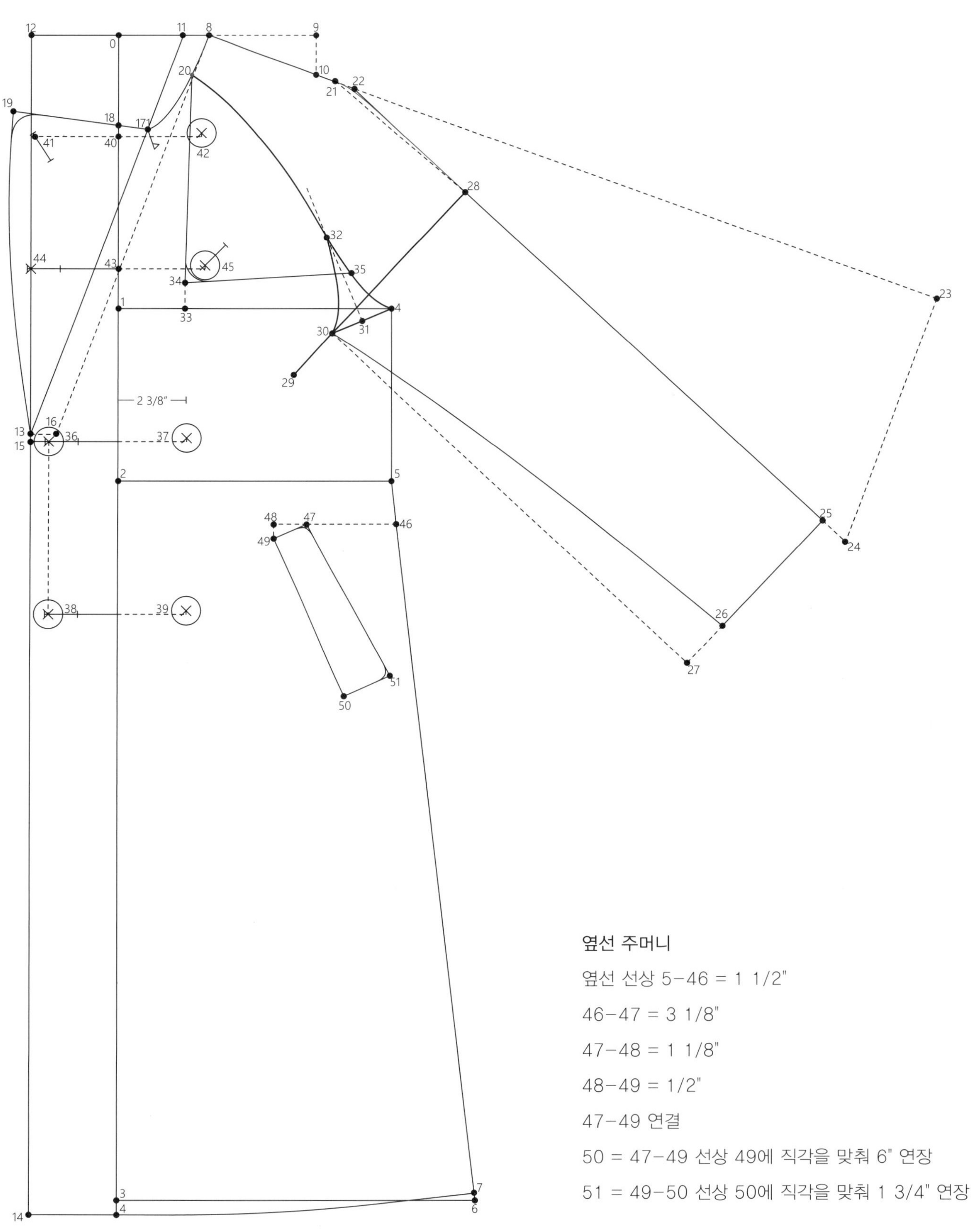

옆선 주머니

옆선 선상 5-46 = 1 1/2"

46-47 = 3 1/8"

47-48 = 1 1/8"

48-49 = 1/2"

47-49 연결

50 = 47-49 선상 49에 직각을 맞춰 6" 연장

51 = 49-50 선상 50에 직각을 맞춰 1 3/4" 연장

47, 51 모서리는 굴려줄 수 있다.

앞판

0-1 진동 깊이 = 9 1/2"

0-2 앞길이 = 15 1/2"

0-3 = 40 1/2"

3-4 앞내림 = 1/2"

1-4 앞판 가슴선 길이 = 9 1/2"

2-5 = 9 1/2"

3-6 = 12 3/8", 5-6 연결

7 = 5-6 선상 6에서 1/4" 올라간 점

4-7 밑단 자연스럽게 연결

0-8 = 3 1/8"

8-9 = 3 3/4"

9-10 =1 3/8", 8-10 연결

8-11 = 7/8"

0-12, 4-14 여밈분 = 3"

12-13 = 13 7/8"

13-15 = 1/4", 11-13 연결

13-16 = 7/8"

8-16 연결 (꺽임선x, 보조선)

17 칼라너치 = 11-13 선상 11에서 3 1/2" 떨어진 지점

0-18 = 3 1/8", 17-18 연결

19 = 17-18 연장선상 17에서 4 5/8"

19-13 라펠 그리기 (라펠 포인트는 굴려줄 수 있다.)

20 = 8-16 선상 8에서 1 1/2" 떨어진 지점

8-20-17 자연스럽게 네크 연결

8-21 = 8-10 연장선상 뒤판의 11-12 길이와 같은 지점

22 = 8-21선상 21에서 3/4" 연장

23 = 8-21선상 21에서 22" 연장

24 = 22-23 선상 23에 직각을 맞춰 9"

22-24 연결

25 = 22-24 선상 22에서 22" 떨어진 지점

26 = 22-25 선상 25에 직각을 맞춰 5"

27 = 25-26 선상 26에서 1 5/8" 연장

21-28 소매산 = 6"

29 = 22-25 선상 28에 직각을 맞춰 뻗어나간 선

30 = 25-27 선상 27에서 직각을 맞춰 뻗어나간 선과 22-25 선상 28에서 직각을 맞춰 뻗어나간 선이 교차하는 지점

4-30 연결

31 = 4-30의 중심

31에 직각을 맞춰 점선 라인 생성(반전축 가이드)

20-4 = 점선 라인에 반전 축을 맞춰 래글런 라인을 그린다.

32 = 점선 라인과 래글런 라인의 교차점

**

래글런 라인을 그려줄 때 32점은 품점을 넘어서는 위치로 잡아야 불편하지 않다.

4-32 라인을 31-32축을 기준으로 반전하여 30-32 생성

30-26 연결(앞판 소매 인심 곡과 유사하도록)

덮개

1-33 = 2 1/4"

33-34 = 7/8"

20-34 연결

35점 = 래글런 라인 선상 임의생성

34-35 연결

34포인트는 굴려줄 수 있다.

36 단추 1 = 15에서 수평으로 5/8" 떨어진 지점

앞 중심선과 36점의 수평거리는 2 3/8"이 나온다.

37 단추 2 = 단추 1 높이 선상 앞 중심선에서 2 3/8" 만큼 수평으로 나가고 1/8" 올라간 지점

38 단추 3 = 36에서 수직으로 6" 내려간 지점

39 단추 4 = 단추 3 높이 선상 앞 중심선에서 2 3/8" 만큼 수평으로 나가고 1/8" 올라간 지점

18-40 = 3/8"

40-41 단춧구멍 (수평) = 2 7/8"

42 단추 5 = 40에서 수평으로 2 7/8" 나가고 1/8" 올라간다.

1-43 = 1 3/8"

43-44 = 3"

45 = 43에서 수평으로 3" 나가고 1/8" 올라간 지점

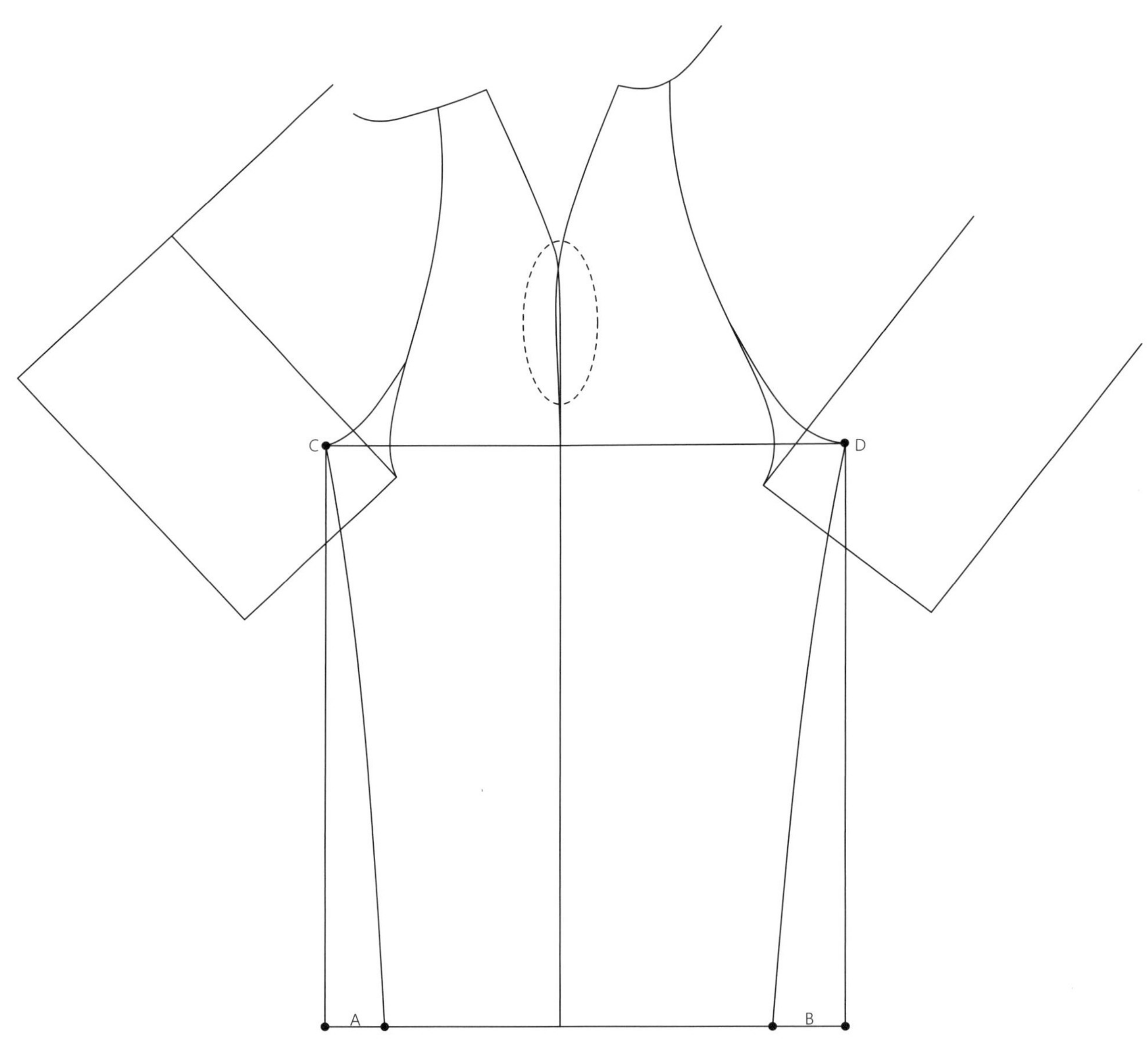

**

앞판 제도 중 C점을 정해주기 위해 A의 거리를 정해주는 과정이 있었다.

래글런 제도는 패턴을 전개하는 방법이 다양하기 때문에 방법론에 대해 위 그림으로 다시 서술해 보았다.

A와 B의 거리가 다른 이유는 원형 소매에서의 회전과 같이 부리 차이를 만들어 소매의 방향을 앞쪽으로 보내주기 위한 것이다.

그러므로 A와 B의 거리를 가늠하여 C 포인트와 D 포인트를 조정해 줄 수도 있다.

래글런 소매는 정장소매처럼 이즈로 확보되는 공간이 암홀 쪽에서 없기 때문에 위 그림의 점선처럼 겹침분을 만들어주지 않으면

품 쪽에서 약간 당기는 듯한 현상이 일어난다. 그러므로 겹침분은 기본적으로 넣어주는 것이 좋다.

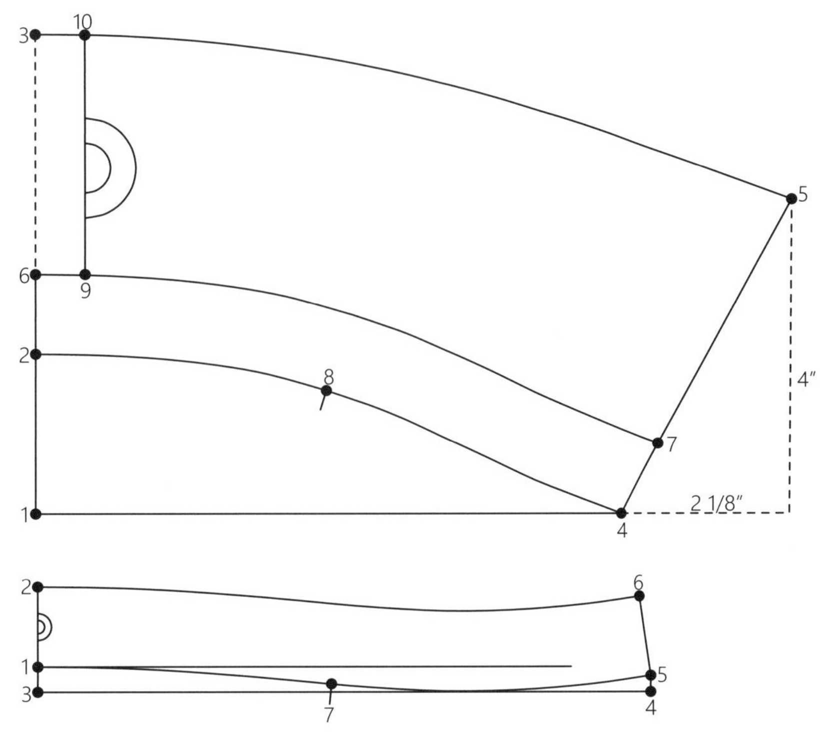

칼라

1-2 = 2"

2-3 = 4"

1-4 = 7 1/4"

5 = 4에서 수평으로 2 1/8", 수직으로 4" 올라간 지점

4-5 연결

2-4, 3-5 자연스럽게 연결

2-6 = 1"

7 = 4-5 선상 4에서 1" 나간 지점

2-4 곡률과 동일하게 6-7 연결

8 = 앞뒤 네크에 맞춰 옆목 너치를 생성한다.

8점은 앞판의 17포인트와 만난다.

칼라 스탠드 제도

1-2 = 1"

1-3 = 1/4"

3-4 = 7 5/8"

4-5 = 0.5cm

3-4에 맞닿아 지나가도록 1-5 연결

7 = 옆목 너치

칼라 스탠드 1-7 = 칼라 2-8, 칼라 스탠드 7-5 = 칼라 8-4

1-5 선상 5에 직각으로 1" 나가 6 생성

1-5 라인에 맞춰 2-6 그리기

칼라 수정

(칼라) 6-9 = 칼라 스탠드 2-6 길이에 맞춰 칼라의 6-7 길이
에서 삭제하는 분량

칼라 스탠드 2-6 = 칼라 9-7

10 = 9에서 직각으로 칼라 높이를 다시 올라간다.

free size

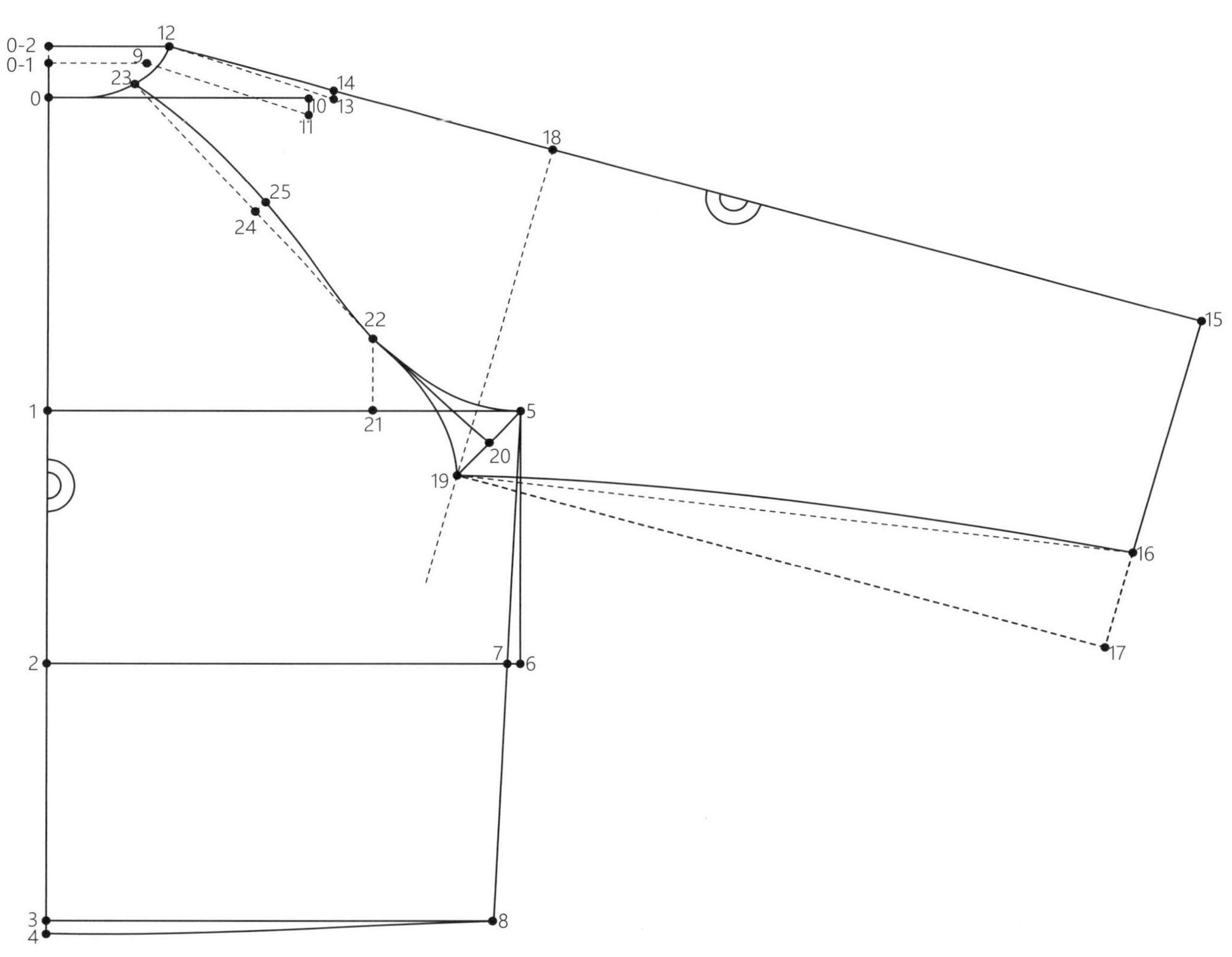

뒤판

0-1 진동 깊이 = 9 1/8"

0-2 허리선 위치 = 16 1/2"

2-3 = 7 1/2"

3-4 = 3/8"

1-5 뒤판 가슴선 길이 = 13 1/4"

5-6 = 허리선까지 수직선을 내림

6-7 = 3/8"

3-8 = 12 1/2"

5-7-8 연결, 8-4 밑단 자연스럽게 연결

0 ～ 0-1 = 1"

0-1 ～ 0-2 = 1/2"

0-1 ～ 9 = 2 3/4"

0-10 = 55 어깨너비/2 = 7 1/4"

10-11 = 1/2"

9-11 연결

0-2 ～ 12 = 3 3/8"

9-11 어깨선을 12점에 맞춰 평행이동

13 = 평행이동한 어깨선상 12점에서 4 7/8" 떨어진 지점

13-14 당김 방지 = 1/4" , 12-14 연결

15 = 12-14 선상 14에서 25" 떨어진 지점

16 = 14-15 선상 15에서 직각으로 7"

17 = 15-16 선상 16에서 2 7/8" 나간 지점

어깨선상 14-18 = 6 3/8"

19 = 18에 직각을 맞춰 연장한 선과 17에 직각을 맞춰 연장한 선이 교차하는 지점

19-16 소매 인심 연결 (약간 홀쭉하게)

5-19 연결, 20 = 5-19의 중심

5-21 = 4 1/8"

21-22 = 2 1/8"

23 = 12-0 네크라인 선상 12에서 1 1/2" 떨어진 지점

22-23 연결, 24 = 22-23 중심

24-25 직각 = 3/8"

23-25-22-5 연결

22-5 곡선을 22-20축을 기준으로 반전 = 22-19

free size

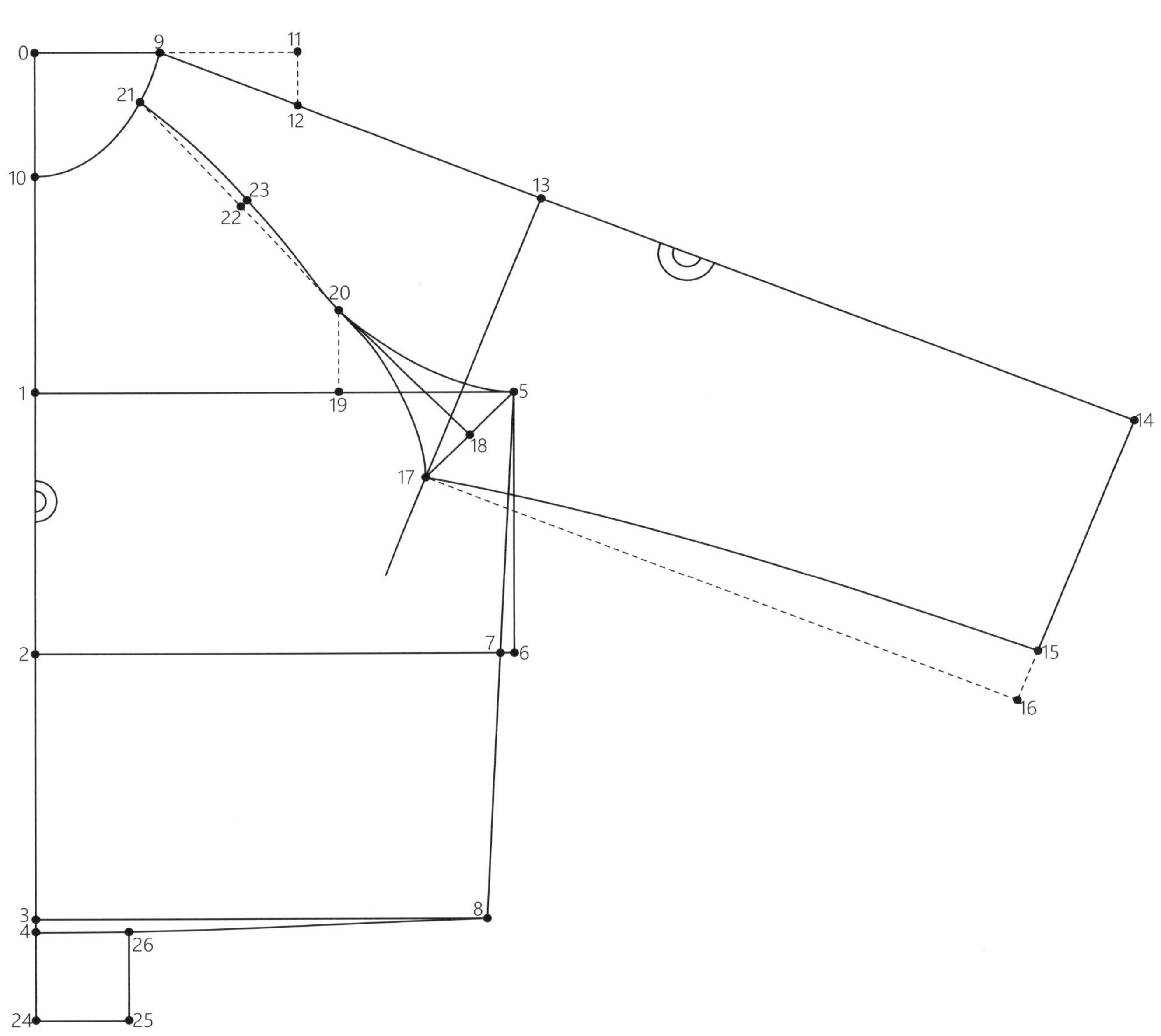

앞판

0-1 진동 깊이 = 9 5/8"

0-2 허리선 위치 = 17"

2-3 = 7 1/2"

3-4 = 3/8"

1-5 = 앞판 가슴선 길이 = 13"

2-6 = 13"

6-7 = 3/8"

3-8 = 12 1/4"

5-7-8 연결

8-4 밑단 자연스럽게 연결

0-9 = 3 3/8"

0-10 = 3 1/2"

9-10 네크라인 연결

9-11 = 3 3/4", 11-12 =1 1/2"

9-12 연결

13, 14 = 뒤판 어깨선의 길이와 소매산의 높이에 맞춰 생성

15 = 12-14 선상 14에서 7" 떨어진 지점

16 = 14-15 선상 15에서 1 1/2" 떨어진 지점

17 = 13에 직각을 맞춰 연장한 선과 16에서 직각을 맞춰 연장한 선이 교차하는 지점

17-15 소매 인심 연결

5-17 연결

18 = 5-17의 중심

5-19 = 4 3/4"

19-20 = 2 1/4"

21 = 9-10 네크라인 선상 9에서 1 1/2" 떨어진 지점

21-20 연결, 22 = 21-20 중심

22-23 직각 = 1/4"

21-23-20-5 연결

20-5 곡선을 20-18축을 기준으로 반전 = 20-17

밑단 (25-26 = 시보리와 붙는 면)

4-24 = 2 1/2"

24-25 = 2 1/2"

25-26 = 2 1/2"

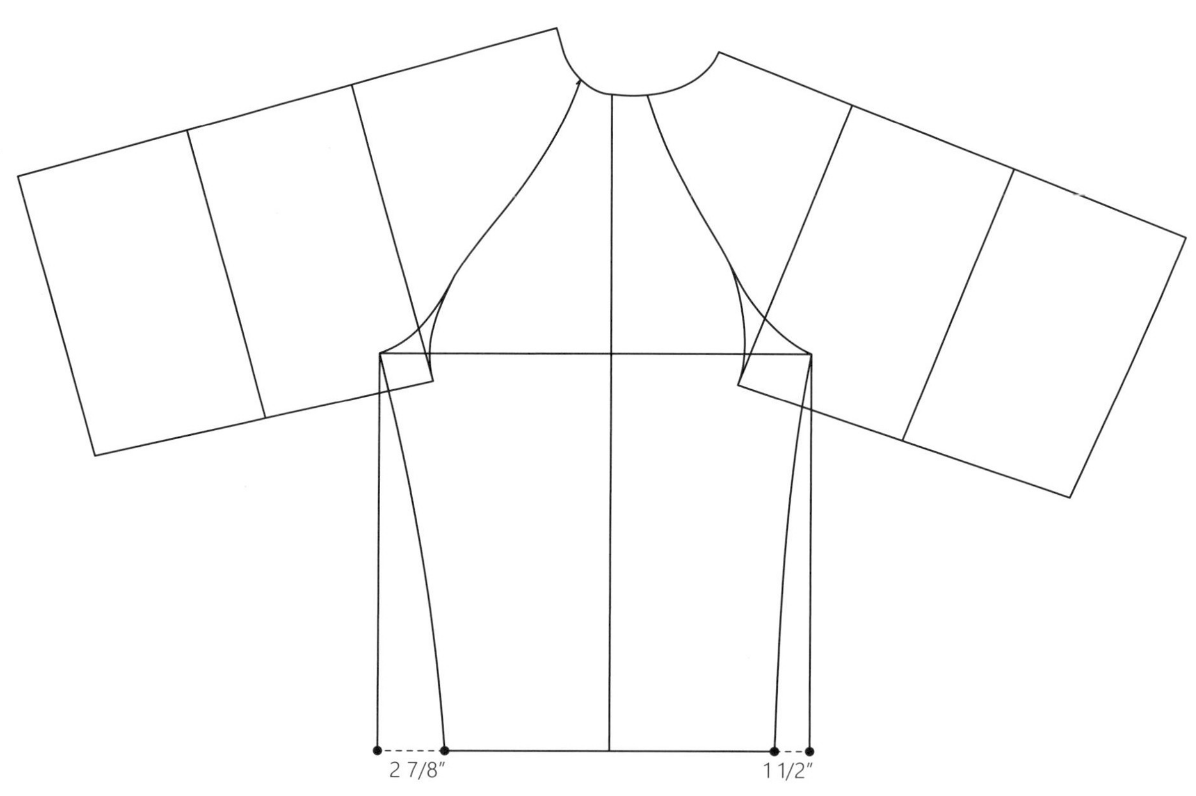

간격을 체크해볼 수 있다.

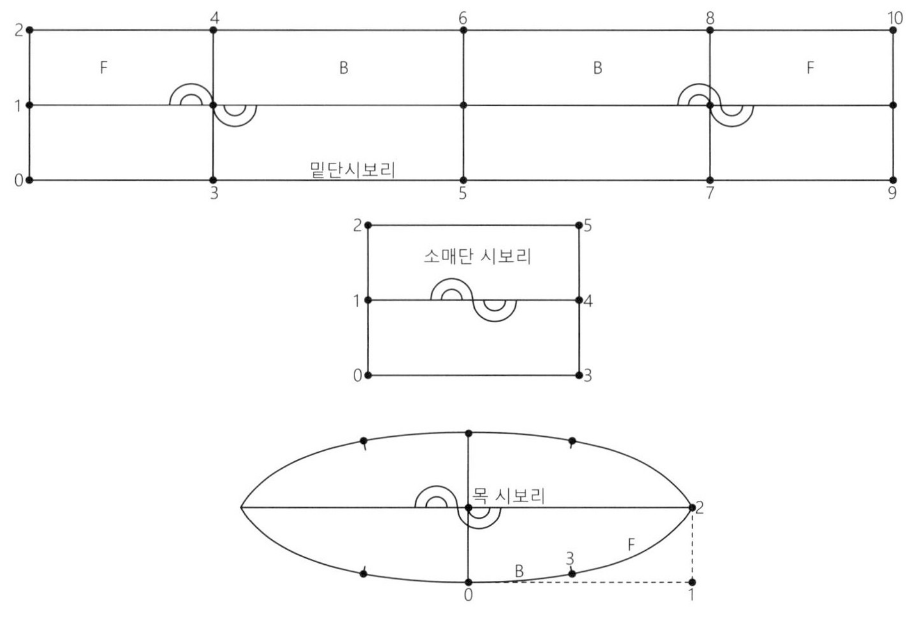

목 시보리	소맷단 시보리	밑단 시보리
뒤 네크 87.5%	전체 50%	뒤판 66%
앞 네크 90.5%		앞판 61.5%
	0-1 = 2 1/2"	
0-1 = 7 1/2"	1-2 = 2 1/2"	0-1, 1-2 = 2
1-2 = 2 1/2"	0-3 = 7"	1/2"
뒤 네크 = 4", 0-3 = 3 1/2"	3-4, 4-5 = 2	0-3 = 6"
앞 네크 = 5 1/4", 2-3 = 4 3/4"	1/2"	3-5 = 8 1/4"

신체

55사이즈

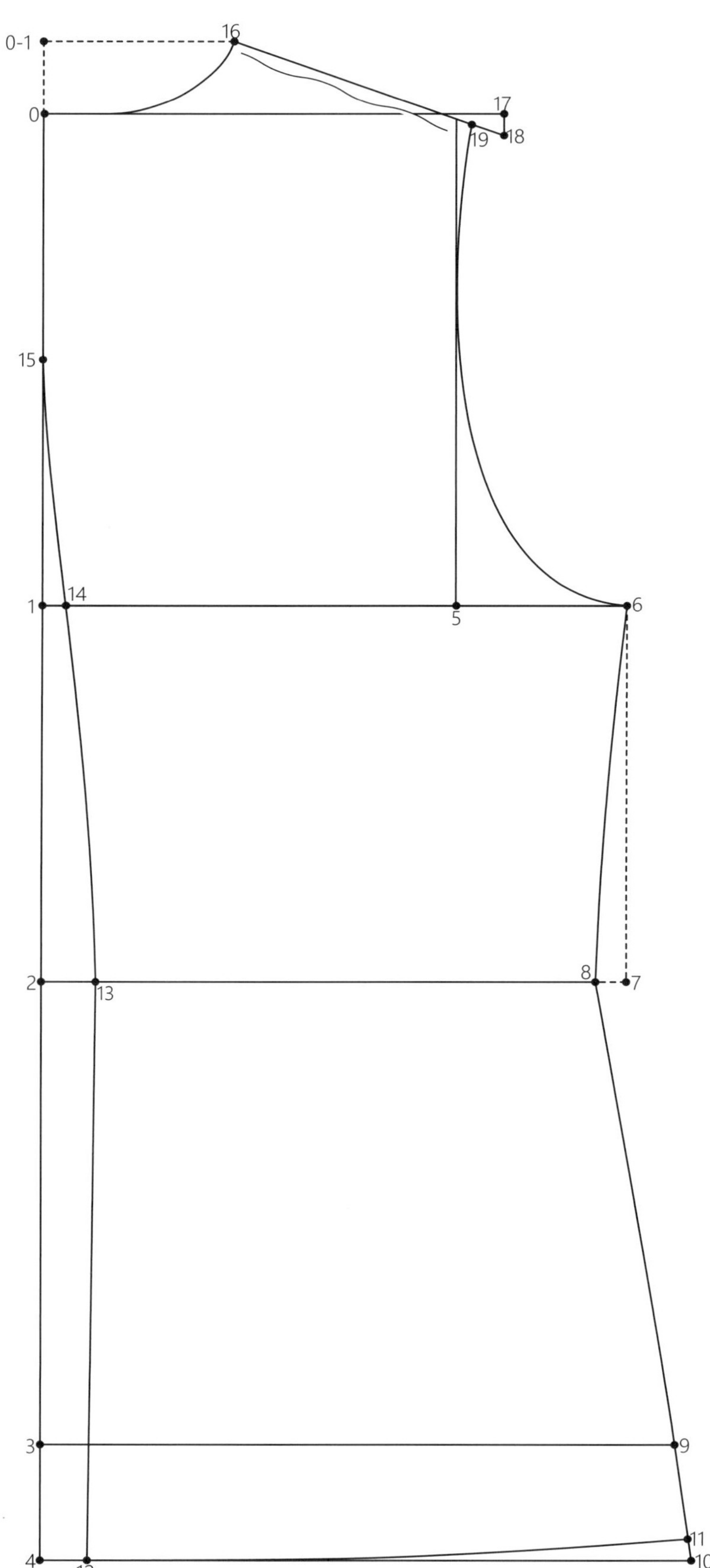

뒤판

0-1 진동 깊이 = 8 1/2"

0-2 등길이 = 15"

2-3 힙선 위치 = 8"

3-4 = 2"

1-5 뒤품 = 6 7/8"

1-6 뒤판 가슴선 길이 = 9 1/2"

6-7 허리선 위치까지 수직선을 내림

7-8 = 1/2"

3-9 = 10"

8-9 연결

10 = 8-9의 기울기 연장선상 9에서 밑단선까지 연장

11 = 8-10선상 10에서 3/8" 떨어진 지점

11-4 밑단 연결

4-12 = 3/4"

2-13 = 7/8"

1-14 = 3/8"

15 = 0-1의 중심

0 ~ 0-1 = 1 1/4"

0-1 ~ 16 = 3 1/8"

0-17 = 7 1/2"

17-18 = 1/4"

16-18 연결

18-19 = 3/8"

19-6 암홀 생성

신체

55사이즈

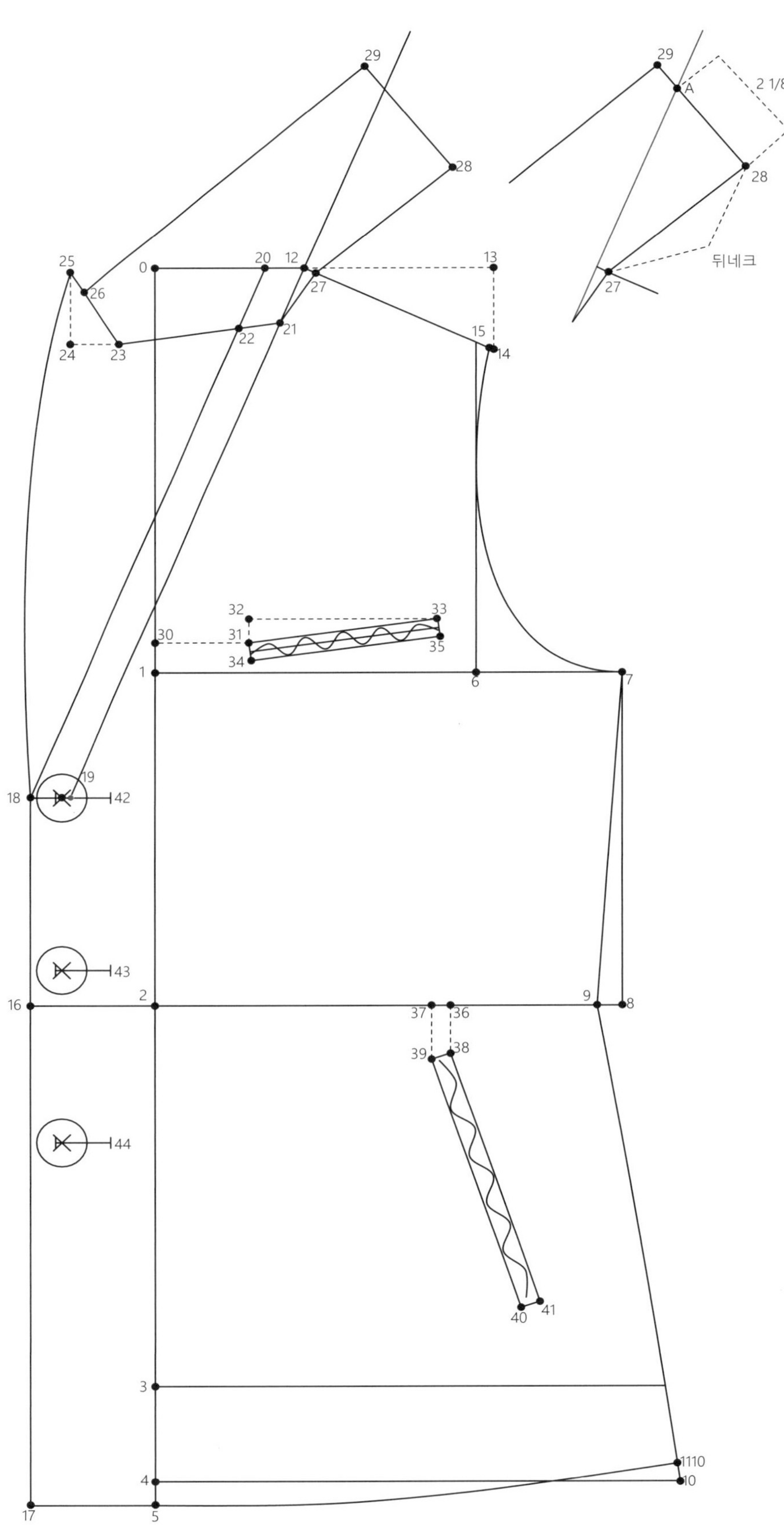

앞판

0-1 진동 깊이 = 9"

0-2 앞길이 = 15 1/2"

2-3 힙선 위치 = 8"

3-4 = 2"

4-5 앞내림 = 1/2"

1-6 앞품 = 6 3/8"

1-7 앞판 가슴선 길이 = 9 1/4"

7-8 허리선 위치까지 수직선을 내림

8-9 = 1/2"

4-10 = 10 1/4"

9-10 연결(뒤판과 곡률 동일)

11 = 9-10선상 10에서 3/8" 떨어진 지점

0-12 = 3"

12-13 = 3 3/4"

13-14 = 1 3/4"

12-14 연결

12-14 선상 12에서 뒤판 어깨선의 길이 - 1/8" 만큼 나가 15 생성

15-7 암홀 생성

2-16, 5-17 여밈 = 2 1/2"

16-18 = 4 3/8"

18-19 = 2cm

12-20 = 2cm

18-20 연결

12-19 연결

21 = 12-19 선상 12에서 1 1/4" 떨어진 지점

22 = 20-18 선상 20에서 1 3/8" 떨어진 지점

21-22 연결

21-22 선상 21-23 = 3 1/4"

23-24 = 1"

24-25 = 1 1/2"

25-23 연결

26 = 25-23 선상 25에서 1/2" 떨어진 지점

27 = 어깨선상 12에서 1/4" 떨어진 지점

칼라 각도 생성

A점 = 보조 선과 만나는 지점

직각과 뒤 네크/2 조건을 유지하여 A점과 28점의 거리가 2 1/8" 이 되도록 칼라 각도 생성 (A-28-27)

28(직각)-29 = 2 3/4"

29-26 연결

가슴 주머니

1-30 = 1 1/8"

30-31 = 1 7/8"

31-32 = 1/2"

32-33 = 3 3/4"

31-33 연결

31, 33에 직각을 맞춰 3/8" 평행이동 = 34, 35

31-33-35-34 연결

옆 주머니

9-36 = 2 7/8"

36-37 = 3/8"

36-38 = 1"

37-39 = 1 1/8"

38-39 연결

40 = 38-39 선상 39에 직각으로 5 1/2"

41 = 38-39 선상 38에 직각으로 5 1/2"

38-39-40-41 연결

42 단추 1 = 18에서 수평으로 5/8" 떨어진 지점

43 단추 2 = 42에서 수직으로 3 5/8" 내려간 지점

44 단추 3 = 43에서 수직으로 3 5/8" 내려간 지점

소매

소매산 5 3/4"

소매기장 22"

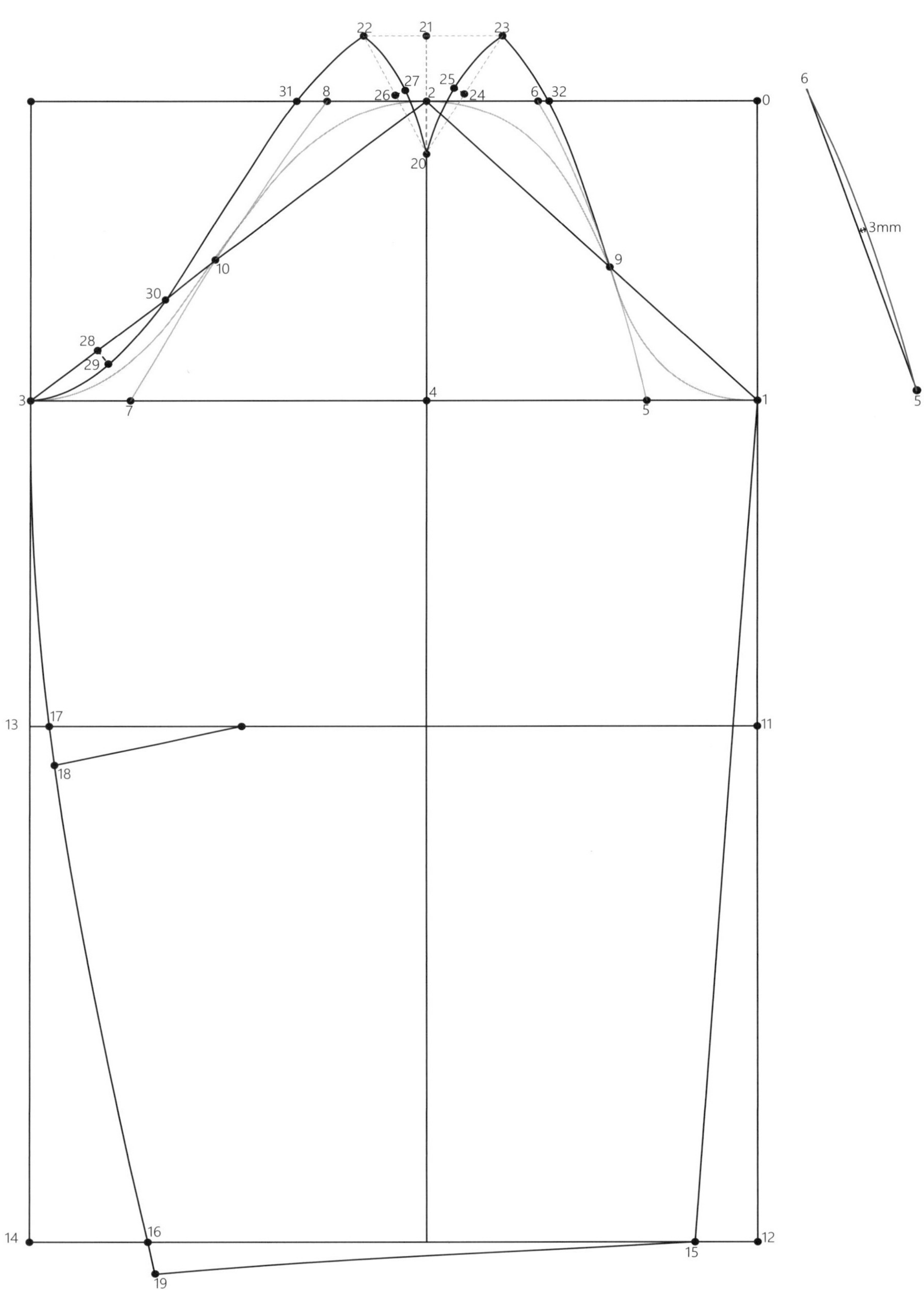

소매

0-1 소매산 = 암홀 둘레/3 - 3/8" = 약 5 3/4"

0점과 1점에서 수평선을 연장한다.

1-2 앞 보조선 = 앞 암홀 길이 - 1/2"

2-3 뒤 보조선 = 뒤 암홀 길이 - 1/4"

4 = 2에서 소매통선까지 수직선을 내림

2-6, 1-5 = 1-4의 3등분

2-8, 3-7 = 3-4의 4등분

5-6, 7-8 연결

앞, 뒤 보조선은 그림과 같이 3mm 정도 곡을 만들어준다.

9 = 5-6과 1-2의 교점

10 = 7-8과 2-3의 교점

9와 10 교점을 이용하여 소매 그리기(임시)

0-11 팔꿈치선 = 12"

0-12 소매 기장 = 22"

11, 12점에서 소매통 폭만큼 수평선 연장 = 13, 14

12-15 = 1 1/8"

14-16 = 2 1/8"

3-16 배를 살려 그려준다.

1-15 안으로 굽어 그려준다.

17 = 3-16 선상 팔꿈치선과 만나는 지점

18 = 3-16 선상 17에서 3/4" 떨어진 지점

19 = 3-16 기울기를 유지하며 16에서 5/8" 떨어진 지점

19-15 연결

2-20 = 1"

2-21 = 1 1/4"

21-22 = 1 1/8"

21-23 = 1 3/8"

20-23 연결

24 = 20-23의 중심

24-25 (직각) = 0.6cm

20-25-23 연결

20-22 연결

26 = 20-22의 중심

26-27 (직각) = 0.5cm

22-27-20 연결

28 = 2-3선상 3에서 4cm 떨어진 지점

28-29 (직각) = 0.8cm

30 = 2-3선상 3에서 8cm 떨어진 지점

8-31 = 1.4cm

3-29-30-31-22 연결

6-32 = 0.5cm

1-9-32-23 연결

**

다트의 형태로 라그랑의 형태를 표현하였다.

앞 암홀 길이 = 앞 소매 달림선 23-9-1

뒤 암홀 길이 = 뒤 소매 달림선 22-31-30-29-3

22와 23은 암홀길이를 맞추고, 의도한 다트의 볼륨을 만들어주는 위치로 지정하였다.

free size

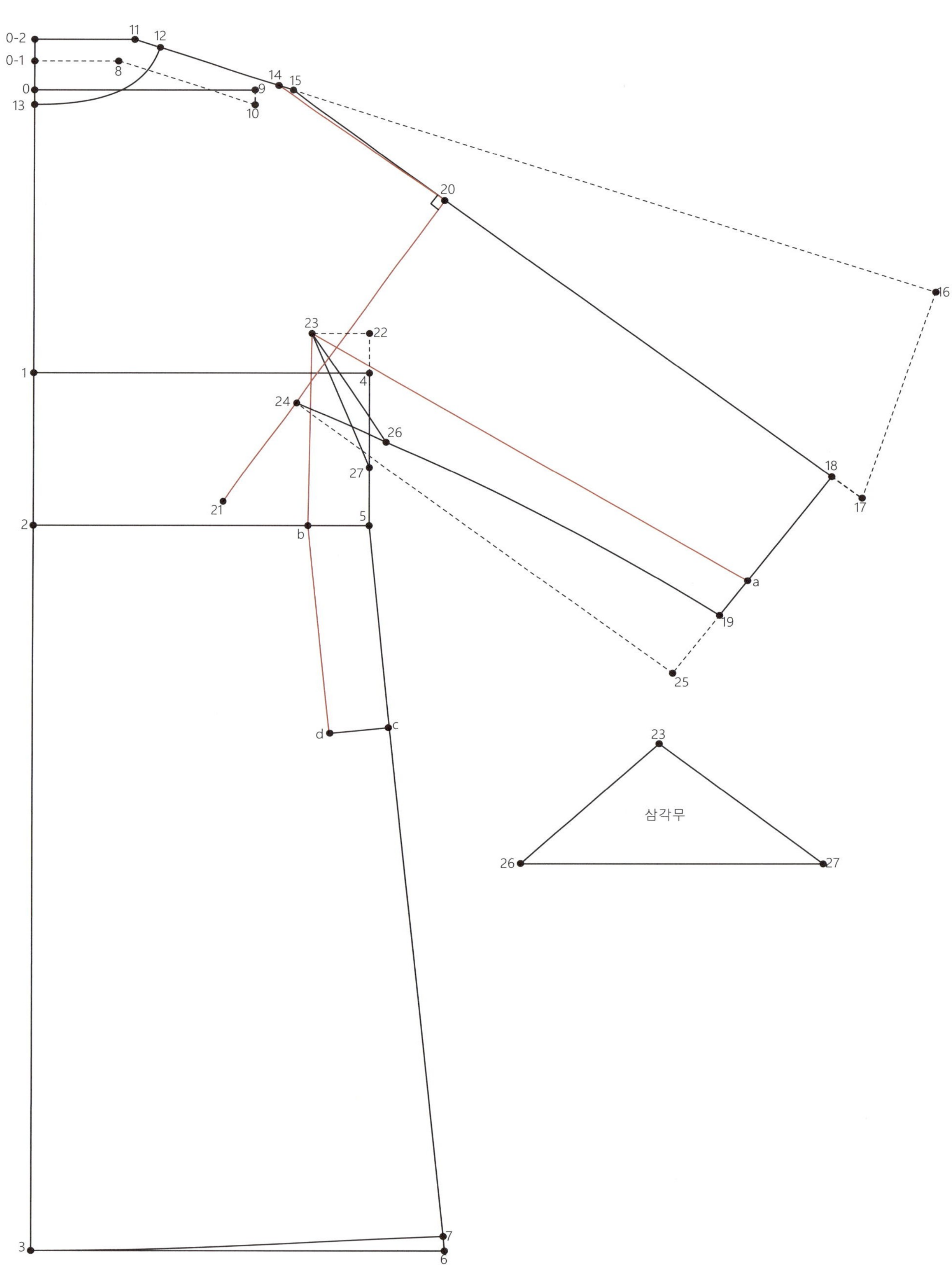

뒤판

0-1 진동 깊이 = 9 3/4"

0-2 등길이 = 15"

0-3 = 40"

1-4 뒤판 가슴선 길이 = 11"

2-5 = 11"

3-6 = 13 1/2"

5-6 연결

7 밑단 정리 = 5-6 선상 6에서 1/2" 떨어진 지점

3-7 밑단 자연스럽게 연결

0 ~ 0-1 = 1"

0-1 ~ 0-2 = 3/4"

0-1 ~ 8 = 2 3/4"

0-9 = 7 1/4"

9-10 = 1/2"

8-10 연결

8-10 어깨선을 11점으로 평행이동

어깨선 기울기 선상 11-12 = 7/8"

0-13 = 1/2"

12-13 네크라인 연결

어깨선 기울기 선상 11-14 = 5"

어깨선상 14-15 = 1/2"

어깨선 기울기 선상 15-16 = 22"

17 = 15-16 선상 16에 직각을 맞춰 16에서 7 1/2" 떨어진 지점

15-17 연결

18 = 15-17 선상 15에서 22" 떨어진 지점

19 = 15-18 선상 18에 직각으로 6" 떨어진 지점

15-18 선상 존재하는 20점에 대하여 14-20의 거리가 6 3/4"(소매산)이 되도록 14-20-21(연장) 직각선을 만든다.

4-22 = 1 3/8"

22-23 = 1 7/8"

소매통(20-21) 선상 20-24 = 8 1/2"

24-19 소매 인심 생성

25 = 24와 19의 직각 교차지점을 찾아준다.

19-25 길이를 통해 균형을 체크할 수 있다.

무 위치 지정

소매 인심 선상 24-26 = 3 1/4"

옆선 선상 4-27 = 3 1/4"

23-26, 23-27 연결

삼각 무 버전

몸판 23-26, 23-27 길이에 맞춰 삼각무를 만들어준다.

삼각무 23-26-27

일자무 버전

19-a = 1 1/2"

허리선상 5-b = 2"

옆선선상 5-c = 7"

c-d (옆선에 직각)= 2"

**

몸판 23은 품선을 파고들어 가지 않아야 하는 적정 위치이다.

23-26, 23-27 거리에 따라 달라지는 무의 넓이와 길이에 민감하게 반응하여 23점을 찾아준다.

원단의 결바닥이 위아래가 다른 경우와 원단이 민감할 경우 삼각무의 결 사용뿐만 아니라 23의 위치 선정이 중요시될 수 있다.

26, 27위치는 노출이 적도록 잡아준다.

24의 위치는 4-23-24의 라그랑 영역을 가늠하여 잡아주었다.

free size

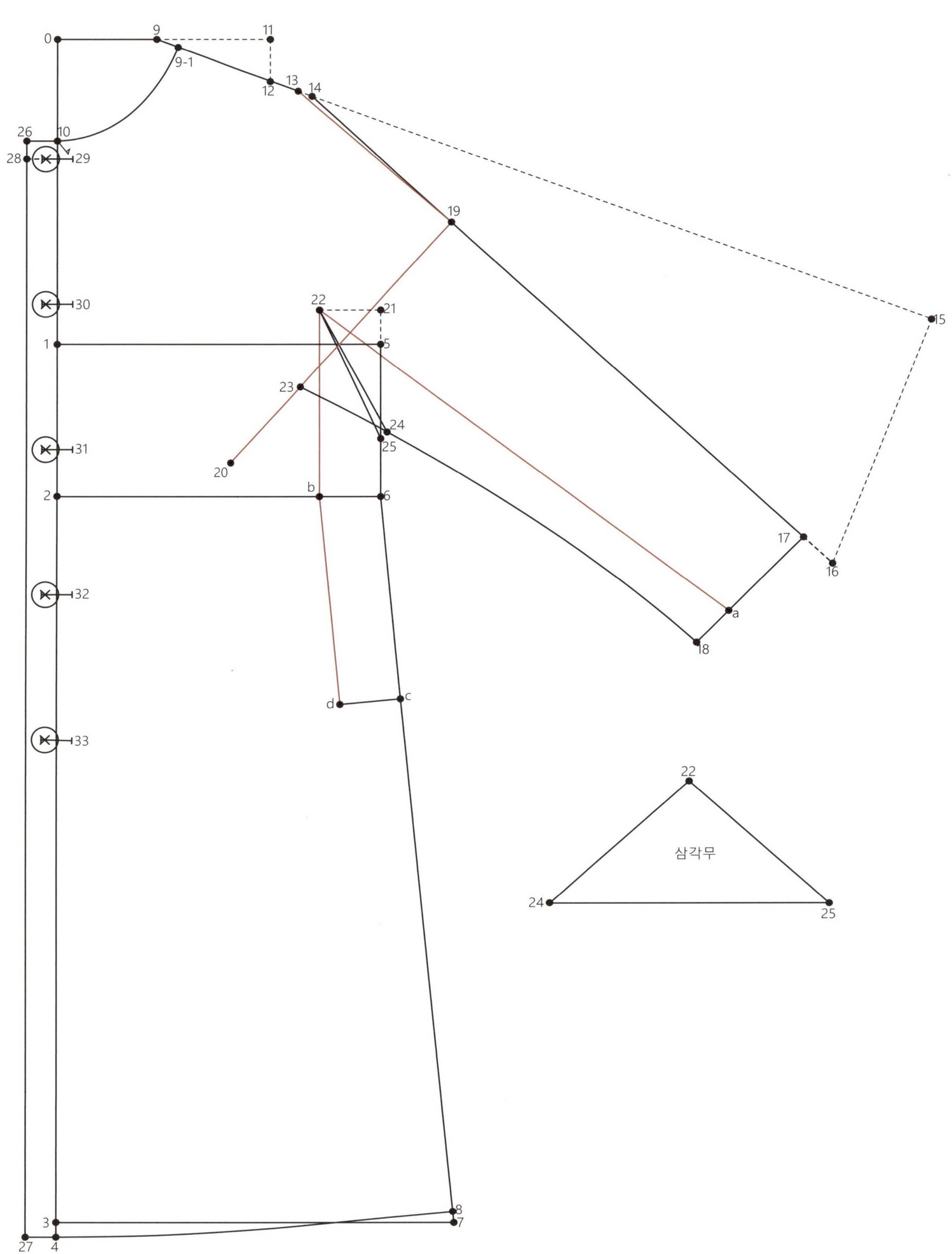

앞판

0-1 진동 깊이 = 10 1/2"

0-2 앞길이 = 15 3/4"

0-3 = 40 3/4"

3-4 앞내림 = 1/2"

1-5 앞판 가슴선 길이 = 10 5/8"

2-6 = 10 5/8"

3-7 = 13"

6-7 연결

8 밑단 정리 = 6-7 선상 7에서 1/2" 떨어진 지점

4-8 밑단 자연스럽게 연결

0-9 = 3 1/4"

9-11 = 3 3/4"

11-12 = 3.6cm

9-12 연결

9-12 선상 9 ~ 9-1 = 7/8"

0-10 = 3 1/2"

9-12 기울기 선상 9-13 = 5"

9-13 기울기 선상 13-14 = 1/2"

9-13 기울기 선상 13-15 = 22"

16 = 13-15 선상 15에 직각으로 9" 떨어진 지점

14-16 연결

17 = 14-16 선상 14에서 22" 떨어진 지점

18 = 14-17 선상 17에 직각으로 5" 떨어진 지점

14-17 선상 존재하는 19점에 대하여 13-19의 거리가 6
3/4"(소매산)이 되도록 14-19-20(연장) 직각선을 만든다.

5-21 수직 = 3cm

21-22 수평 = 2"

소매통 선상 19-23 = 7 1/2"

23-18 소매 인심 생성

소매 인심 선상 23-24 = 3 1/4"

옆선 선상 5-25 = 3 1/4"

22-24, 22-25 연결

10-26(수직) = 1"

4-27 = 1"

26-27 연결

26-28(수직) = 5/8"

29 단추 1 = 28에서 수평으로 5/8" 떨어진 지점

30 단추 2 = 29에서 수직으로 5" 내려간 지점

31, 32, 33 이하 단추 간격 5" 동일

삼각 무 버전

몸판 22-24, 22-25 길이에 맞춰 삼각무를 만들어준다.

삼각무 22-24-25

일자무 버전

18-a = 1 1/2"

허리선상 6-b = 2"

옆선선상 6-c = 7"

c-d (옆선에 직각)= 2"

**

23의 위치는 5-22-23의 라그랑 영역을 가늠하여 잡아주었다.

몸판 무가 달리는 절개선(24-22-25)은 삼각 무 넓이 생성에 직접

관여하기 때문에 이를 고려하여 절개선의 위치를 고민해야 한다.

신체

55사이즈

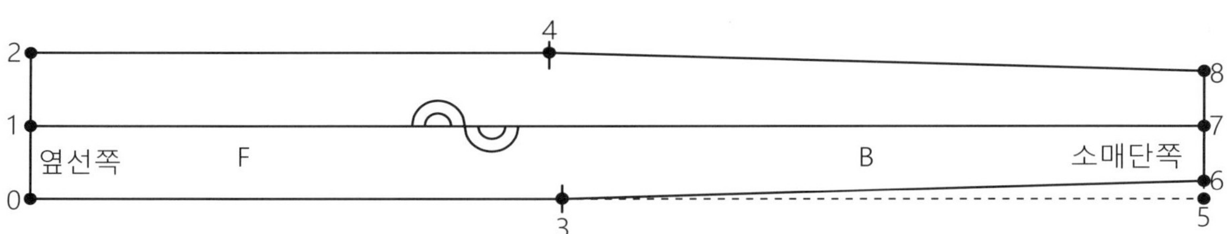

일자 무

0-1, 1-2 = 2"

0-3 = 앞판 몸판 22-b-d

2-4 = 뒤판 몸판 23-b-d

3-5 = 뒤판 소매 23-a

5-6 = 1/2"

6-7, 7-8 = 1 1/2"

4-8 = 앞판 소매 22-a

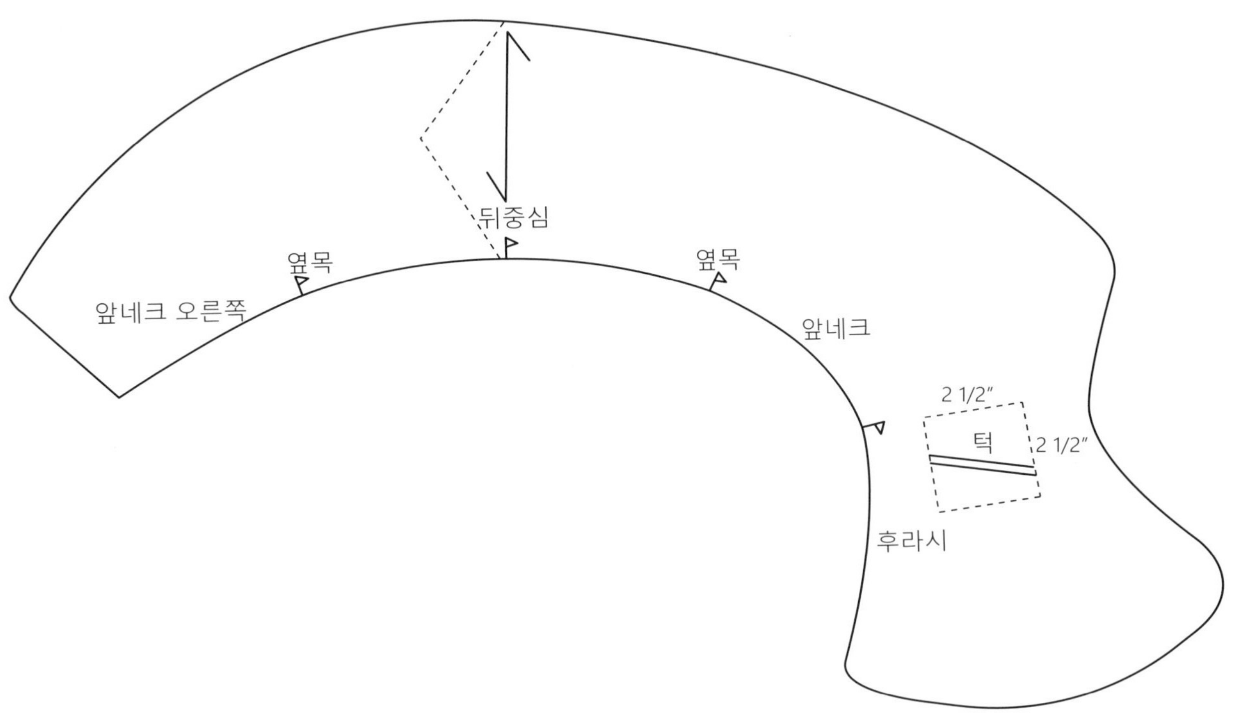

칼라

형태를 서술하기에 자유로운 부분이 있기에 일정 사이즈만 기술하였다.

플랫칼라의 형태로 자유롭게 구사한다.

신체

66사이즈

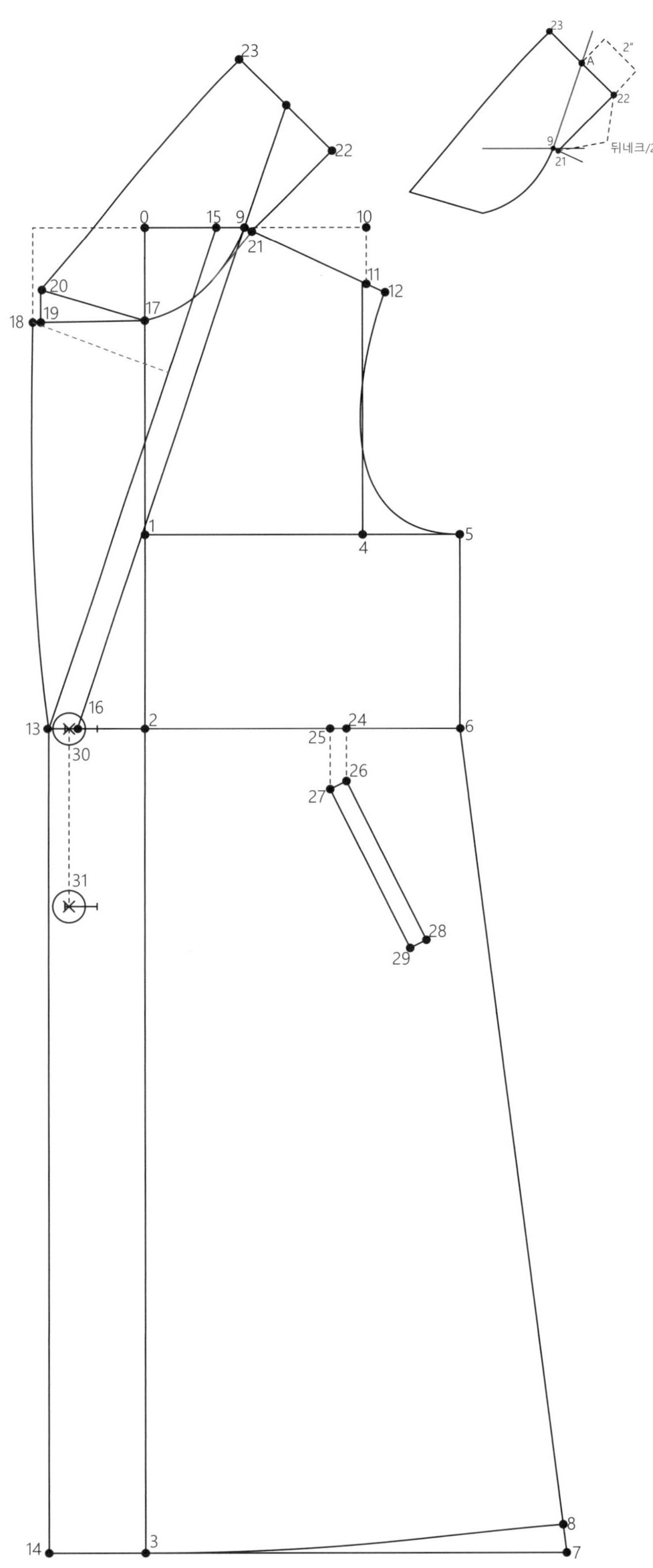

앞판

0-1 진동 깊이 = 9 1/2"

0-2 앞길이 = 15 1/2"

0-3 = 41"

1-4 앞품 = 6 3/4"

1-5 앞판 가슴선 길이 = 9 3/4"

6 = 5에서 허리선까지 수직선을 내림

3-7 = 13"

6-7 연결

8 밑단 정리 = 6-7 선상 7에서 7/8" 떨어진 점

3-8 밑단 자연스럽게 연결

0-9 = 3 1/8"

9-10 = 3 3/4"

10-11 = 1 3/4"

9-11 연결

12 = 9-11 선상 9점에서 4 3/4" 연장

12-5 암홀 생성

2-13, 3-14 여밈 = 3"

9-15 = 7/8"

13-16 = 7/8"

13-15 연결

9-16 연결

0-17 = 2 7/8"

9-17 네크라인 연결

18 = 17에서 수평을 유지하며 3 1/2" 좌측으로 나간 후

1~2mm 수직으로 내려간 지점

17-18 연결

19 = 17-18 선상 18에서 1/4" 떨어진 지점

20 = 19에서 수직으로 1" 올라간 지점

21 = 어깨선상 9에서 1/4" 떨어진 지점

칼라 각도 생성

A점 = 보조선과 만나는 지점

직각과 뒤 네크/2 조건을 유지하여 A점과 22점의 거리가 2"가

되도록 칼라 각도 생성 (A-22-21)

뒤판은 제도하지 않았으므로 뒤판 네크는 3 1/2" 추정

22-23(직각) = 4"

23-20 자연스럽게 연결

몸판 사선 주머니

6-24 = 3 1/2"

24-25 = 1/2"

24-26 = 1 5/8"

25-27 = 1 7/8"

26-27 연결

28 = 26-27 선상 26에서 직각으로 5 1/2" 연장

29 = 26-27 선상 27에서 직각으로 5 1/2" 연장

26-27-29-20 연결

단추

30 단추 1 = 13에서 수평으로 5/8" 떨어진 지점

31 단추 2 = 30에서 수직으로 5 1/2" 내려간 지점

**

사선주머니의 위치는 팔길이나 몸판 비율에 맞춰 조정해 줄 수 있

다.

빨간 점선 = 라펠의 너비

라펠의 너비는 원단의 두께에 따라 말아지는 분량이 관여한다. 그러

므로 원하는 너비 + 말아지는 분량으로 계산해 줄 수 있다.

신체

66사이즈

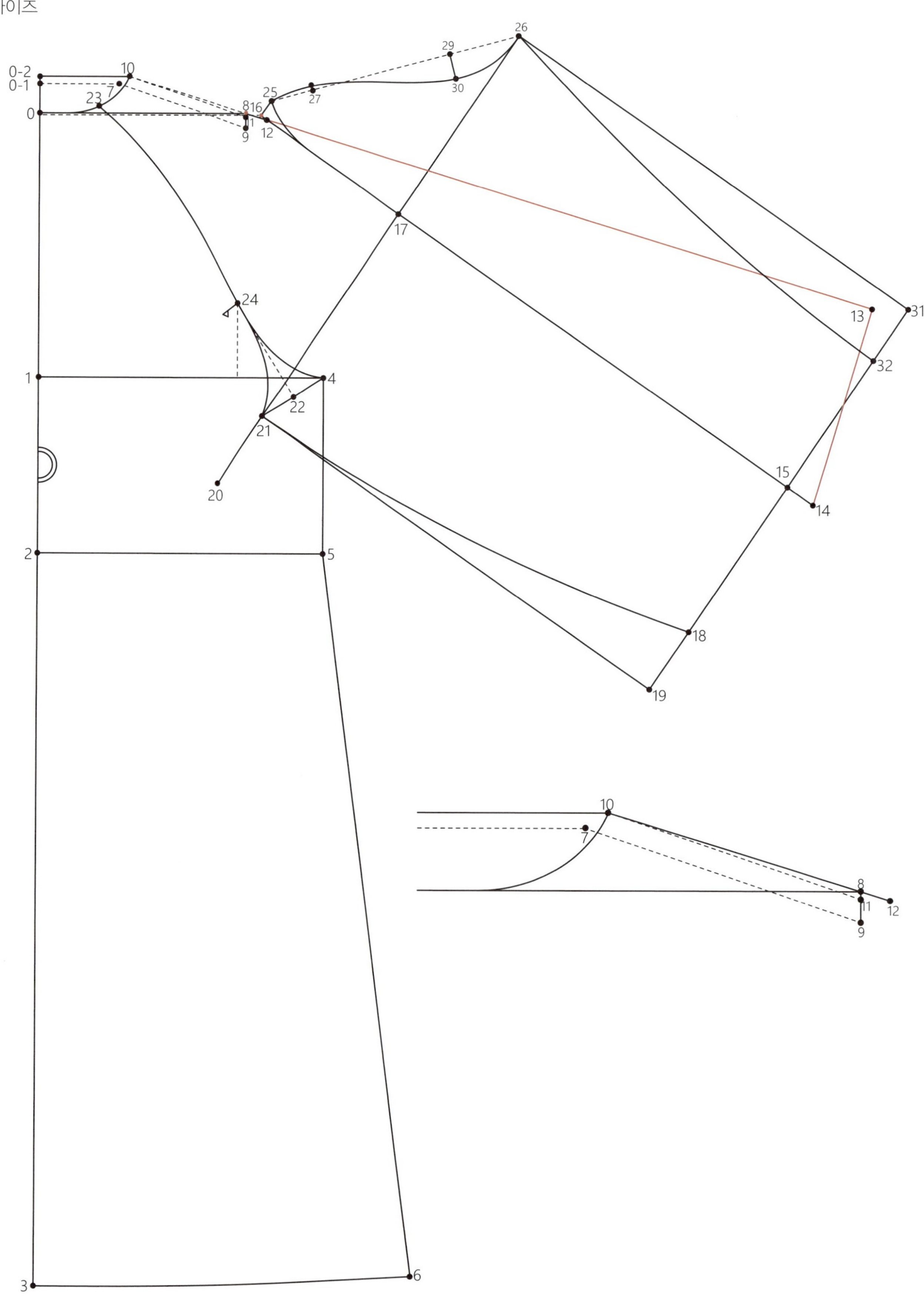

뒤판

0-1 진동 깊이 = 9"

0-2 등길이 = 15"

0-3 = 40"

1-4 뒤판 가슴선 길이 = 10"

5 = 4에서 허리선까지 수직선을 내림

5-6 = 앞판 옆선의 길이와 경사를 그대로 유지한 채 복사한다.

3-6 자연스럽게 밑단 연결

0 ~ 0-1 = 1"

0-1 ~ 7 = 2 3/4"

0-8 = 7 1/4"

8-9 = 1/2" (기본각도)

7-9 연결

0-1 ~ 0-2 = 1/4"

0-2 ~ 10 = 3 1/8"

10점을 향해서 7-9선을 평행이동 = 10-11

0-10 네크라인 연결

8 = 11점에서 수직으로 1/8" 올라간 지점(당김 방지)

10-8 연결

12 = 10-8 선상 8점에서 3/4" 연장

13 = 10-12 선상 12점에서 22" 연장

14 = 12-13 선상 13점에 직각을 맞춰 7" 연장

12-14 연결

15 = 12-14 선상 12점에서 22" 떨어진 지점

16 = 12-15 선상 12점에서 1/4" 연장 (어깨점)

16-15 선상 16-17 소매산 = 5 7/8"

18 = 16-15 선상 15에 직각으로 6" 떨어진 지점

19 = 15-18 선상 18에서 2 3/8" 연장

20 = 16-15 선상 17에서 직각으로 뻗은 연장선

21 = 15-19 선상 19에서 뻗어나간 직각선과 17-20 선분과의 교차점

4-21 연결

22 = 4-20의 중심

23 = 0-10 네크라인 선상 10에서 1 1/2" 떨어진 지점

24 = 4에서 좌측 수평으로 3", 수직으로 2 1/2" 올라간 지점

23-24-4 , 23-24-21 연결

25 = 16-15 선상 16에 직각을 맞춰 5/8" 나간 지점

이즈 감소와 앞뒤 래글런 라인을 맞췄을 때 생기는 빈 공간의 추측이다.

소매통 선상 25-26 = 앞 암홀 길이 - 3/8"

27 = 25-26 선상 25에서 1 1/2" 떨어진 지점

28 = 27에 직각에 맞춰 1/8"

29 = 25-26 선상 26에서 2 1/2" 떨어진 지점

30 = 29에 직각에 맞춰 7/8"

25-28-30-26 연결

31 =17-26 선상 26에서 직각에 맞춰 수직선을 내리고

15-18의 연장선과 만나는 지점

32 = 15-31 선상 31에서 2 1/8" 떨어진 지점

21-18 (배를 살려서) 인심 연결

26-32 (배를 죽여서) 인심 연결

**

소매산 5 7/8"은 암홀 둘레/3(셋 인 슬리브 기준 예측)의 높이에서 이즈를 감소시킨 높이로 판단한다.

추측 암홀 둘레

F AH 9 3/8"

B AH 10 1/8"

free size

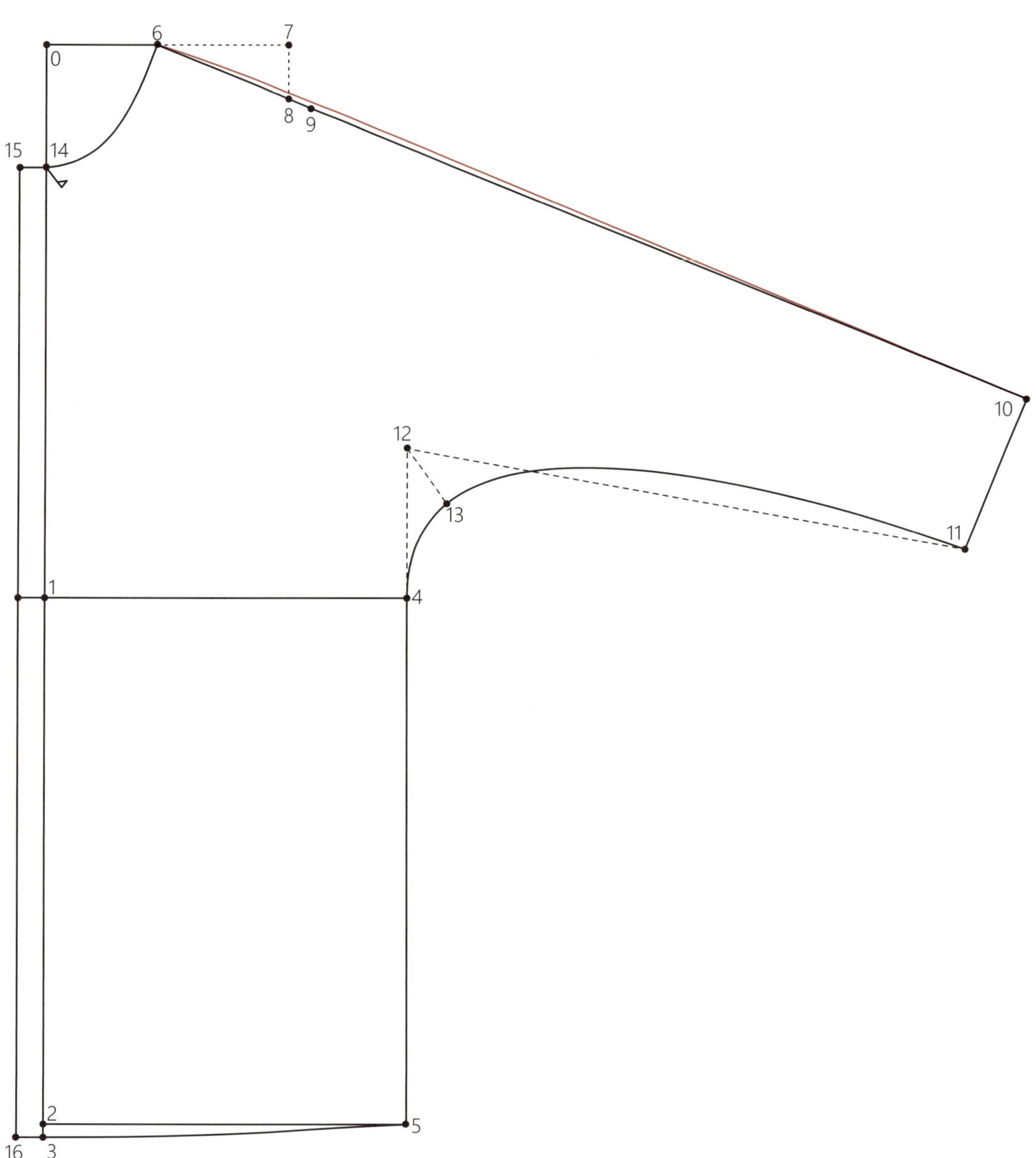

앞판

0-1 앞길이 = 15 3/4"

0-2 총장 = 30"

2-3 앞내림 = 3/8"

1-4, 2-5 = 10 1/4"

3-5 연결

0-6 = 3 1/8"

6-7 = 3 3/4", 7-8 = 1 1/2"

6-8 연결

8-9 말아지는 분량 = 1/2"

6-9의 기울기 연장선상 9-10 = 22"

11 = 9-10 선상 10점에 직각을 맞춰 4 5/8" 나간 지점

12 = 4에서 수직으로 4 1/4" 올라간 지점

12-13 = 12에서 약 45도 각도를 유지하며 2" 연장

11-13-4 연결

6-10 라인을 약간 굴려서 그린다. (8점에서 1/8" 올림) 빨간 선

14-15, 3-16 = 3/4" 여밈

free size

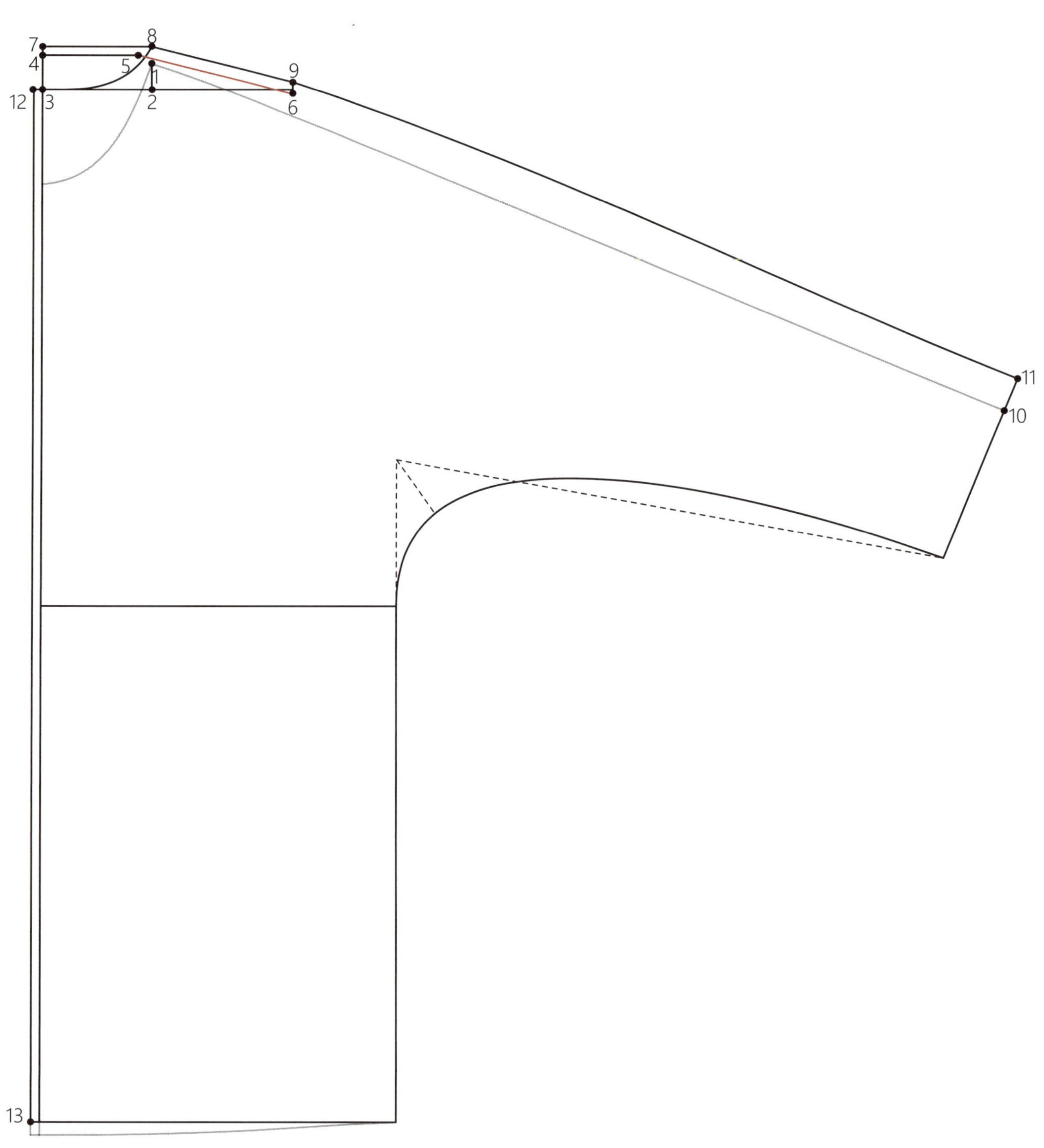

뒤판

1 = 앞판의 옆목점

1-2 앞길이와 등길이의 차이 = 3/4"

2-3 = 3 1/8" (앞목너비)

3-4 (뒷목점 - 옆목점 사이 길이) = 1"

4-5 어깨 경사를 잡기 위한 보조 위치 = 2 3/4"

6 = 3에서 55 어깨너비/2(7 1/4") 만큼 수평으로 나가고 1/8" 내려간 지점

1-6 연결

4-7 무다트 적용 = 1/4"

7-8 = 3 1/8"

8-9 ≒ 1-6 어깨선 기울기를 유지하며 8점에 맞춰 평행이동

10-11 = 1" 선연장

8-9-11 연결 (뒤판 어깨선에 약간의 이즈가 들어간다.)

3-12 = 1/4" (앞목너비와 뒷목너비 차이 반영) - 앞뒤 겨드랑이 인심 변화가 없다.

13 = 12에서 밑단선까지 수직선을 내림

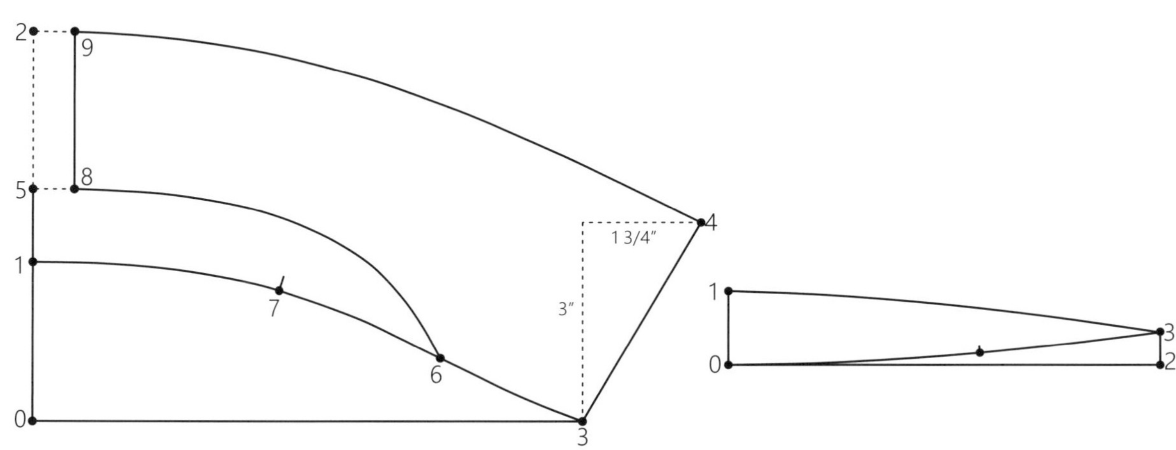

칼라제도

0-1 = 2 1/2"

1-2 = 3 1/2"

0-3 = 8 1/4"

4 = 3에서 수직으로 3, 수평으로 1 3/4" 이동

1-3, 2-4 자연스럽게 연결

1-5 = 1 1/8"

7점 - 옆목너치 (1-7 = 뒤 네크 길이)

6점 = 1-3 선상 7점에서 2 3/4" 떨어진 지점

5-6 자연스럽게 연결

칼라 스탠드 제도

0-1 = 1 1/8"

0-2 = 6 1/2"

2-3 = 1/2"

0-3, 1-3 자연스럽게 연결

칼라 1-7 = 스탠드 0-4가 되도록 4점 너치 생성

칼라 수정

칼라 스탠드 1-3의 길이와 칼라 5-6의 길이가 맞지 않음.
맞지 않는 길이만큼 칼라에서 커트 = 5-8, 2-9

**

6 = 밴드는 꺾었을 때 보이지 않는 선에서 위치를 잡아주는 것이 좋
다.

칼라는 꺽임선을 기준으로 내, 외경이 바뀌게 된다. 그러므로 밴드
를 따 남는 증상을 없애 밴드가 남지 않고 자리 잡도록 해준다.

1-3의 길이와 2-6의 길이조정을 통해 노바시양을 생성해 줄 수도
있다.

4

스커트

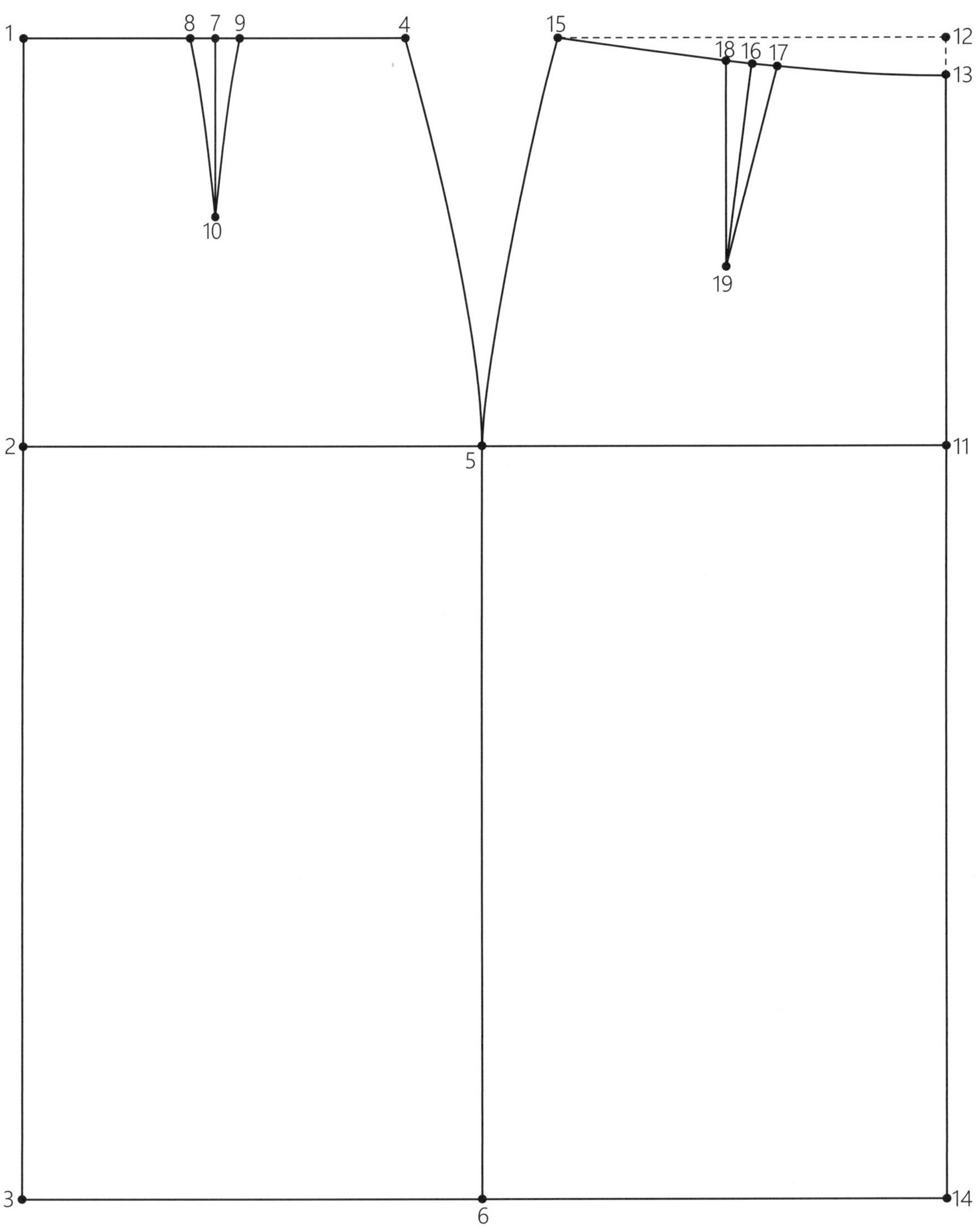

앞판

1-2 힙선 위치 = 8"

1-3 스커트 기장 = 22 3/4"

1-4 허리선 = 7 1/2" (w/4 + 1" 다트)

2-5 힙선 = 9" (H/4)

3-6 밑단 = 9"

4-5 옆선 연결

5-6 연결

7 (다트 중심) = 1-4의 중심

7-8, 7-9 = 1/2"

7-10(직각) = 3 1/2"

8-10, 9-10 다트 연결 (홀쭉한 다트)

뒤판

5-11 = 9" (H/4)

11-12 = 8"

12-13 = 3/4"

**

(12-13 = 3/4") 뒤 중심 쪽은 볼륨이 꺼져있고 엉덩이는 볼륨이
있기 때문에 앞길이와 등길이가 다르듯 체형을 덮는 면적이 다르다.

12-14 = 22 3/4"

12-15 = 7 1/2" (w/4 + 1" 다트)

15-5 옆선 연결

14-6 연결

15-13 허리선 연결

16 = 13-15의 중심

16-17, 16-18 = 1/2"

16-19(직각) = 4"

18-19, 17-19 연결

다트 정리 후 필요에 따라 부속과 기호를 넣는다.

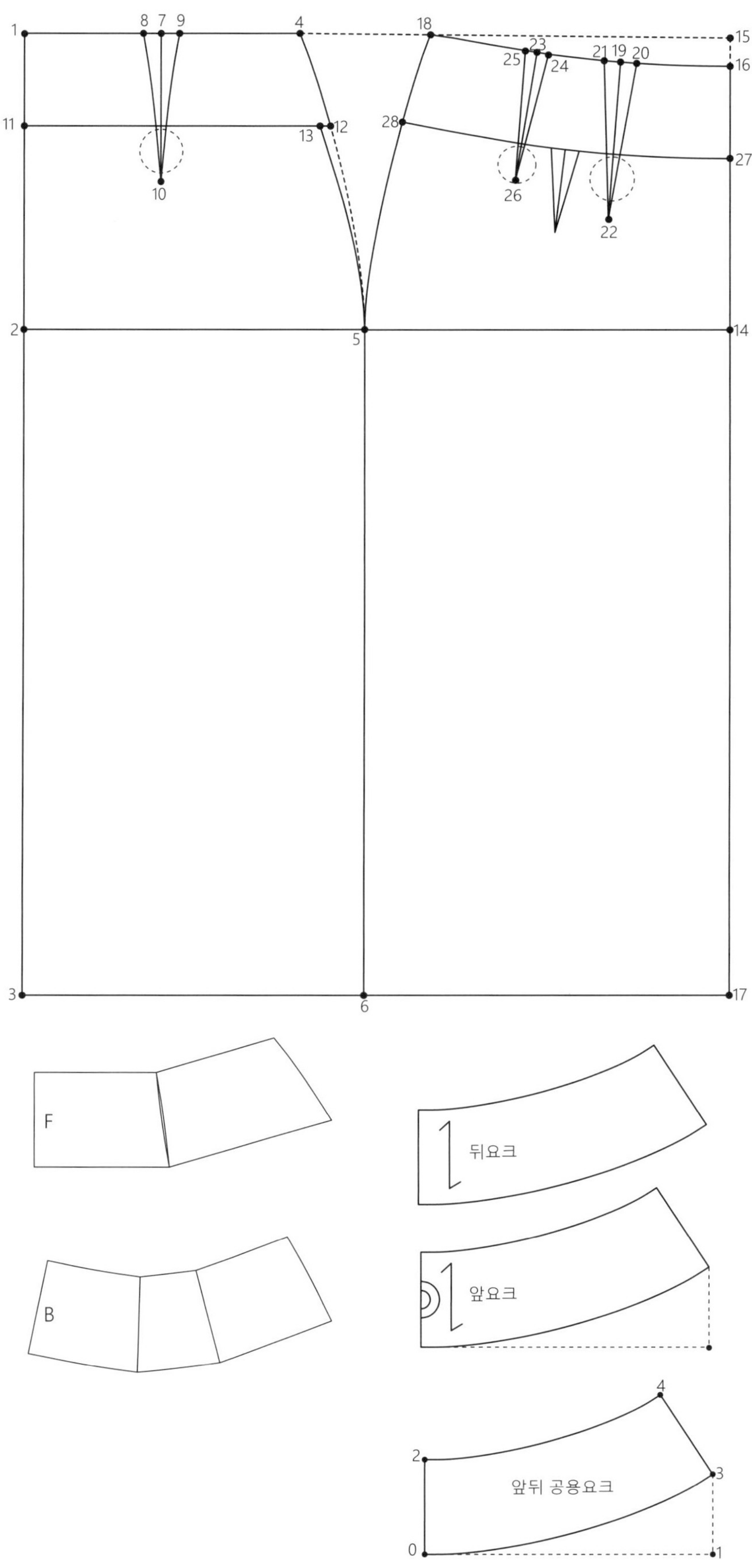
F
B
뒤요크
앞요크
앞뒤 공용요크

앞판

1-2 힙선 위치 = 8"

1-3 기장 = 26

1-4 허리선 = 7 1/2" (w/4 + 1" 다트)

2-5 힙선 = 9 1/4" (H/4 − 1/4")

3-6 밑단 = 9 1/4""

4-5 옆선 연결

5-6 직선 연결

7 (다트 중심) = 1-4의 중심

7-8, 7-9 = 1/2"

7-10(직각) = 3 1/2"

8-10, 9-10 다트 연결 (홀쭉한 다트)

앞 요크

1-11 = 2 1/2"

옆선 선상 4-12 = 2 1/2"

11-12 연결

12-13 = mp 되지 않은 다트 분량은 옆선에서 삭제해 준다.

뒤판

5-14 = 9 3/4" (H/4 + 1/4")

14-15 = 8"

15-16 = 7/8"

15-17 = 26"

15-18 = 8" (w/4 + 1" 다트 + 1/2" 다트)

18-5 옆선 연결

16-18 허리선 연결

19 = 허리 선상 16에서 3" 떨어진 지점

19-20, 19-21 = 1/2"

19-22(직각) = 4 1/4"

21-22, 20-22 다트 연결 (직선 다트)

23 = 허리 선상 19에서 2 1/4" 떨어진 지점

23-24, 23-25 = 1/4"

23-26(직각) = 3 1/2"

24-26, 25-26 다트 연결 (직선 다트)

뒤 요크

16-27 = 2 1/2"

옆선 선상 18-28 = 2 1/2"

27-28 연결

mp 되지 않는 다트는 하나의 다트로 만들어 27-28 선상 중심에 그려준다.

다트 정리 후 필요에 따라 부속과 기호를 넣는다.

요크 제도

mp 시킬 요크를 분리시켜 다트를 접어본다. 꺾인 부분을 자연스럽게 다듬었을 때 앞뒤 요크의 곡률이 큰 차이를 보이지 않는다면 앞뒤 공용 요크를 다시 제도하여 사용할 수 있다.

0-1 = 7 1/2"

0-2 = 2 1/2"

1-3 = 2 1/8"

0-3 연결

4 = 0-3 선상 3에서 직각을 맞춰 2 1/2" 연장

2-4 연결

**

요크하단(0-3)은 전체심지는 붙이고 심지테이프를 치지 않을 경우 바이어스로 인해 봉제 시 늘어나기 쉬운데 이를 이용하여 미리 0-3의 길이를 1/4" 정도까지 줄여줄 수 있다. 1/4" 정도를 감소시켜 제도하게 되면 요크의 곡은 덜 휘어지게 된다. 덜 휘어진 요크는 보다 자연스럽게 허리와 골반을 감아주는데 도움을 준다. 요크는 다트를 제거한 패턴이기 때문에 필요 이상의 곡은 옆선 쪽 솔기가 뾰족하게 튀어나와 문제를 자주 일으키게 된다.

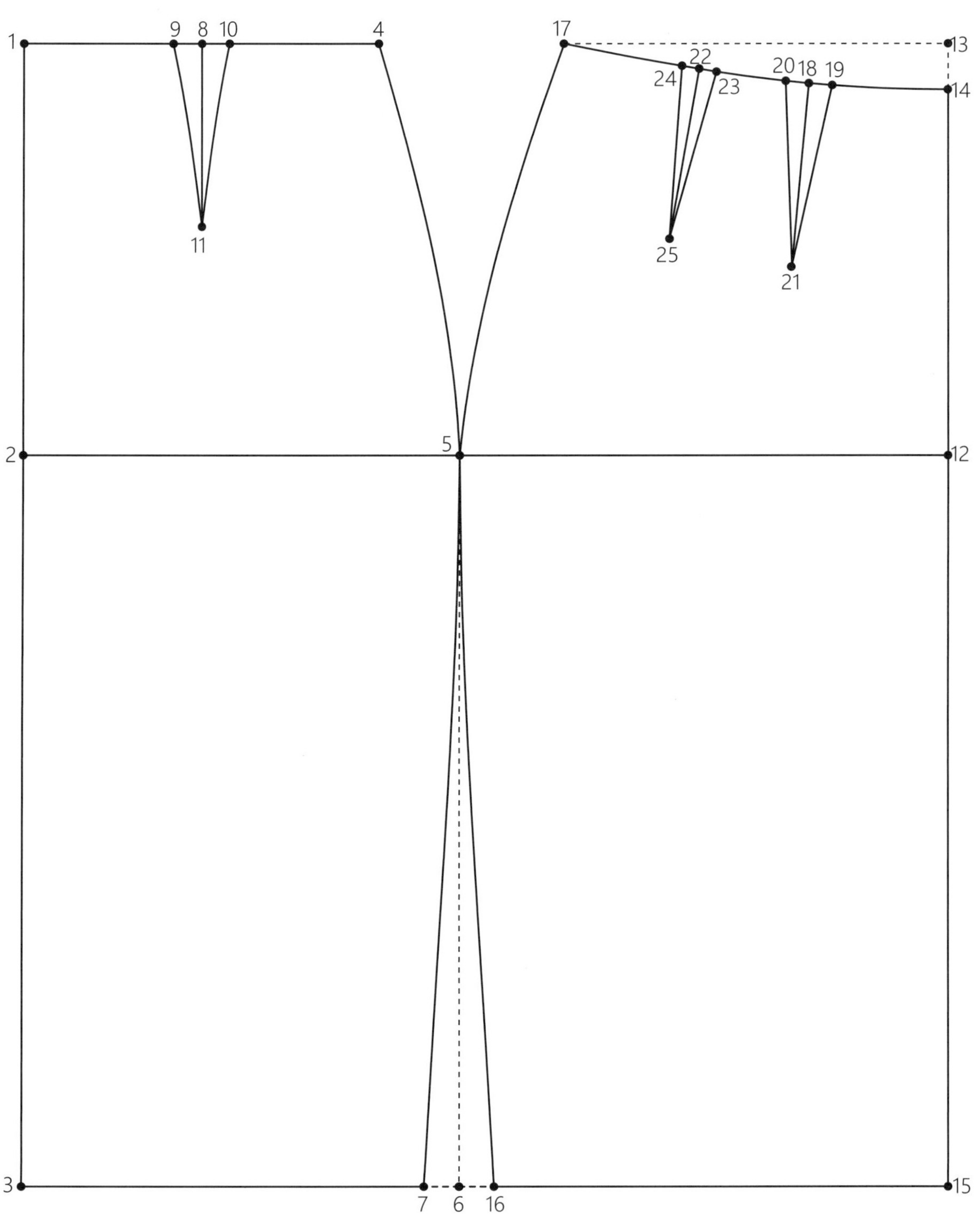

앞판

1-2 힙선 위치 = 9"

1-3 기장 = 25"

1-4 허리선 = 7 3/4" (w/4 + 1 1/4" 다트)

2-5 힙선 = 9 1/2" (H/4 - 1/2")

3-6 밑단 = 9 1/2"

4-5 옆선 연결

6-7 = 3/4"

5-7 연결

8 (다트 중심) = 1-4의 중심

8-9, 9-10 = 5/8"

8-11(직각) = 4"

9-11, 10-11 다트 연결 (홀쭉한 다트)

뒤판

5-12 = 10 1/2" (H/4 + 1/2")

12-13 = 9"

13-14 = 1"

13-15 = 25"

13-17 = 8 1/4" (w/4 + 1" 다트 + 3/4" 다트)

14-17 연결

17-5 옆선 연결

6-16 = 3/4"

5-16 연결

14-17 허리선 연결

18 = 14-17 선상 14에서 3" 나간 위치

18-19, 18-20 = 1/2"

18-21(직각) = 4"

19-21, 20-21 연결 (직선 다트)

22 = 14-17 선상 18에서 2 3/8" 떨어진 곳

22-23, 22-24 = 3/8"

22-25(직각) = 3 3/4"

23-25, 24-25 연결 (직선다트)

다트정리 후 필요에 따라 기호를 넣는다.

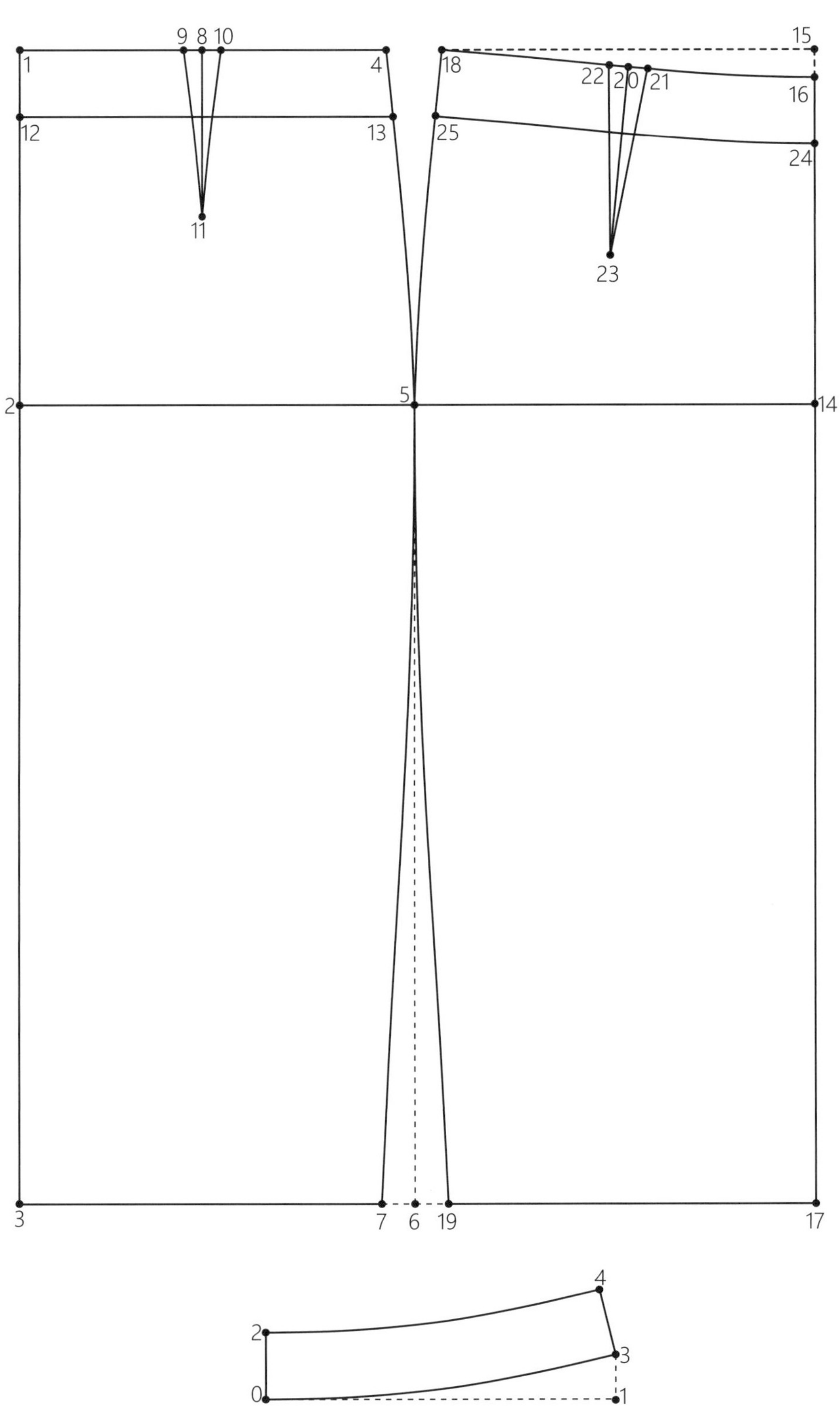

앞판

1-2 힙선 위치 = 8"

1-3 기장 = 26"

1-4 허리선 = 8 3/8" (w/4 + 7/8" 다트)

2-5 = 9" (H/4)

3-6 밑단 = 9"

4-5 옆선 연결

6-7 = 3/4"

5-7 연결

8 (다트 중심) = 1-4의 중심

8-9, 8-10 = 7/16" (7/8"의 절반)

8-11(직각) = 3 3/4"

9-11, 10-11 다트 연결 (홀쭉한 다트)

앞 요크

1-12 = 1 1/2"

옆선 선상 4-13 = 1 1/2"

12-13 연결

mp 되지 않는 부분은 다트로 봉제한다.

뒤판

5-14 = 9" (H/4)

14-15 = 8"

15-16 = 5/8"

15-17 = 26"

15-18 = 8 3/8" (w/4 + 7/8" 다트)

18-5 옆선 연결

6-19 = 3/4"

5-19 연결

16-18 허리선 연결 20 = 16-18의 중심

20-21, 20-22 = 7/16"(7/8"의 절반)

20-23(직각) = 4 1/4"

뒤 요크

16-24 = 1 1/2"

옆선 선상 18-25 = 1 1/2"

24-25 연결

mp 되지 않는 부분은 다트로 봉제한다.

다트 정리 후 필요에 따라 부속과 기호를 넣는다.

요크 정리

mp 시킬 요크를 분리시켜 다트를 접어본다. 꺾인 부분을 자연
스럽게 다듬었을 때 앞뒤 요크의 곡률이 큰 차이를 보이지 않는
다면 앞뒤 공용 요크를 다시 제도하여 사용할 수 있다.

0-1 = 7 7/8"

0-2 = 1 1/2"

1-3 = 1"

0-3 연결

4 = 0-3 선상 3에 직각을 맞춰 1 1/2" 연장

2-4 연결

**

허리와 힙의 편차가 적어도 일정양의 다트를 넣어주는 이유는 골반을 통과해야 하기 때문이다. 그러므로
보다 정확한 체촌을 위해서 허리선을 고무밴드로 묶어 가이드라인을 찾은 뒤 튀어나오거나 꺼저보이는 위치를 찾아
둘레를 측정하여 그 둘레를 충족하도록 다트량을 넣어주는 것이 바람직하다.

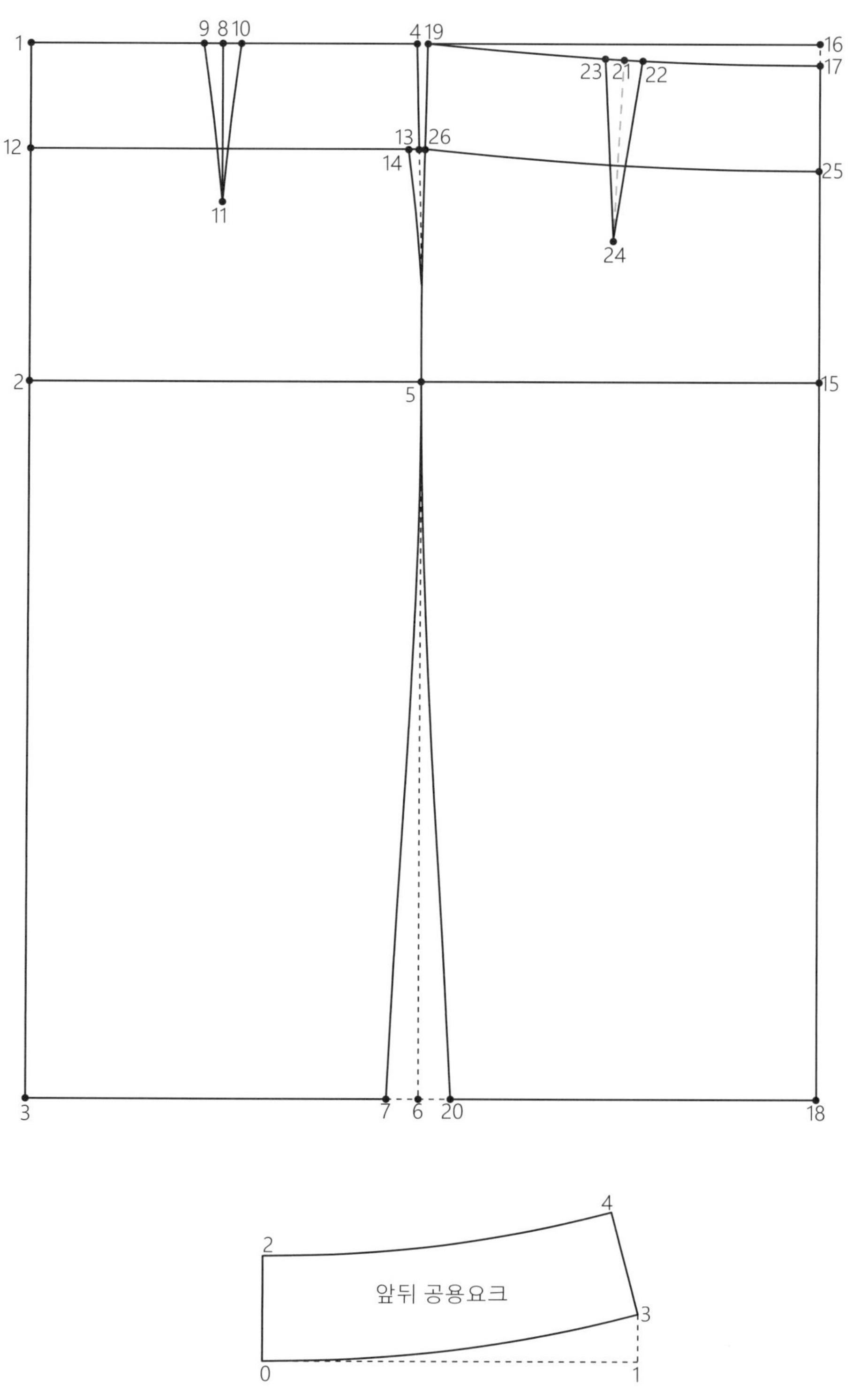
앞뒤 공용요크

앞판

1-2 힙선 위치 = 8"

1-3 기장 = 25"

1-4 허리선 = 9 1/8" (w/4 + 7/8" 다트)

2-5 힙선 = 9 1/4" (H/4)

3-6 밑단 = 9 1/4"

4-5 옆선 연결

6-7 = 3/4"

5-7 연결

8 (다트 중심) = 1-4의 중심

8-9, 8-10 = 7/16" (7/8"의 절반)

8-11(직각) = 3 3/4"

9-11, 10-11 다트 연결 (홀쭉한 다트)

앞 요크

1-12 = 2 1/2"

옆선 선상 4-13 = 2 1/2"

12-13 연결

13-14 = mp 되지 않은 다트 분량은 옆선에서 삭제해
준다.

뒤판

5-15 = 9 1/4" (H/4)

15-16 = 8"

16-17 = 1/2"

16-18 = 25"

16-19 = 9 1/8" (w/4 + 7/8" 다트)

19-5 옆선 연결

6-20 = 3/4"

5-20 연결

17-19 허리선 연결

21 = 17-19의 중심

21-22, 21-23 = 7/16" (7/8"의 절반)

21-24(직각) = 4 1/4"

뒤 요크

17-25 = 1 1/2"

옆선 선상 19-26 = 1 1/2"

25-26 연결

mp 되지 않은 부분은 다트로 봉제한다.

다트 정리 후 필요에 따라 부속과 기호를 넣는다.

요크 제도

mp 시킬 요크를 분리시켜 다트를 접어본다. 꺾 인 부분을 자연
스럽게 다듬었을 때 앞뒤 요크의 곡률이 큰 차이를 보이지 않
는다면 앞뒤 공용 요크를 다시 제도하여 사용할 수 있다.

0-1 = 8 3/4"

0-2 = 1 1/2"

1-3 = 1 1/8"

0-3 연결

4 = 0-3 선상 3에 직각을 맞춰 1 1/2" 연장

2-4 연결

**

아랫배가 나온 체형은 앞판 다트의 길이가 짧아지는데 요크의 폭 또한 좁으면 다트가 몽땅하게 박혀 있어서 외관상 좋아 보이지 않는다.

그러므로 요크의 폭을 넓히거나 이즈로 처리하거나 옆선에서 남은 다트분량을 커트시키는 방법을 생각해 볼 수 있다.

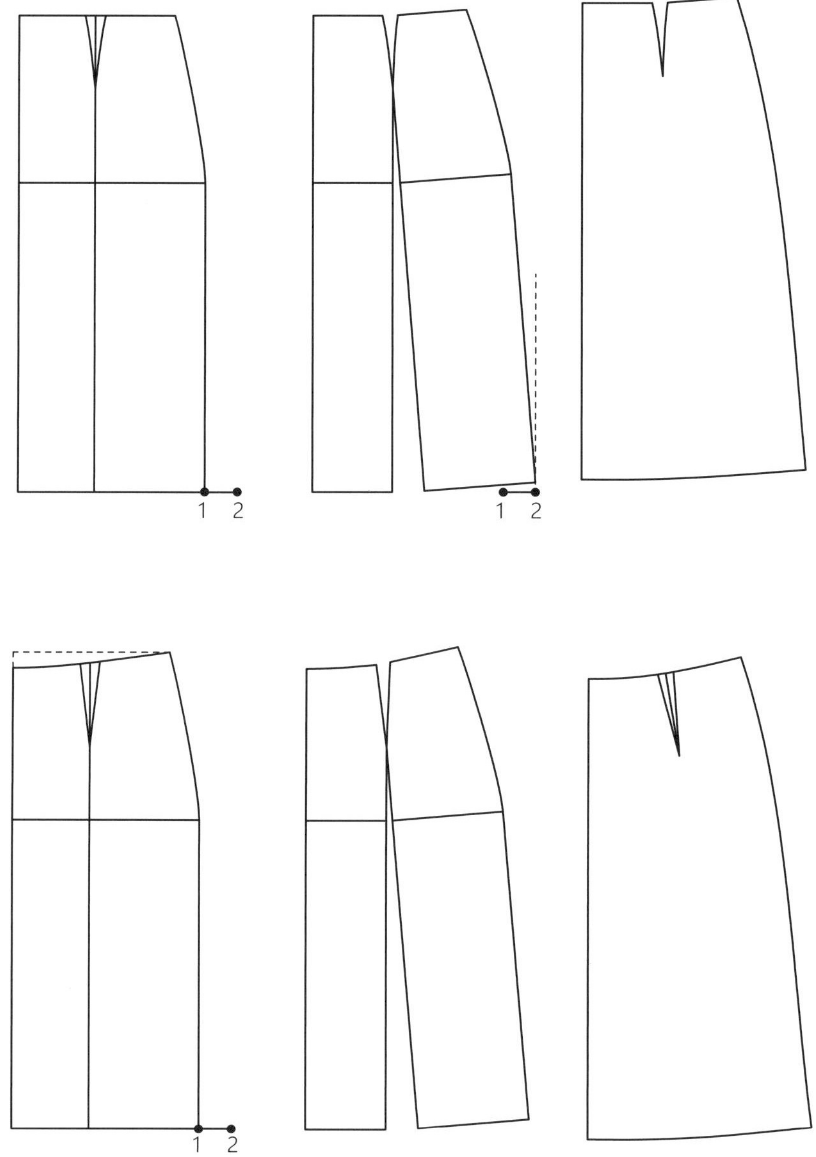

방식 1

w26 h36 스커트를 가져온다.

뒤판 다트는 수직으로 내려 다시 그려준다.

A라인 벌림 분량을 정한다. 1-2 = 1 1/2"

다트 끝에서 절개선을 수직으로 내리고 2점의 y축까지만 벌려준다.

밑단을 정리한다.

뒤판 다트를 정리한 허리선에 맞춰 다시 그려준다.

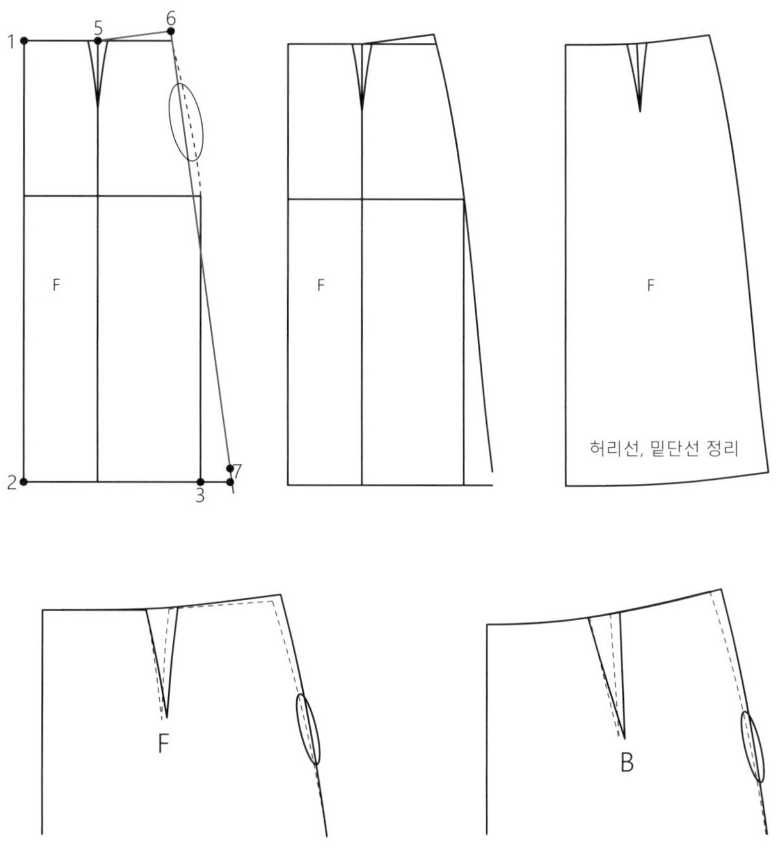

방식 2

w26 h36 스커트를 가져온다.

벌릴 양을 정해준다. 3-4 = 1 1/2"

2-1-5 라인을 5점을 고정하여 4점에 맞닿도록 종이 패턴을 접어본다.(빨간 선)

2점이 접히게 되면 7점으로 바뀐다.

1점이 접히게 되면 6점으로 바뀐다.

선분 6-7이 골반과 힙사이즈를 충족하지 못하므로 점선처럼 다시 수정해 준다. (앞, 뒤 방식 동일)

빨간색 점선 = 방식 1

검은색 = 방식 2

**

(방식 1), (방식 2)를 비교해 보면 (방식 2)의 경우 힙 쪽 여유량이 더 많이 확보되는 것을 확인할 수 있다.

5

패 턴 의 이 해

바지

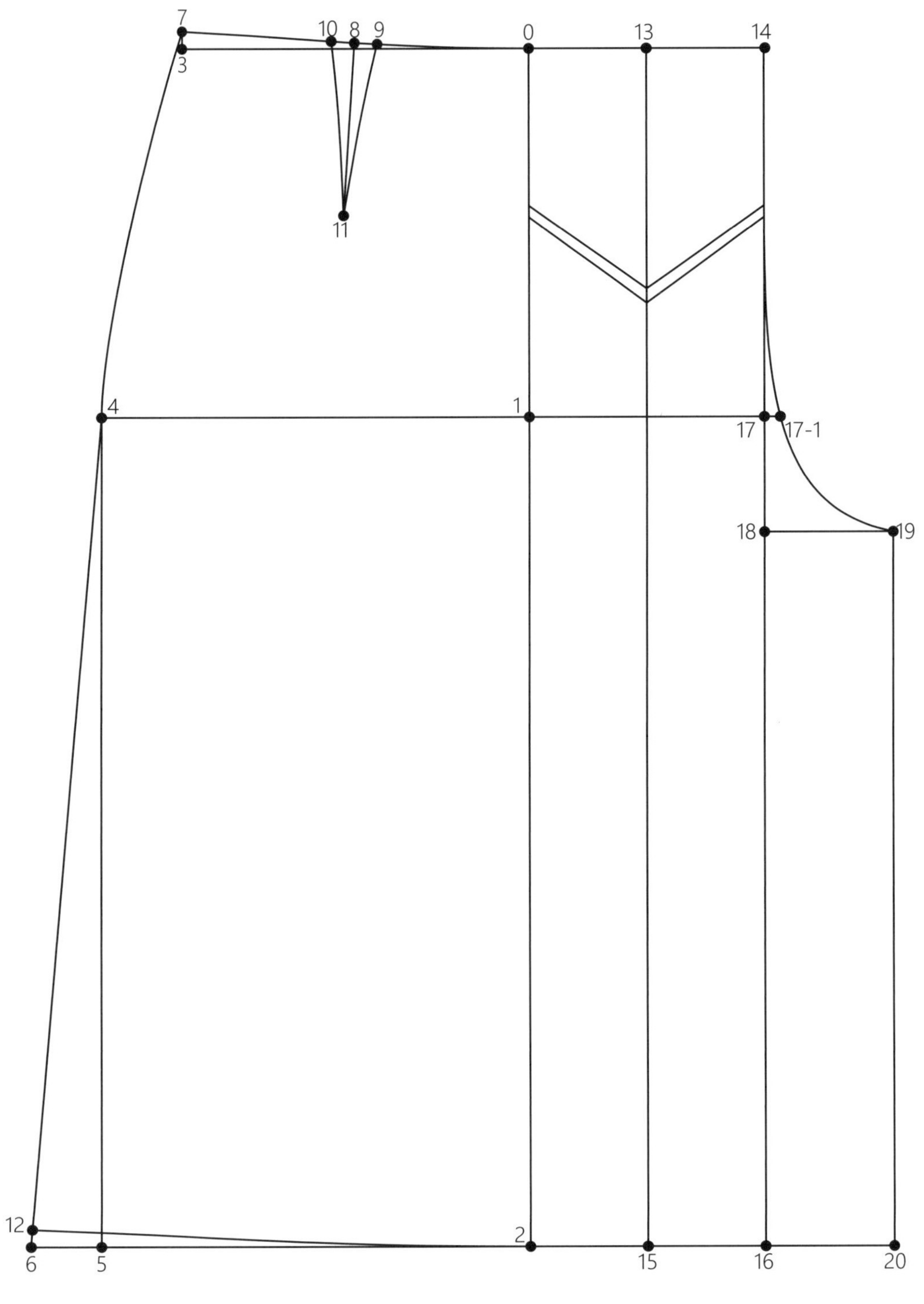

앞판

0-1 힙선 위치 = 8"

0-2 큐롯 기장 = 26"

0-3 = w/4 + 1"(다트) = 7 1/2"

1-4 = H/4 − 1/4" = 9 1/4"

2-5 = H/4 − 1/4" = 9 1/4"

5-6 A 라인 정도 = 1 1/2"

3-7 = 3/8"

0-7 허리선 연결

8 = 허리 선상 0-7의 중심

허리 선상 8-9, 8-10 = 1/2"

8-11(직각) = 3 3/4"

7-4-6 연결

옆선 선상 6-12 = 3/8"

12-2 밑단 연결

0-13, 13-14 맞주름 = 2 1/2"

2-15, 15-16 = 2 1/2"

13-15, 14-16 연결

17 = 힙선을 14-16선까지 연장

17 ~ 17-1 = 9mm

17-18 = 2 1/2"

밑위 위치를 여유롭게 내려주었다.

18- 19 = 2 3/4"

14 ~ 17-1 ~ 19 자연스럽게 연결

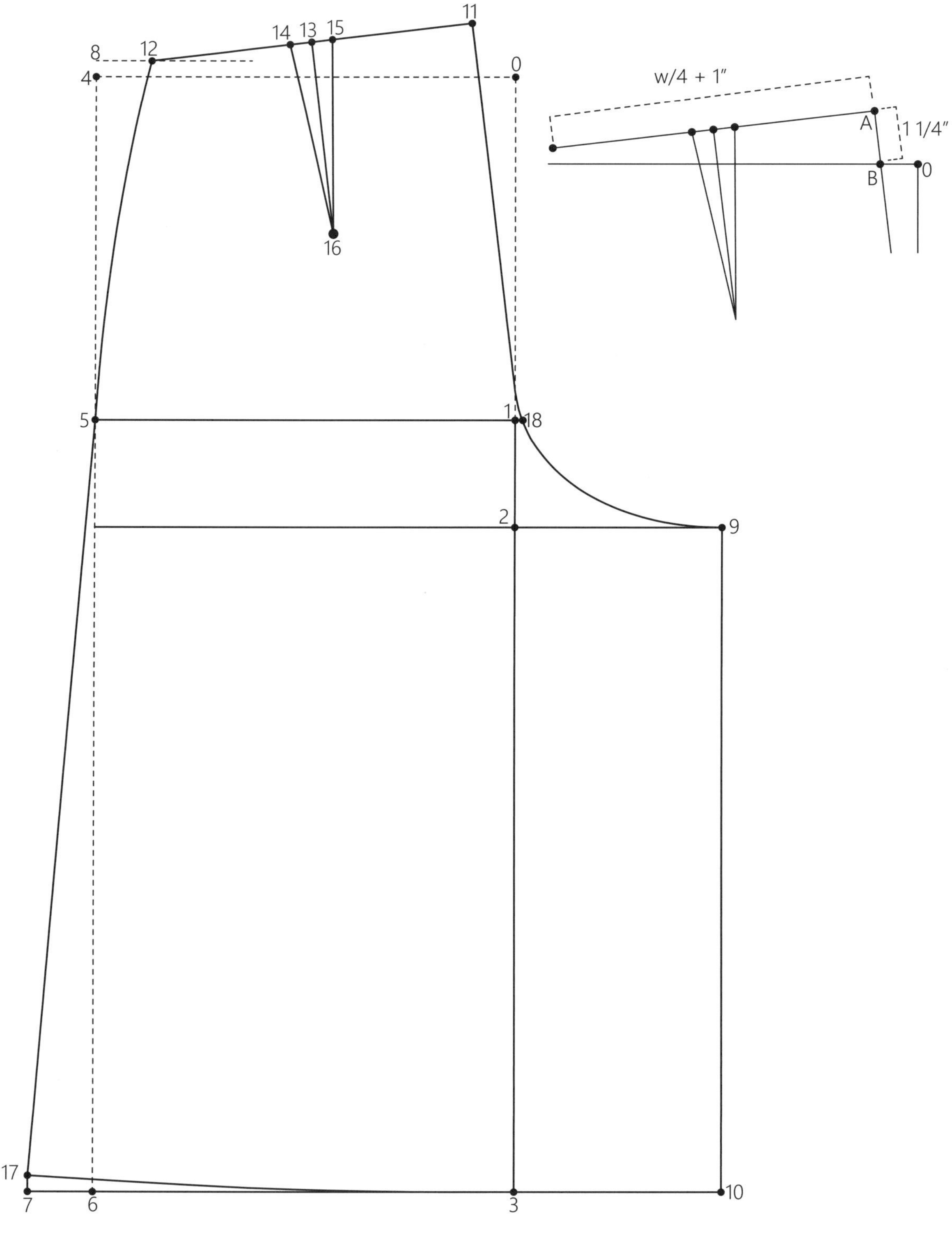
w/4 + 1"
1 1/4"

앞판

0-1 힙선 위치 = 8"

1-2 = 2 1/2"

0-3 큐롯 기장 = 26"

0-4 = H/4 + 1/4" = 9 3/4"

1-5 = 9 3/4"

3-6 = 9 3/4"

6-7 A 라인 정도 = 1 1/2"

8 = 허리선에서 3/8 평행이동한 가상의 수평선

2-9 = 4 3/4"

3-10 = 4 3/4"

9-10 연결

뒤 중심 기울기 만들기

12점은 8라인 (허리선에서 3/8" 올라간 수평선)에 있다.

11-12 = 7 1/2" = w/4 + 1"(다트)

2.A-B 사이의 거리가 1 1/4"

3.A 점의 각이 직각

13 = 11-12의 중심

13-14, 13-15 = 1/2"

16 = 13에서 직각으로 4 1/2"

12-5-7 연결

옆선선상 7-17 = 3/8" (앞판옆선과 길이가 맞도록 조정)

1-18 = 4mm

11-18-9 연결

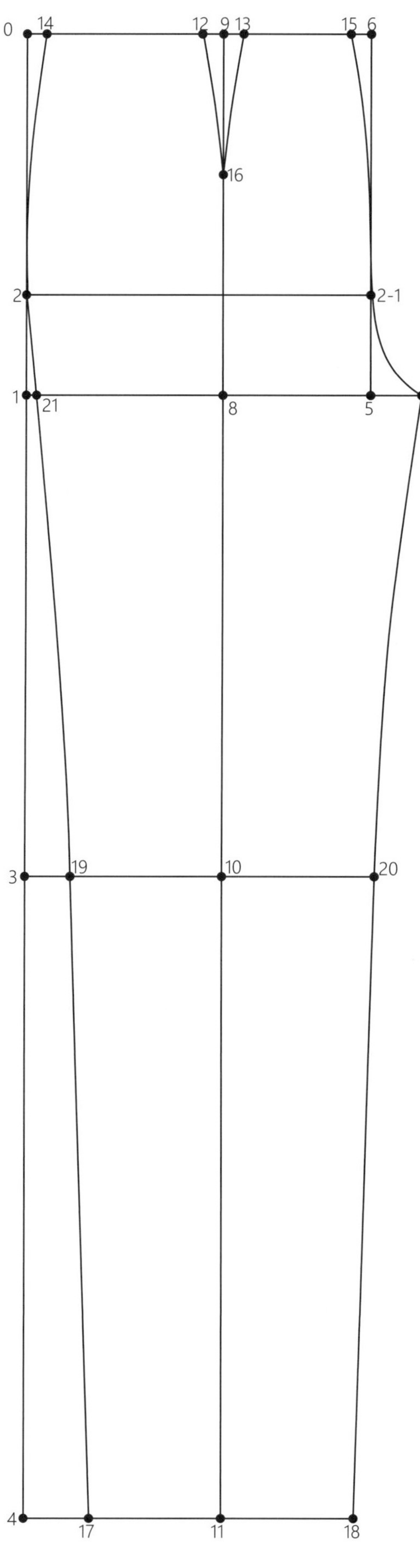

앞판

0-1 밑위선 = 9" (H/4)

1-2 = 밑위선에서 2 1/2" 올라간 지점

0-3 무릎선 = 21"

0-4 바지 기장 = 37"

1-5, 0-6 = H/4 - 1/2" = 8 1/2"

5-7 = 약 1 1/4" (H/28)

8 = 1-7의 중심 (바지 주름선)

9, 10, 11= 8에서 수직으로 허리, 무릎, 밑단선까지 연장

9-12 = 1/2", 9-13 = 1/2"

0-14 = 1/2", 6-15 = 1/2"

허리 완성 사이즈 26/4= 6 1/2" = (14-12) + (13-15)

19-16(직각) = 3 1/2"

12-16, 13-16 홀쭉한 다트(아랫배 영향)

2-1 = 5점에서 수직으로 2 1/2" 올라간 지점

15 - (2-1) -7 자연스럽게 연결

11-17 = 3 1/4"

11-18 = 3 1/4"

17-18 = 바지 부리/2 - 1/2"

10-19 = 3 3/4"

10-20 = 3 3/4"

17-19, 18-20 직선 연결

1-21 =1/4"

14-2- 21-19 자연스럽게 연결

7-20 자연스럽게 연결

＊＊

바지 부리= 14"

엉덩이둘레 분할에서 앞판을 1/2" 줄이고 뒤판을 1/2" 키워주었다.

다트의 존재 의미는 골반의 확보에서도 큰 역할을 담당한다.

신장은 동일하다고 가정하고(160cm) 힙둘레를 기준으로 밑위선의 위치를 정해주었다.

일자허리밴드의 폭은 1 1/2"로 가정하여 밑위 위치를 판단하였다.

바지 부리와 무릎 선의 길이는 실루엣에 따라 조정해 준다.

무릎 선의 위치는 허리선에서부터 (바지 기장/2 - 1 1/2" ~2") 정도로 잡아주었다.

5-7 거리는 H/28라고 정의하였지만 많은 맞춤 납품의 결과 5-7의 거리가 생각 외로 작아도 뒤판에서 부족분을 풀어주는 것이 외관적으로도 동작에 있어서도 좋은 결과를 얻었었다.

곡 7 - (2-1)

앞 밑위곡은 2-1쯤부터 직선으로 수렴하도록 곡을 그려준다.

(2 ~ 2-1)은 힙선의 위치로 예측한 수평선이다.

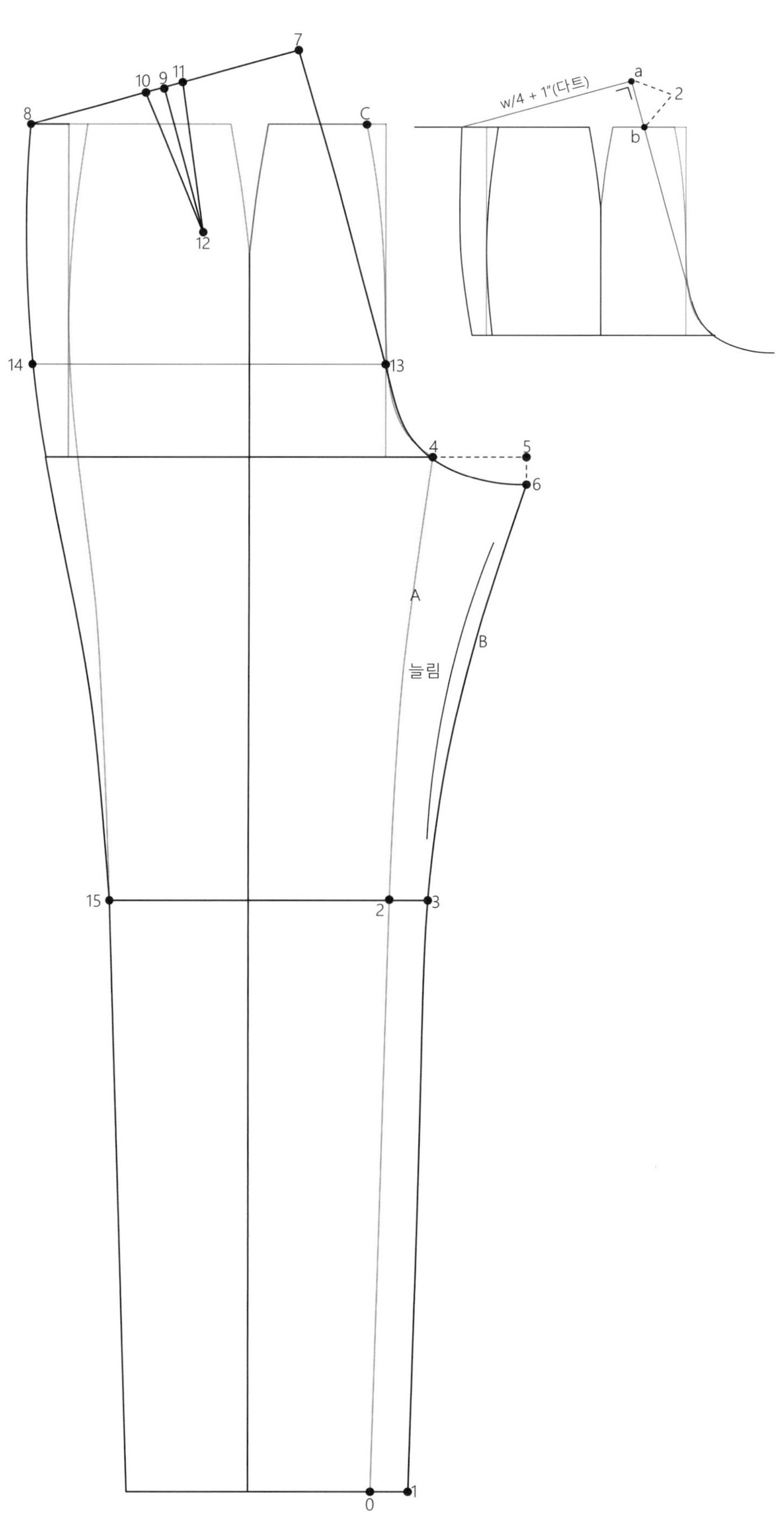
7
10 9 11
8
12
C
w/4 + 1"(다트)
a
2
b
14
13
4
5
6
A
B
늘림
15
2 3
0 1

뒤판

0-1 = 1"

2-3 = 1"

1-3 직선 연결

4-5 (수평) = 2 1/2" (H/14)

5-6 (수직) = 3/4"

6-3 자연스럽게 연결

뒤 중심 기울기 만들기

8점은 앞판 허리 선상에 있다.

7-8 = 7 1/2" = w/4 + 1"(다트)

a-b 사이의 거리가 2"

7점의 각이 직각

뒤 중심 기울기선을 생성한다. (빨간 직각선)

9 = 7-8의 중심

9-12(직각) = 4"

9-10, 9-11 = 1/2"

10-12, 11-12 = 직선 다트

6-13-7 자연스럽게 연결, 7에서 13점까지는 직선에 가깝게 그려준다.

13 = 앞판 2-1점과 일치하거나 미세하게 수평방향으로 1~2mm 조정된다. 자연스럽게 그려지도록 포커스를 맞춘다.

13-14 = H/4 + 1/2"

8-14-15 자연스럽게 연결

**

바지는 인체에 있어 가장 입체적인 공간이라고 말할 수 있다. 크로치의 여유와 뒤 중심의 경사, 인심 아웃 심의 곡률, 활동 시 편안함을 전부 다 아우르게 설계하는 것은 오랜 경험이 필요하다.

**

부리 분할 시 뒤 인심 쪽으로 밀어준다. 1, 3점

부리 분할을 뒤 인심 쪽으로 전부 밀어주는 행위는 실루엣에 따라 적절치 못할 수도 있다. 그러나 뒤쪽으로 밀어주게 됨으로 뒤 중심쪽 공간이 커지게 되어 앉거나 일어서는 동작에서 당기는 느낌을 덜 받게 된다.

앞 밑위폭 공식 28/H과 뒤 밑위폭 공식 H/14은 타이트 바지에서 어울리는 공식이다.

앞 인심 A와 뒤 인심 B의 길이 차이만큼 뒤 인심을 늘려준다.
A와 B의 길이 차이는 원단의 바이어스결이 늘림양을 받아내는 선에서 만들어주어야 한다.

앞 밑위폭 공식을 H/24, 뒤 밑위폭 공식을 H/16 으로 놓으면 허벅지 사이즈를 맞추는데 더 유리해진다.

a-b 2" 유지는 허리둘레와 엉덩이둘레가 10" 정도 차이 나는 체형에서 적절한 모습을 띤다. 기울기는 실루엣이 타이트일 때 적절하다. 맞춤복에서는 기성복보다 기울기를 조금 더 강하게 주어야 편안함을 확보할 수 있다.

a-b 분량은 허리와 엉덩이둘레의 차이가 클수록 심해진다. 이는 엉덩이 둘레의 증가로 필요한 뒤 활동분의 증가와 관련이 있다. 엉덩이둘레가 증가할 때 크로치 쪽에서 여유량을 확보해 주는 것이 일반적이며 확보분을 a-b 거리로 너무 많이 주게 되면 편안히 서있었을 때 허리 뒤 중심 쪽이 너무 남게 된다. 그러므로 적정 분산이 필요하다.

엉덩이둘레와 허리둘레의 차이를 통해 a-b 길이를 조정해 주어 뒤 중심 기울기선을 만들어주는 방법을 사용하였다.

(7-6) - (C-4) =5 "

앞 밑위 선과 뒤 밑위 선의 길이 차이는 약 5" 정도로 만들어진다. 5"의 차이를 기준으로 밑위선의 곡을 잘 그렸는지 판단해 볼 수도 있다.

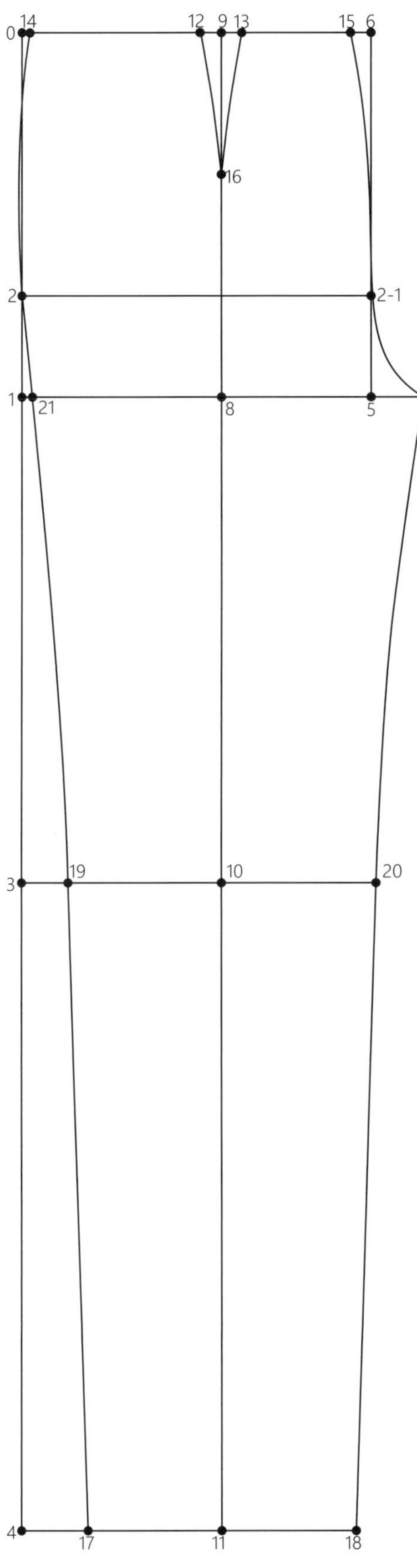

앞판

0-1 밑위선 = 8 1/2" (H/4)

1-2 = 밑위선에서 2 1/2" 올라간 지점

0-3 무릎선 = 21"

0-4 바지 기장 = 37"

1-5, 0-6 = H/4 - 1/2" = 8"

5-7 = 약 3.1cm (H/28)

8 = 1-7의 중심 (바지 주름선)

9, 10, 11 = 8에서 수직으로 허리, 무릎, 밑단선까지 연장

9-12 = 1/2", 9-13 = 1/2"

0-14 = 1/8", 6-15 = 3/8"

허리 완성 사이즈 26/4" = 6 1/2" = (14-12) + (13-15)

9-16(직각) = 3 1/2"

12-16, 13-16 홀쭉한 다트(아랫배 영향)

2-1 = 5점에서 수직으로 2 1/2" 올라간 지점

15 - (2-1) -7 자연스럽게 연결

2-1은 맞닿지 않아도 자연스럽게 연결시킨다.

11-17 = 3"

11-18 = 3"

17-18 = 바지부리/2 - 1/2"

10-19 = 3 1/2"

10-20 = 3 1/2"

17-19, 18-20 직선 연결

1-21 =0.7cm

14-2-21-19 자연스럽게 연결

**

5-7의 거리에 따라 앞 밑위 라인을 그릴 때 곡률이 변한다. 너무 파려 하지 말고 자연스럽게 그리는 것에 포커스를 맞춘다.

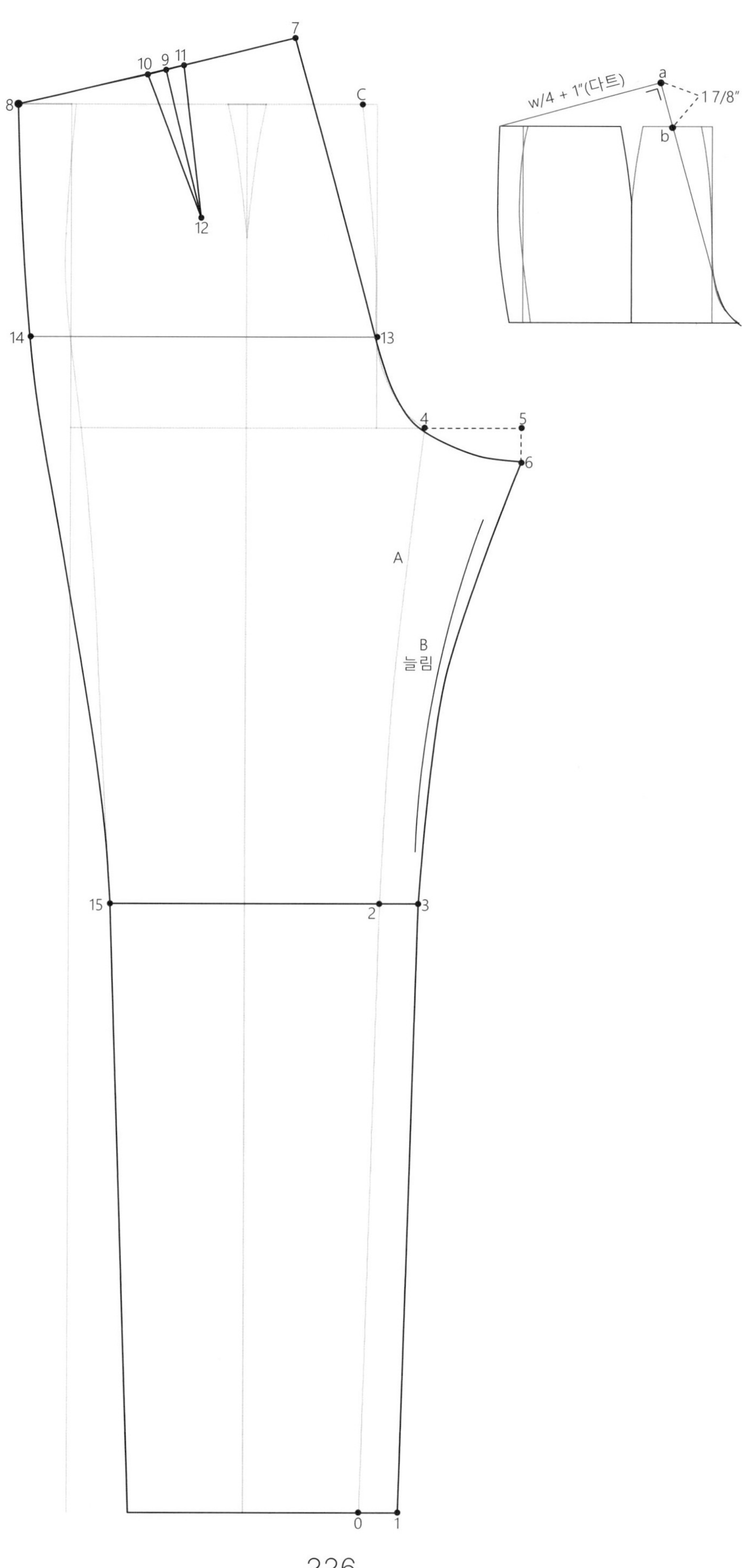
7
10 9 11
8
12
C
14
13
4
5
6
A
B
늘림
15
2 3
0 1
w/4 + 1"(다트)
a
1 7/8"
b

뒤판

0-1 = 1"

2-3 = 1"

1-3 직선 연결

4-5 (수평) = 6.2cm (H/14)

5-6 (수직) = 7/8"

6-3 자연스럽게 연결

뒤 중심 기울기 만들기

8점은 앞판 허리 선상에 있다.

7-8 = 7 1/2" = w/4 + 1"(다트)

a-b 사이의 거리가 1 7/8"

7점의 각이 직각

뒤 중심 기울기선을 생성한다. (빨간 직각선)

9점 = 7-8의 중심

9-12(직각) = 4"

9-10, 9-11 = 1/2"

10-12, 11-12 = 직선 다트

7-13-6점 자연스럽게 연결, 7에서 13점까지는 직선에 가깝게 그려준다.

13 = 앞판 2-1점과 일치

13-14 = H/4 + 1/2"

8-14-15 자연스럽게 연결

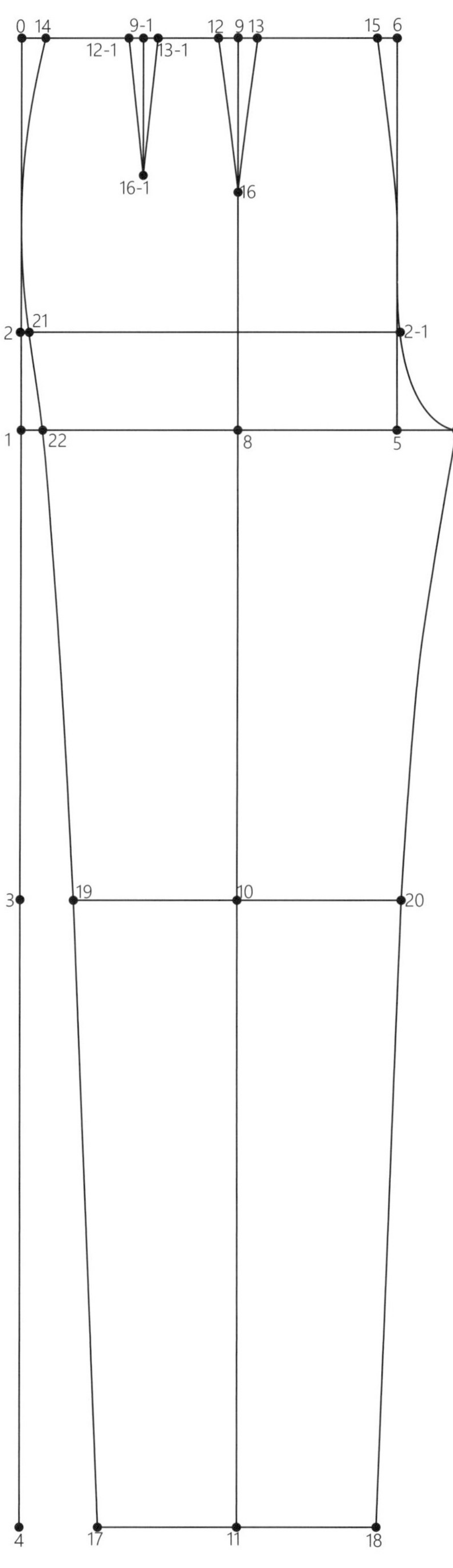

0 14
9-1
12-1
12 9 13
13-1
15 6
16-1
16
2 21
2-1
1 22
8
5 7
3 19
10 20
4 17 11 18

앞판

0-1 밑위 높이 = 10" (H/4)

1-2 = 밑위 높이에서 2 1/2" 올라간 지점

0-3 무릎선 = 22"

0-4 바지 기장 = 37"

1-5, 0-6 = H/4 - 1/2"

5-7 = 3.6cm (H/28)

8 = 1-7의 중심 (바지 주름선)

9, 10, 11 = 8에서 수직으로 허리, 무릎, 밑단선까지 연장

9-12 = 1/2"　　　9-1 ~ 12-1 = 3/8"

9-13 = 1/2"　　　9-1 ~ 13-1 = 3/8"

12 ~ 13-1 = 1 1/2"

0-14 = 5/8"　　　15-6 = 1/2"

허리 완성 사이즈 26/4 = 6 1/2" + 1/8" 여유 = (14 ~ 12-1) + (13-1 ~ 12) + (13-15)

9-16(직각) = 4", 홀쭉한 다트 연결

9-1 ~ 16-1(직각) = 3 1/2", 홀쭉한 다트 연결

2-1 = 5점에서 수직으로 2 1/2" 올라가고 우측으로 2mm 떨어진 점

6 - (2-1) - 7 자연스럽게 연결

11-17 = 3 1/2"

11-18 = 3 1/2"

17-18 = 바지 부리/2 - 1/2"

10-19 = 4 1/8"

10-20 = 4 1/8"

17-19, 18-20 직선 연결

2-21 = 1/8"

1-22 = 1/2"

14-21-22-19 자연스럽게 연결

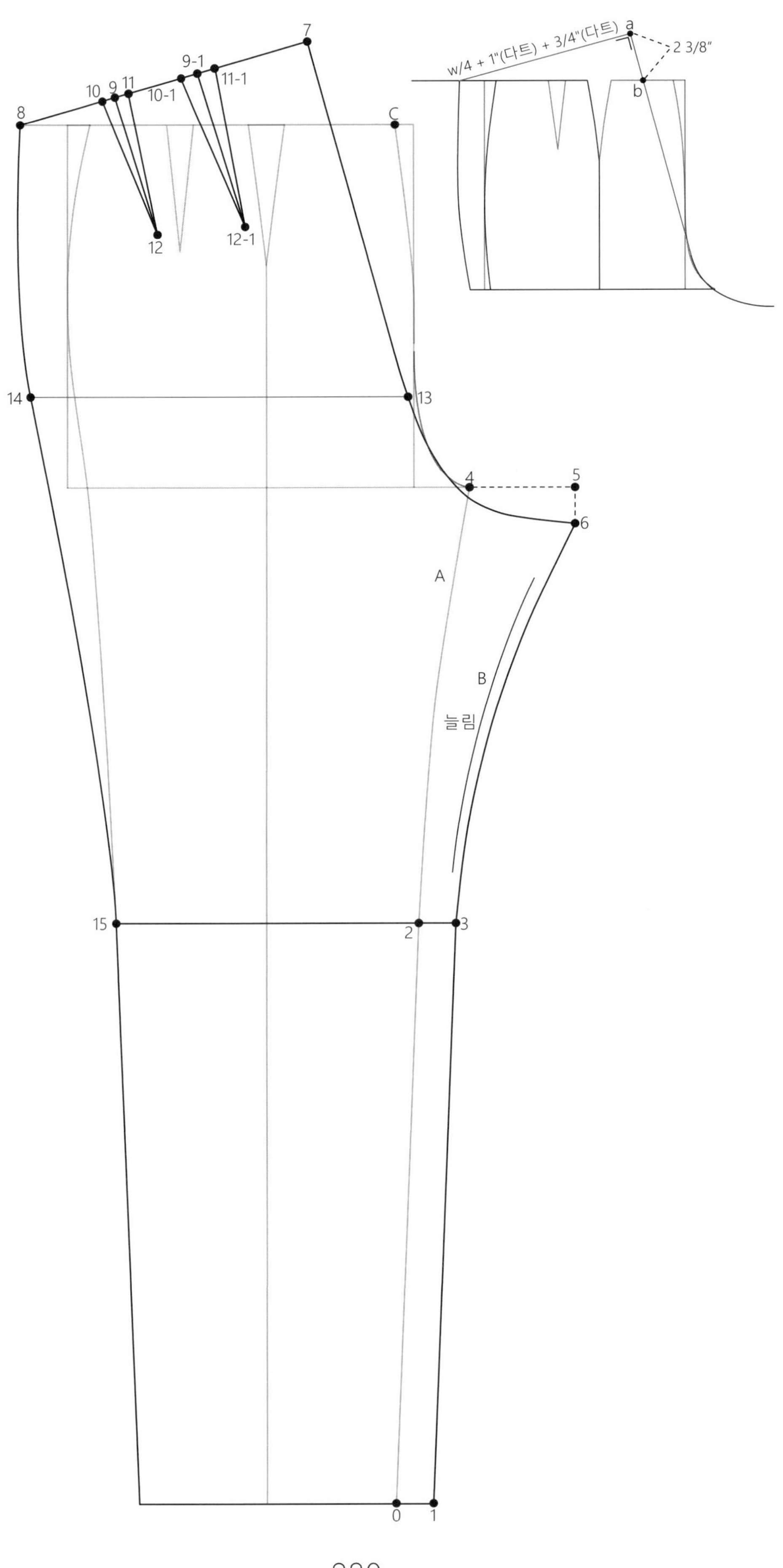
w/4 + 1"(다트) + 3/4"(다트)
2 3/8"
a
b
7
9-1
10 9 11
11-1
10-1
8
12
12-1
C
14
13
4
5
6
A
B
늘림
15
2
3
0
1

뒤판

0-1 = 1"

2-3 = 1"

1-3 직선 연결

4-5 (수평) = 약 2 7/8" (H/14)

5-6 (수직) = 1"

6-3 자연스럽게 연결

뒤 중심 기울기 만들기

8점은 앞판 허리 선상에 있다.

7-8 = 8 1/4" = w/4 + 1"(다트) + 3/4"(다트)

a-b 사이의 거리가 2 3/8"

7점의 각이 직각

뒤 중심 기울기선을 생성한다. (빨간 직각선)

9 = 8에서 허리 선상 2 3/4" 떨어진 점

9-12(직각) = 4"

9-10, 9-11 = 3/8"

10-12, 11-12 = 직선 다트

9-1 = 9에서 허리선상 2 3/8" 떨어진 점

9-1 ~ 12-1(직각) = 4 1/2"

9-1 ~ 10-1, 9-1 ~ 11-1 = 1/2"

10-1 ~ 12-1, 11-1 ~ 12-1 = 직선 다트

7-13-6 자연스럽게 연결, 7에서 13점까지는 직선에 가깝게 그려준다.

13 = 앞판 2-1점에서 좌측 수평으로 4mm 이동한 점

13-14 = H/4 + 1/2"

8-14-15 자연스럽게 연결

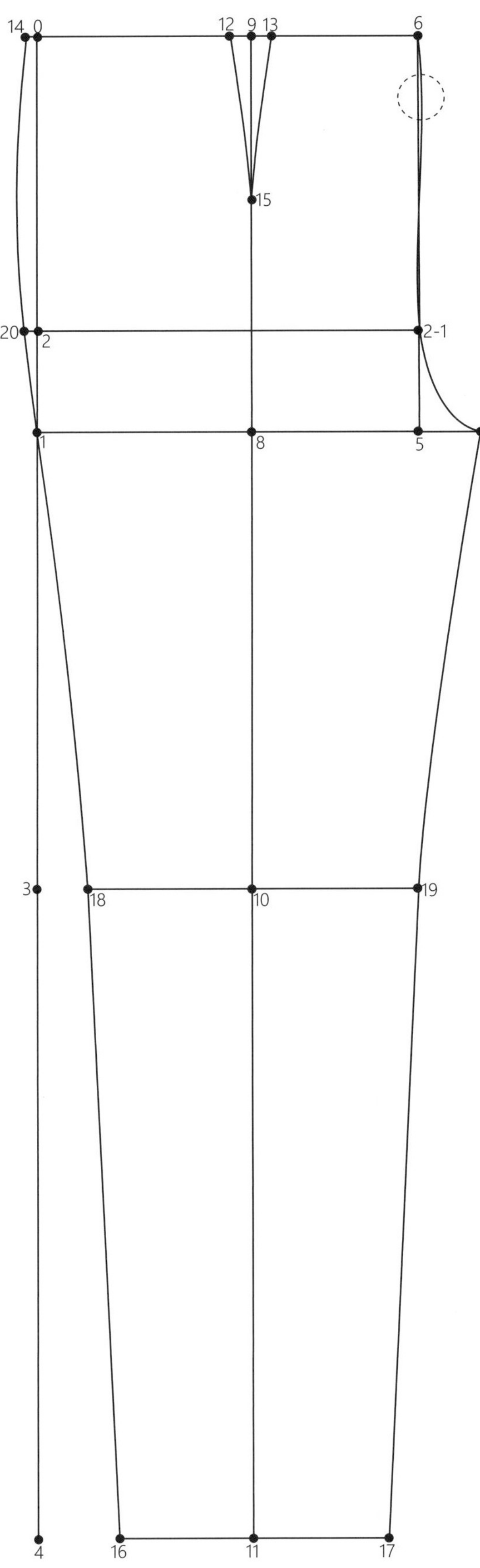

14 0
12 9 13
6
15
20 2
2-1
1
8
5
7
3
18
10
19
4
16
11
17

앞판

0-1 밑위 높이 = 9 3/4" (H/4)

1-2 = 밑위 높이에서 2 1/2 " 올라간 지점

0-3 무릎선 = 21"

0-4 바지 기장 = 37"

1-5, 0-6 = H/4 - 1/2"

5-7 = 약 3.5cm (H/28)

8 = 1-7의 중심 (바지 주름선)

9, 10, 11 = 8에서 수직으로 허리선, 밑단선까지 연장

9-12 = 1/2"

9-13 = 1/2"

0-14 = 1/4"

허리 완성 사이즈 34/4 = 8 1/2" = (14-12) + (13-6)

9-15(직각) = 4"

12-5, 13-15 홀쭉한 다트(아랫배 영향)

2-1 = 5점에서 수직으로 2 1/2" 올라가고 우측 수평으로 1mm 이동한 점

6-(2-1)-7 자연스럽게 연결 (배가 약간 나오게)

11-16 = 3 1/4"

11-17 = 3 1/4"

16-17 = 바지 부리/2 - 1/2"

10-18 = 4"

10-19 = 4"

16-18, 17-19 직선 연결

2-20 =0.8cm

14-20-1-18 자연스럽게 연결

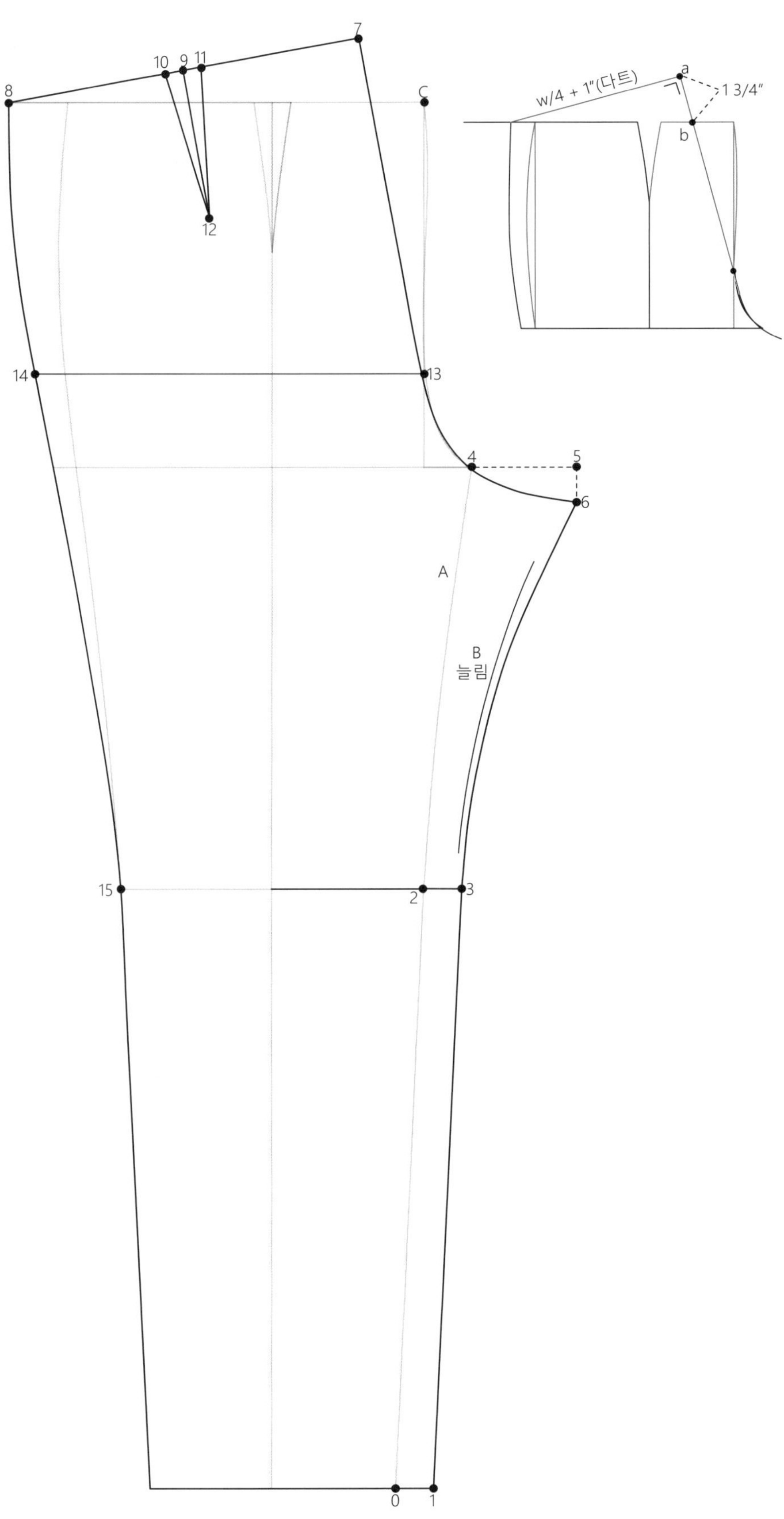
7
10 9 11
8
12
C
w/4 + 1"(다트)
a
1 3/4"
b
14 13
4 5
6
A
B
늘림
15 2 3
0 1

뒤판

0-1 = 1"

2-3 = 1"

1-3 직선 연결

4-5 (수평) = 약 2 3/4" (H/14)

5-6 (수직) = 7/8"

6-3 자연스럽게 연결

뒤 중심 기울기 만들기

8점은 앞판 허리 선상에 있다.

7-8 = 9 1/2" = w/4 + 1"(다트)

a-b 사이의 거리가 1 3/4"

7점의 각이 직각

뒤 중심 기울기선을 생성한다. (빨간 직각선)

9점 = 7-8의 중심

9-12(직각) = 4"

9-10, 9-11 = 1/2"

10-12, 11-12 = 직선 다트

7-13-6 자연스럽게 연결, 13점까지는 직선에 가깝게 그려준다.

13 = 앞판 2-1점에서 좌측 수평으로 2mm 떨어진 점

13-14 = H/4 + 1/2" + 1/8"(여유)

8-14-15 자연스럽게 연결

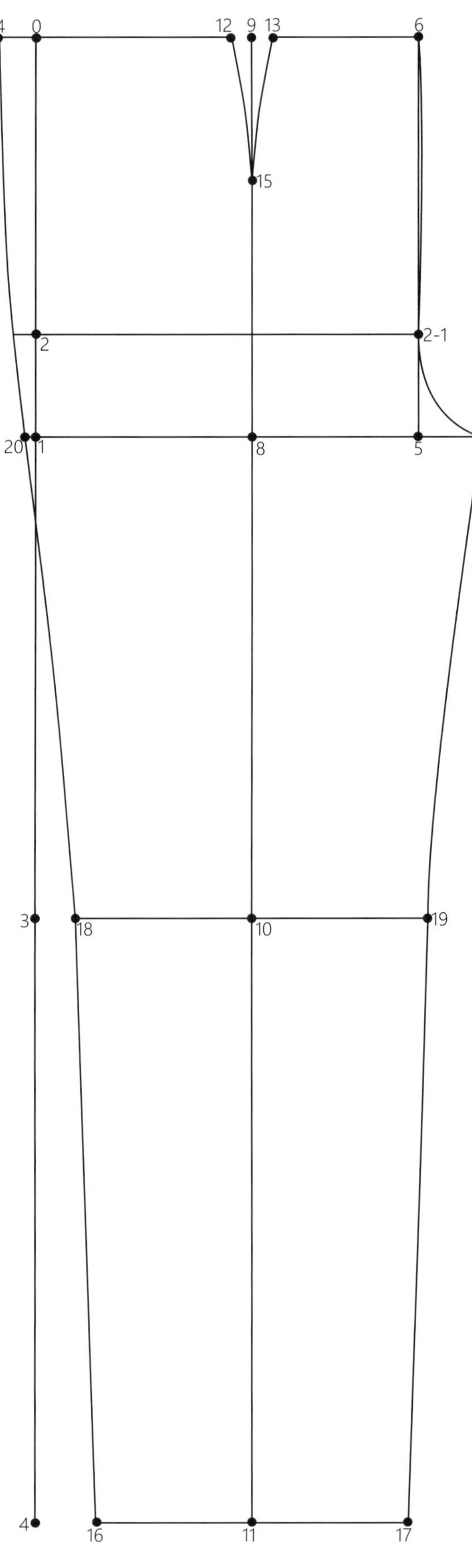

14 0
12 9 13
6
15
2
2-1
20 1
8
5
7
3
18
10
19
4
16
11
17

앞판

0-1 밑위 높이 = 9 3/4" (H/4)

1-2 = 밑위 높이에서 2 1/2 " 올라간 지점

0-3 무릎선 = 21"

0-4 바지 기장 = 37"

1-5, 0-6 = H/4 - 1/2"

5-7 = 약 3.5cm (H/28)

8 = 1-7의 중심 (바지 주름선)

9, 10, 11 = 8에서 수직으로 허리, 무릎, 밑단선까지 연장

9-12 = 1/2"

9-13 = 1/2"

0-14 = 7/8"

허리 완성 사이즈 36.5 /4 = 9 1/8 = (14-12) + (13-6)

19-15(직각) = 3 1/2"

12-5, 13-15 홀쭉한 다트(아랫배 영향)

2-1 = 5점에서 수직으로 2 1/2" 올라간 지점

6-(2-1)-7 자연스럽게 연결 (배가 약간 나오게)

2-1은 맞닿지 않아도 자연스럽게 연결시킨다.

11-16 = 3 3/4"

11-17 = 3 3/4"

16-17 = 바지 부리/2 - 1/2"

10-18 = 4 1/4"

10-19 = 4 1/4"

16-18, 17-19 직선 연결

1-20 =0.6cm

14-20-18 자연스럽게 연결

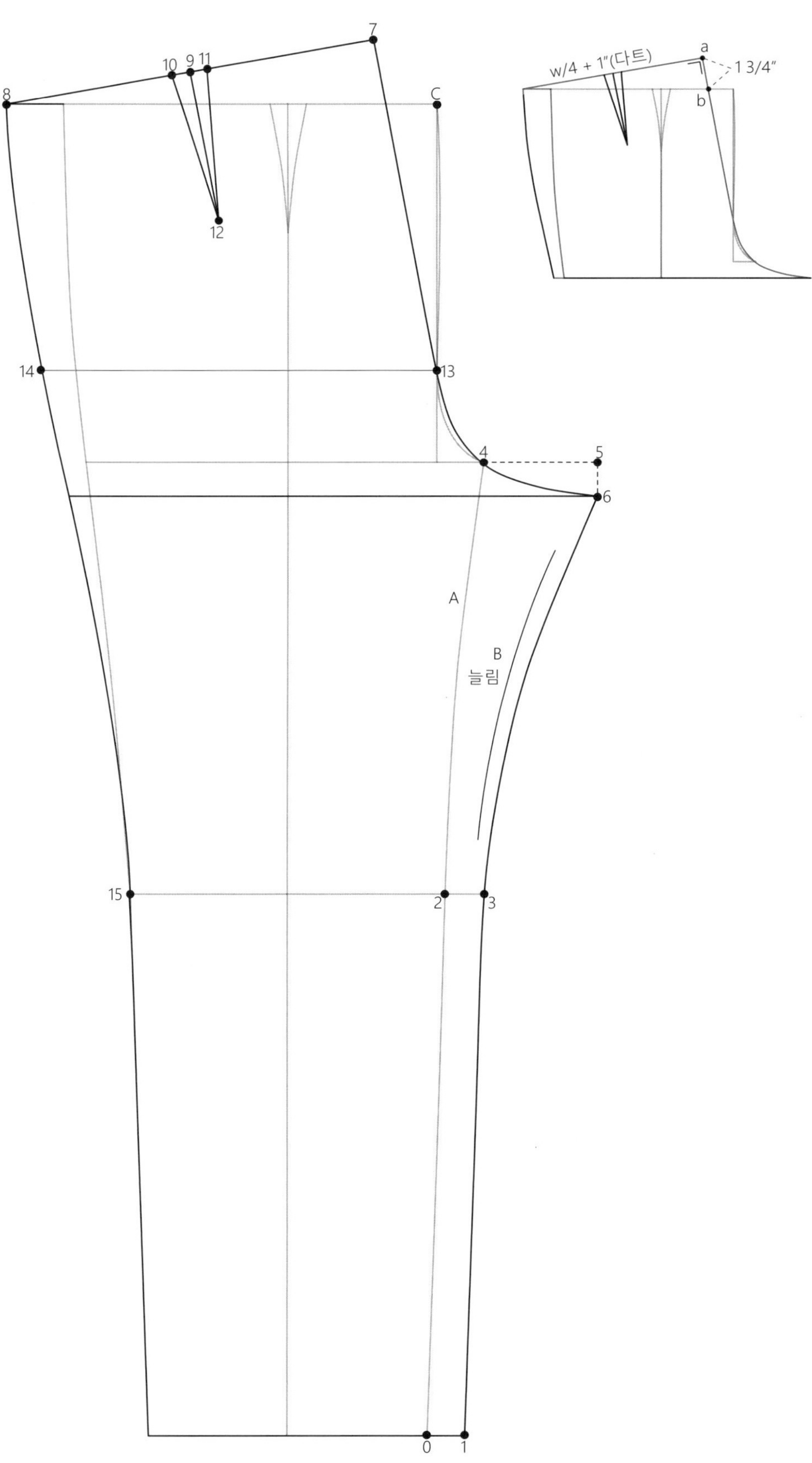
7
10 9 11
8
C
12
14
13
4
5
6
A
B
늘림
15
2 3
0 1
w/4 + 1"(다트)
a
1 3/4"
b

뒤판

0-1 = 1"

2-3 = 1"

1-3 직선 연결

4-5 (수평) = H/14 + 1/4" = 약 3"

5-6 (수직) = 7/8"

6-3 자연스럽게 연결

뒤 중심 기울기 만들기

8점은 앞판 허리 선상에 있다.

7-8 = 10 1/8" = w/4 + 1"(다트)

a-b 사이의 거리가 1 3/4"

7점의 각이 직각

뒤 중심 기울기선을 생성한다. (빨간 직각선)

9점 = 7-8의 중심

9-12(직각) = 4"

9-10, 9-11 = 1/2"

10-12, 11-12 = 직선 다트

7-13-6 자연스럽게 연결, 13점까지는 직선에 가깝게 그려준다.

13 = 앞판 2-1점에 우측 수평으로 4mm 떨어진 지점

13-14 = H/4 + 1/2" + 1/2"

8-14-15 자연스럽게 연결

**

13-14 = 여유가 생기는 이유는 옆선을 그릴 때 여유 분량을 넣어주어야 라인이 자연스럽고 아랫배의 영향으로 여유를 넣어 공간을 확보해 주었다고 생각할 수 있다.

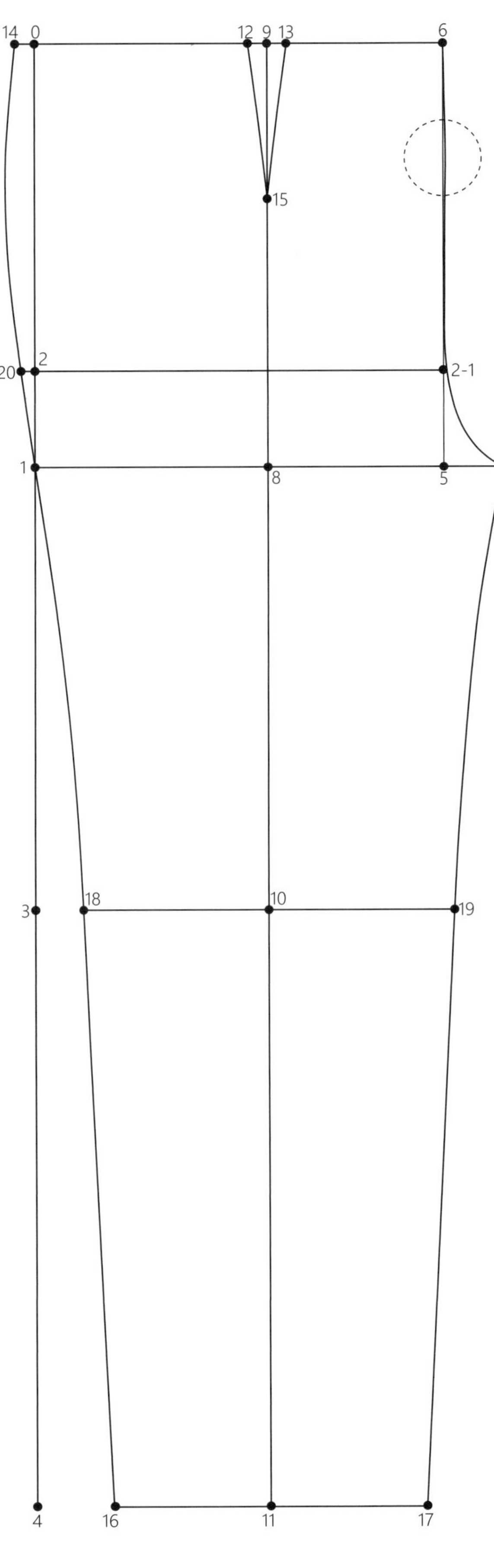

앞판

0-1 밑위 높이 = 11" (H/4)

1-2 = 밑위 높이에서 2 1/2 " 올라간 지점

0-3 무릎선 = 21"

0-4 바지 기장 = 37"

1-5, 0-6 = H/4 - 1/2"

5-7 = 약 4cm (H/28)

8 = 1-7의 중심 (바지 주름선)

9, 10, 11 = 8에서 수직으로 허리, 무릎, 밑단선까지 연장

9-12 = 1/2"   9-13 = 1/2"

0-14 = 1/2"

허리 완성 사이즈 40/4 =10" = (14-12) + (13-6)

9-15 다트 길이 = 4" 홀쭉한 다트

2-1 = 5점에서 수직으로 2 1/2" 올라간 지점

6-(2-1)-7 자연스럽게 연결 (점선 - 배를 약간 살려서)

2-1은 맞닿지 않아도 자연스럽게 연결시킨다.

11-16 = 4"

11-17 = 4"

16-17 = 바지 부리/2 - 1/2"

10-18 = 4 3/4"

10-19 = 4 3/4"

16-18, 17-19 직선 연결

2-20 = 3/8"

14-20-1-18 자연스럽게 연결

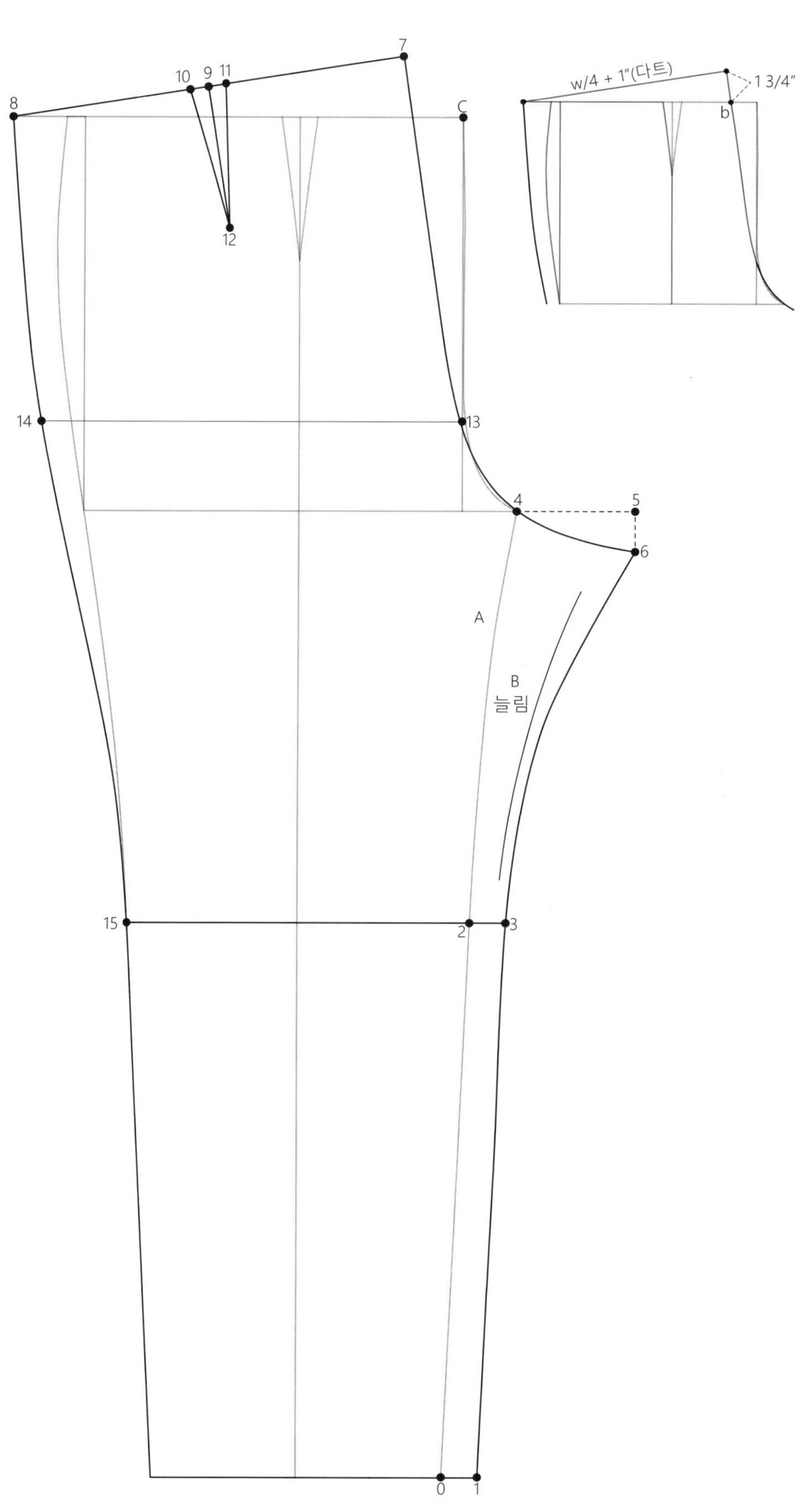
7
10 9 11
8
12
C
w/4 + 1"(다트)
1 3/4"
b
14
13
4 5
6
A
B
늘림
15
2 3
0 1

뒤판

0-1 = 1"

2-3 = 1"

1-3 직선 연결

4-5 (수평) = 약 8cm (H/14)

5-6 (수직) = 1 1/8"

6-3 자연스럽게 연결

뒤 중심 기울기 만들기

8점은 앞판 허리 선상에 있다.

7-8 = 11" = w/4 + 1"(다트)

a-b 사이의 거리가 1 3/4"

7점의 각이 직각

뒤 중심 기울기선을 생성

한다. (빨간 직각선)

9점 = 7-8의 중심

9-12(직각) = 4"

9-10, 9-11 = 1/2"

10-12, 11-12 = 직선 다트

7-13-6 자연스럽게 연결, 13점까지는 직선에 가깝게 그려준다.

13 = 앞판 2-1점에서 좌측 수평으로 1mm 이동한 지점

13-14 = H/4 + 1/2" + 1/8 (여유)

8-14-15 자연스럽게 연결

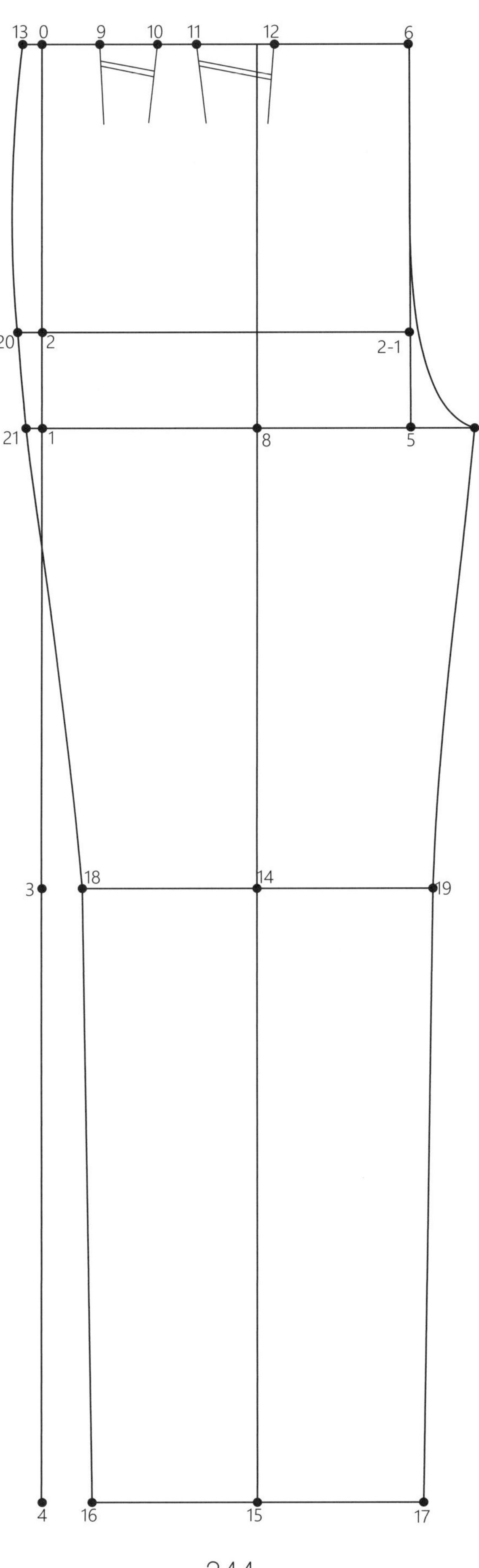

13
0
9
10
11
12
6
20
2
2-1
21
1
8
5
7
3
18
14
19
4
16
15
17

앞판

0-1 밑위 높이 = 10" (H/4)

1-2 = 밑위 높이에서 2 1/2 " 올라간 지점

0-3 무릎선 = 21"

0-4 바지 기장 = 37"

1-5, 0-6 = H/4 - 1/2"

5-7 = 4.1cm = (H/28) + 0.5cm

8 = 1-7의 중심 (바지 주름선)

14, 15= 8에서 수직으로 무릎선, 밑단선까지 연장

0-9 = 1 1/2"　　　9-10 = 1 1/2"

10-11 = 1",　11-12 = 2" (실루엣에 따라 tuck 양을 조정한다.)

0-13 = 1/2"

허리 완성 사이즈 26/4 =6 1/2" = (13-9) + (10-11) + (12-6)

2-1 = 5점에서 수직으로 2 1/2" 올라간 지점

6-(2-1)-7 자연스럽게 연결

2-1은 맞닿지 않아도 자연스럽게 연결시킨다.

15-16 = 4 1/4"

15-17 = 4 1/4"

16-17 = 바지 부리/2 - 1/2"

14-18 = 4 1/2"

14-19 = 4 1/2"

16-18, 17-19 직선 연결

2-20 = 5/8"

1-21 =3/8"

13-20-21-18 자연스럽게 연결

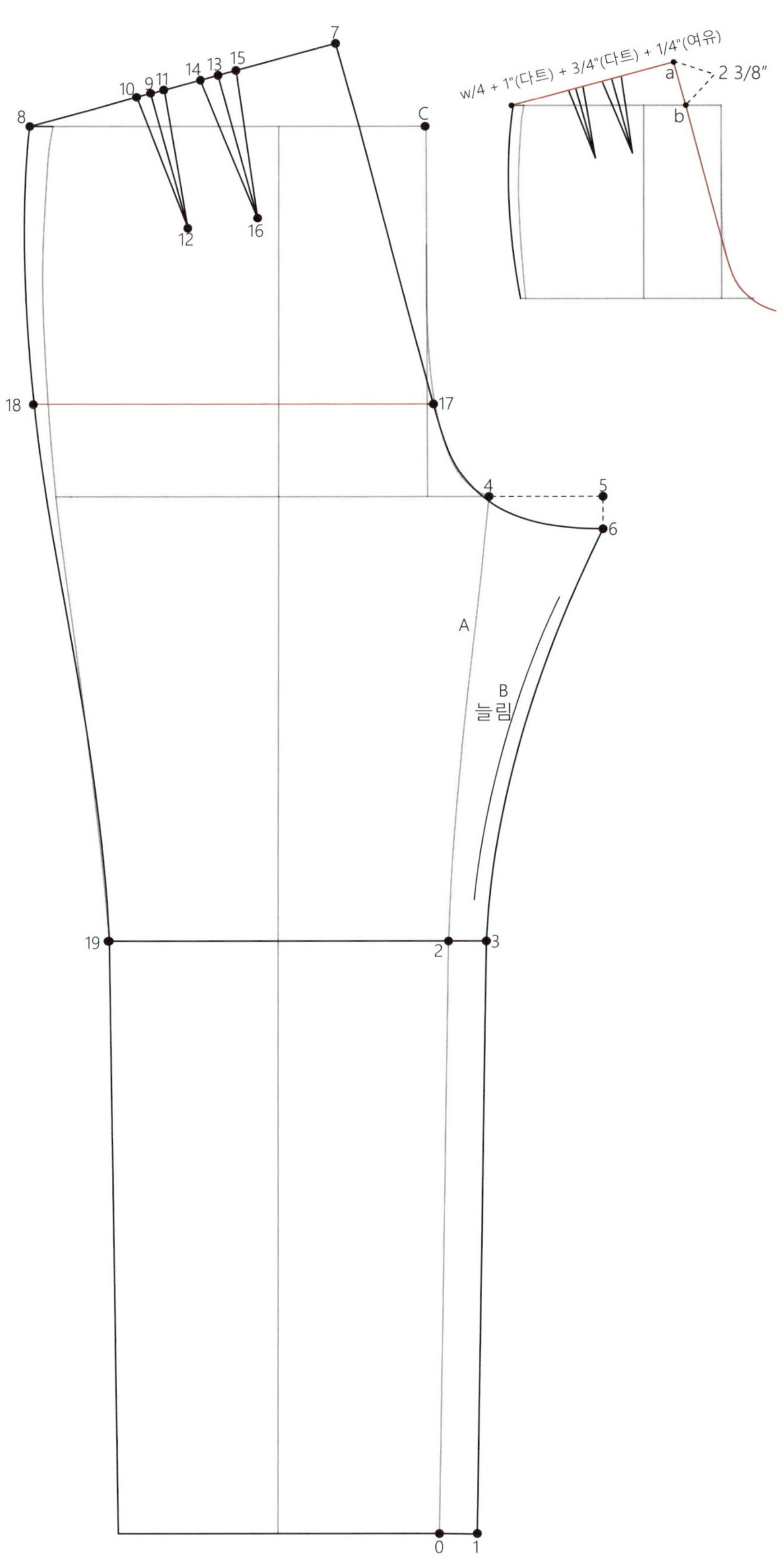
7
C
8
10 9 11 14 13 15
12 16
18 17
4 5
6
A
B
늘림
19 2 3
0 1
w/4 + 1"(다트) + 3/4"(다트) + 1/4"(여유)
a
b
2 3/8"

뒤판

0-1 = 1"

2-3 = 1"

1-3 직선 연결

4-5 (수평) = 약 3" = (14/H) + 1/8"

5-6 (수직) = 7/8"

6-3 자연스럽게 연결

뒤 중심 기울기 만들기

8점은 앞판 허리 선상에 있다.

7-8 = 8 1/2" = w/4 + 1"(다트) + 3/4"(다트) + 1/4"(여유)

a-b 사이의 거리 2 3/8"

7점의 각이 직각

뒤 중심 기울기선을 생성한다. (빨간 직각선)

8-10 = 3"

10-11 = 3/4"

9 = 10-11 중심 9-12(직각) = 3 3/4"

10-12 , 11-12 직선 다트

11-14 =1"

14-15 = 1"

13 = 14-15 중심 13-16(직각) = 4"

14-16, 15-16 직선 다트

7-17-6점 자연스럽게 연결, 17점까지는 직선에 가깝게 그려준다.

17 = 앞판 2-1점에서 우측 수평으로 1mm 이동한 지점

17-18 = H/4 + 1/2"

8-18-19 자연스럽게 연결

허리선 다트는 다트정리 해준다.

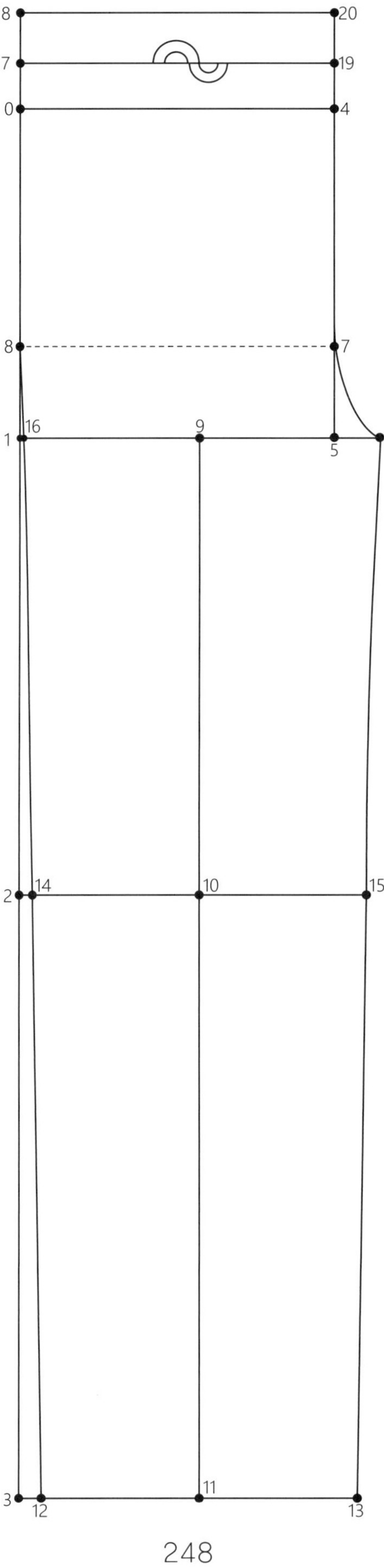

18
20
17
19
0
4
8
7
1 16
9
5 6
2 14
10
15
3
12
11
13

앞판

0-1 밑위 높이 = 9" (H/4)

0-2 무릎선 = 21 1/2"

0-3 바지 기장 = 38"

0-4 = H/4 − 1/2" = 8 1/2"

1-5 = H/4 − 1/2" = 8 1/2"

5-6 = 약 1 1/4" (H/28)

8-7 = 1-5에서 2 1/2" 평행이동 = 힙선의 위치로 예측

9 = 1-6의 중심 (바지 주름선)

10, 11 = 9에서 수직으로 무릎선, 밑단선까지 연장

11-12, 11-13 = 4 1/4"

10-14, 10-15 = 4 1/2"

1-16 = 1/8" 고무줄 바지 여도 실루엣을 미세하게 조정해 준다.

13-15-6 연결

12-14-16-8 연결

0-17, 4-19 = 1 1/4"

17-18, 19-20 = 1 3/8" (말아지는 분량 포함)

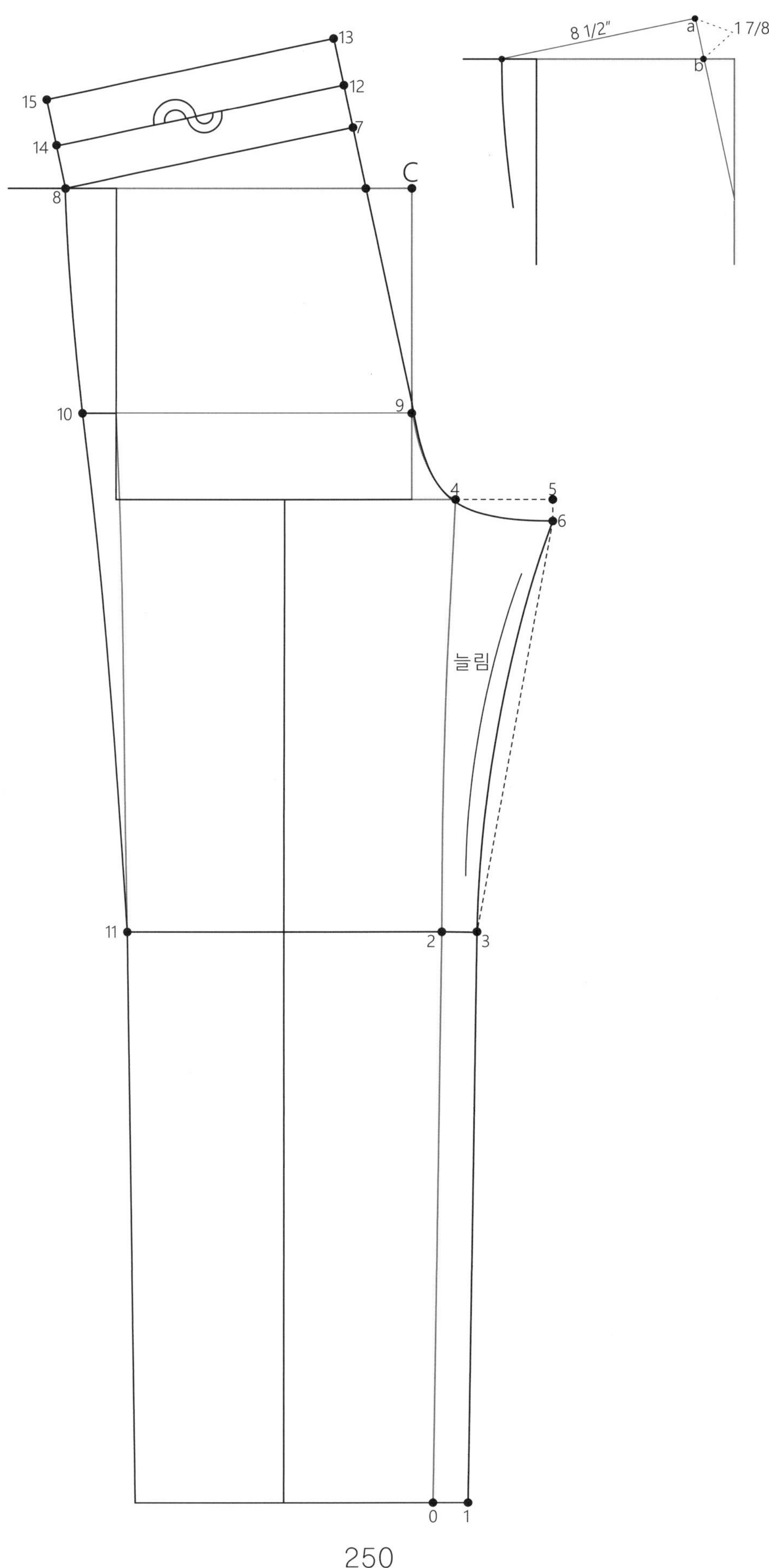

13
15
12
14
7
8
C
10
9
4
5
6
늘림
11
2
3
0
1
8 1/2"
a
1 7/8"
b

뒤판

0-1 = 1"

2-3 = 1"

1-3 직선 연결

4-5 (수평) = (H/14) + 1/4 (여유) = 2 3/4"

5-6 (수직) = 5/8"

6-3 자연스럽게 연결

뒤 중심 기울기 만들기

8점은 앞판 허리 선상에 있다.

7-8 = 8 1/2"

a-b 사이의 거리가 1 7/8"

7점의 각이 직각

뒤 중심 기울기선을 생성한다. (빨간 직각선)

9-10 = 밑위선에서 1 1/2" 올라간 수평선

9-10 = H/4 + 1/2

8-10-11 연결

8-14, 7-12 = 1 1/4"

14-15, 12-13 = 1 3/8" (말아지는 분량 포함)

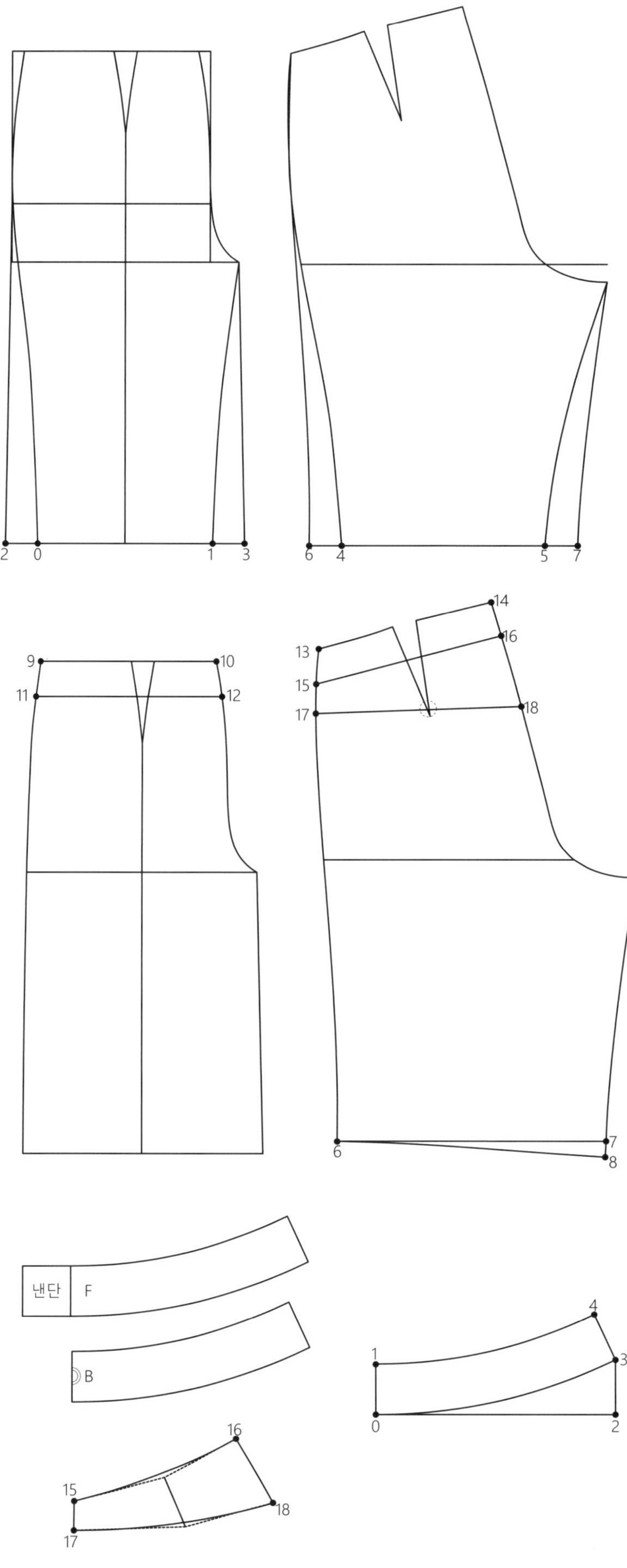
낸단
F
B

w26 h26 바지를 무릎선까지 가져온다.

무릎 선의 양 끝을 기준으로 1 3/8" 나간다.

(원하는 부리 사이즈에 맞춰 나가 줄 수 있다.)

0-2, 1-3 = 1 3/8"

4-6, 5-7 = 1 3/8"

무릎선에서 부리 사이즈를 조정해 주는 이유는 인심, 아웃심 곡률을 조정하는 과정에서 좌우 균형을 맞추는 것에 유리하기 때문이다.

무릎선 부리 조정이 끝나면 원하는 바지 기장에 맞춰 기장을 나간 후 밑단을 정리해 준다.

앞판 인심 길이에 맞춰 뒤판 인심 길이를 맞춰주고(7-8) 밑단을 정리한다. (6-8)

필요에 따라 요크를 생성한다.

9-11, 10-12, 13-15, 14-16 = 1 1/2"

뒤판 다트를 mp 시키는 방법으로 추가 요크를 생성해 줄 수 있다.

15-17 = 1 1/4"

16-18 = 3 1/8"

추가 요크는 허리와 힙둘레의 차이가 심한 사람을 기준으로 다트를 mp 할 수 있는 좋은 장치이다.

추가 요크로도 다트 분량이 살아있으면 옆선에서 미세하게 깎아준다.

요크 정리

앞뒤 요크의 길이가 동일하다면 앞뒤 공용으로 요크를 제도해 줄 수 있다.

0-1 = 1 1/2"

0-2 = 7"

2-3 = 1 5/8"

3-4 직각에 맞춰 = 1 1/2"

0-3 연결

1-4 연결

의도하는 낸단 폭을 나간 뒤 앞뒤 요크를 따로 만들어준다.

추가 요크

mp후 라인이 자연스럽게 이어지도록 다듬어준다.

**

다트는 봉제로 인해 묶여있는 힘이 유지되지만 mp는 묶여있는 힘이 없음으로 자연스럽게 선을 정리해 주는 것이 더 자연스럽다.

요크 정리 후에도 다트가 살아있는 경우 뒤판은 이즈로 처리하여도 엉덩이 볼륨으로 인하여 자연스럽게 보이게 된다.

인심 아웃심 곡률(실루엣)에 따라 뒤판패턴 뒷중심 경사도를 자연스럽게 조정해 준다.